JN408832

흙별 안단테

이세영

목차

1 흙

2 별

3 안단테

들어가며

2005년도였다. 제주도 남제주군(지금 서귀포시) 안덕면에 마당이 딸린 집을 사고 말았다. 제주에 집을 사는 것은 결코 쉬운 결정은 아니었지만, 생각 끝에 결심하였다.

나이 들어 별장은 절대로 갖지 말라는데 50세가 넘어 일을 저지르고만 것이다.

환갑을 바라보며 꼭 하고 싶은 것이 있었다. 바로 내 책을 남기는 것이다. 우리나라 최초 민간천문대를 10년 넘게 운영하면서 남들이 부러워하는 여러 가지를 얻었지만 늘 뭔가 부족하다는 느낌이 있었다. '별이 좋아 취미로 별을 보다 팔 걷어붙이고 산속에 들어왔으니 천문대장이란 호칭에 어울리게 직접 쓴 책 한 권쯤 있으면 얼마나 좋을까?' 싶었지만 생각에 그쳤을 뿐 실행에 옮기지는 못하고 있었다.

그러던 어느 날 결심하고 원고를 쓰기 시작하였고 우여곡절 끝에 첫 번째 책《밤하늘의 문을 열다》가 2012년에 나왔다. 그로부터 10여 년이 지난 지금까지 5권의 책을 내기에 이르렀다.

2014년 환갑기념으로 산티아고 순례길을 걷기로 했다. 남은 삶을 건강하고 멋있게 살 수 있다는 자신감을 얻기 위해서 고생길을 자처한 것이다. **산티아고 이후 바뀐 나의 생활이 이 책을 통해 가장 하고 싶은 이야기이다.** 길고 지루한 책 작업을 즐기면서 할 수 있었던 것도, 제주에서 본격적으로 노동의 맛을 음미하기 시작하였던 것도 산티아고 순례길에서 경험한 부스러기라고 믿고 있다. 산티아고 순례길을 걸으며 느끼고 얻은 경험을 나는 '산티아고 부스러기'라고 부른다.

모태신앙이면서 한동안 냉담하였던 나의 종교 가톨릭을 다시 찾아 지금은 진정한 신앙인이 되고자 노력 중이다.

이렇듯 산티아고는 나의 중요한 삶의 전환점이 되었다.

돌이켜 볼 때 나이 들어 잘 선택한 결정이 바로 이 세 가지였다.

제주피아, 책, 산티아고 순례길.

이 세 가지에서 얻은 것은 **흙, 별, 안단테**였다.

2022년 4월 14일

이세영

이 책을 내 곁에서 40년 넘게 함께한 아내에게 드립니다.

1 흙

제주피아

2005년에 제주에서 일을 하나 저지르고 말았다. 나이 들어 갖지 말라는 별장을 나이 오십 넘어 덜커덕 산 것이다. 스쿠버 다이빙이 취미여서 제주에 자주 가다 보니 정이 들기도 하였고 '제2 코스모피아를 제주에서 해볼까?' 하며 본격적으로 여기저기 다니다 보니 제주가 더욱 눈에 들어오기 시작하였다. 그러다 남쪽 바다가 멀리 보이는 안덕면에 적당한 땅이 딸린 이층집을 계약하게 되었다.

이름은 제2 코스모피아라는 의미로 '제주피아'라 명명하고 이때부터 제주 생활을 시작하였다.

당시 제주는 지금과 사뭇 달랐다. 한 마디로 아무도 관심조차 두지 않는 곳이었다. 그저 우리나라 섬 중 가장 큰 섬, 남쪽에서는 가장 높은 한라산이 있는 곳, 어쩌다 한번은 갈만하지만 두 번, 세 번씩 갈만한 매력은 느끼지 못하는 곳이었다.

"제주 가느니 싸고 좋은 동남아가 훨씬 좋지."

그 당시에는 이런 이야기를 주고받았다. 이 한 마디가 그 당시 제주 상황을 적나라하게 대변한다.

본격적으로 스쿠버 다이빙에 취미를 붙이면서 세부, 발리도 좋지만, 매번 외국에 나갈 수는 없기에 자연히 제주에 드나들기 시작하였다. 첫인상은 기억나지 않는다. 그저 흔히 볼 수 있는 농촌 풍경에 바다가 추가되었다는 것 정도였다. 제주에 가면 공항에서 서귀포로 바로 갔고, 서귀포 앞 섶섬, 문섬, 범섬에서 다이빙 후 서울로 오곤 하였다. 골퍼는 골프장에만 들르고, 산악인, 바다 낚시꾼도 마찬가지로 각자 산과 바다에서 취미활동을 하고는 바로 육지로 가는 그런 시절이었다. 제주의 여러 가지 볼거리, 먹거리를 체험하려는 생각은 아예 없었다. 그 당시 제주는 지금과 달리 다양한 볼거리, 먹거리가 없기 때문이기도 하였다.

그렇게 제주를 일 년에 여러 차례 오가다 보니 조금씩 눈에 들어오기 시작한 것이 있었다. 첫 번째로 동쪽으로 가려면 교통이 무척 불편했다. 동쪽 끝 성산에는 특급호텔, 리조트, 골프장이 여럿 있으며 드라마 '올인' 촬영장이었던 섭지코지 세트장(2003년 제주 관광의 명소였다)이 있었다. 그렇지만 성산에 가려면 공항에서 1시간 반에서 2시간이 걸린다.

남서쪽에 있는 중문 리조트까지는 40분이면 충분하다. 중문리조트가 개발되면서 '평화로'라는 왕복 4차선 준(準) 고속도로(2002년도 개통)

를 이용할 수 있기 때문이다. 공항에서 신호 몇 번 받고 바로 평화로에 들어서면 그다음부터는 시원하게 달릴 수 있다. 반면에 동쪽으로 가려면 제주국제공항이 제주 서쪽에 있기 때문에 구(舊) 제주를 거쳐야 한다. 신호등이 많은 교차로를 지나야 하고 무엇보다 도로가 좁고 인구 밀집 지역이라서 차가 막힌다. 또 구 제주를 빠져나와도 도로는 왕복 2차선이다. 교통 상황이 이렇다 보니 아무 생각 없이 동쪽 끝에 있는 호텔을 예약한 손님들은 비행기 타고 1시간 만에 제주에 도착했는데 도로에서 2시간을 허비하다 보면 짜증이 날 수밖에 없다.

'아! 무엇을 할지 모르겠지만 무조건 서쪽이구나.'

몸으로 부딪쳐 얻은 매우 중요한 정보였다.

두 번째로 눈에 들어온 것은 제주의 매력이다. '섬 전체의 리조트화(化)'가 가능하겠다는 생각이 들었다. 마치 하와이같이. 도시와 농촌, 어촌이 있고, 산과 바다가 어우러졌고 따라서 4계절 먹거리, 놀거리가 있다. 남쪽 나라 상징인 야자수가 자라며, 화산섬으로 이루어진 독특한 자연 풍광 등 제주의 독특한 매력이 곳곳에 숨어 있으니 이만한 관광자원이 또 있으랴 싶었다. 제주는 이미 세계적인 관광지로서의 잠재력이 충분했다.

세 번째는 도로망이 무척 잘 되어있다. 일주도로, 곳곳의 해안도로, 남북 횡단 도로, 동서 횡단 도로 등이 섬 전체를 촘촘히 연결하고 있다. 구(舊) 제주의 교통체증이 있기는 하나 서울 등 육지 여타 대도시에 비

하면 별거 아니다. 잘 정돈된 도로를 이용하여 제주 어디를 가도 탁 트인 도로와 이국적인 풍광을 즐길 수 있다. 1960년대 유명 영화배우가 드라이브가 취미라고 해서 화제가 되었던 기억이 난다. 취미란에 독서, 음악 감상이라고 쓰는 게 모범 답안이던 그 시절에 드라이브가 취미라는 게 무척 생소하면서 부러웠던 기억이 있다. 그 드라이브를 제주에서는 마음껏 즐길 수 있다.

사계초등학교

네 번째로 날씨가 변덕스럽다. 바다와 육지 그리고 산이 어우러져 있어 날씨 변화가 무척 심하다. 제주시와 서귀포시 날씨가 정반대인 경우도 있고 동서남북, 또 해안가, 산간에 따라 날씨는 변화무쌍하다. 짧게 3~4일 머물러도 어김없이 하루는 비바람을 만난다.

그 외에 학교가 무척 예쁘다는 것이 눈에 들어왔다. 한적한 길을 따라 제주 이곳저곳을 다니다 낯선 마을을 들어서면 눈에 띄는 건물이 있었다. 노랑, 빨강, 파랑으로 단장을 하고 운동장에는 초록의 잔디가 깔린 예쁜 학교였다. 초등학교는 물론 중·고등학교 모두 학교 건물에 무척 신경을 썼다. '엄마, 아빠는 빠듯하게 살고 있지만 그래도 너희들만큼은 부

가파초등학교

족함이 없게 키우고 싶다'는 염원이 담긴 듯한 인상을 받았다.

단순하게 생각하였다. 제주에 집을 사서 10년 잘 놀다가 10년 후 처음 산 값은 받고 나올 자신은 있었다. 내가 부동산을 살 때 중요하게 여기는 것은 미래에 나에게 돌아올 가치이다. 그 미래가치는 되팔았을 때 생기는 시세 차익이 아니라 삶의 질이 얼마나 높아질 것인가가 기준이다. 제주에 집을 장만하고 나서 삶의 질이 높아지도록 잘 이용할 자신이 있으면 잘 결정한 것 아닌가.

순간의 선택이 평생을 좌우한다는 유명한 광고 카피가 있지만, 순간의 선택이 바뀌어도 괜찮다고 생각한다. A를 택할 것인가 B를 택할 것인가를 충분히 검토한 후 A를 결정하였다면 A1, A2, A3……로 이어지는 후속 결정을, B로 결정하였다면 B1, B2, B3……를 결정하면 된다. 모든 결정이 그렇다는 것은 아니지만 제주 집을 살 때는 특히 그랬다.

내가 이 집을 산다면 알차게 이용하며 삶의 질을 높일 수 있을까? 그러기 위하여 얼마나 자주 내려갈 수 있을까? 그렇게 자문해 보니 나는 역마살이 끼어서 돌아다니는 것을 좋아하므로 자주 내려갈 듯하였다. 그러다 보면 집에 정들고, 마당 가꾸다 보면 흙이 뭔가를 돌려줄 것 같았다. 그러면 집을 살 가치가 충분히 있다는 판단을 내리고 더 저울질하지 않고 바로 결정하였다.

집을 사고 나니 예상대로 우리 부부는 수시로 내려가게 되었다. 마당 일을 좋아하는 아내는 앞마당에서 꽃 심고 나는 나무 담당이 되어 감귤나무, 홍가시나무, 벚나무를 비롯하여 따뜻한 남쪽 나라 상징인 열대 야자수를 심고 가꾸었다. 열대 야자수도 종류가 꽤 여럿 있다는 것을 알게 되었다. 워싱토니아(워싱턴야자수), 코코스, 카나리아, 종려 등을 심어 이국정서를 느낄 수 있는 정원으로 가꾸어 나갔다. 해를 거듭할수록 달라지는 제주피아를 바라보며 흐뭇한 미소를 지었다.

할 일은 끝도 없이 생겼다. 무슨 일이 그렇게 많은지. 하나하나는 별거 아닌 일이지만 그런 일들이 모이면 우리에게는 감당하기 버거울 정도였다. 하는 데까지 하는 외에 뾰족한 수는 없다. 아내와 종일 햇빛 속

흙

제주피아, 그림 이지호

제주피아

에서 흙과 잡초와 씨름하고 새카맣게 그을은 서로의 얼굴을 쳐다보며 '불라', '사왓디 캅'하며 인사를 주고받으며 한바탕 웃는다.

우리가 살면서 '무한'의 의미를 실감하는 경우가 있을까? 무한한 우주, 시간의 무한 영속성을 말로 또는 글로는 표현하지만, 피부로 느끼는 일은 거의 없다. 그런데 평범하고 보잘것없는 잡초에서 무한의 힘을 느꼈다. 진짜로 잡초는 무한 단위로 있는 것 같다. 그것도 여러 종의 잡초가 언제든지 나갈 준비를 하고 있다가 하나가 무너지면 또 다른 잡초가 나오고 어찌어찌하여 그놈들 다스리면 기다렸다는 듯 새로운 잡초가 나온다.

우리는 제주피아에 1주일을 머물며 잡초와 씨름하고 제법 정리 정돈된 마당을 만들고 서울로 돌아온다. 그리고 열흘 뒤 제주에 가보면 한숨부터 나온다. 이렇게 많은 잡초가 어디서 나온 것일까? 누군가 잡초 씨를 일부러 뿌리지 않고서야 어떻게 이렇게 많은 잡초가 나올 수 있단 말인가 하며 할 말을 잊는다. 또 일하고 집다운 집으로 꾸미고 서울로 오기를 반복하다 보면 '누구를 위한 별장인가? 우린 언제 제주피아에서 편안한 시간을 보낼 수 있을 것인가?' 하는 회의가 몰려오곤 한다. 이건 지금도 진행형이다. 마치 일하기 위하여 마련한 일터 같다.

"요즘 감기 통 안 걸리는 거 알아?"

제주피아를 가꾼 지 몇 년이 지난 어느 날 아내가 뜬금없이 한 말이다. 이럴 때 나는 일단 뜨끔하다. 뭔지 알아야 할 것을 모르고 있었던 것 같아 뭐라고 답을 해야 이 난해한 국면을 잘 헤쳐나갈까 짧은 시간에 머릿속이 분주하다.

"고마워! 여기서 실컷 햇볕 쬐고 흙 만지고 노니까 나도 모르게 감기 잊어먹고 살아. 스트레스도 없고."

휴~ 난 또 뭐라고. 괜히 어깨가 으쓱거려진다. 나 역시 마찬가지다. 제주피아에 오면 종일 일하고, 한잔 곁들여 저녁 먹고, 초저녁부터 자고, 해 좋은 여름에는 일찍 깨서 식전에 한바탕 일하고 또 하루를 시작하고. 생활이 단조로우니 아무 생각 없이 지내다 간다. 산티아고에 다녀온 뒤로 더욱 이런 삶을 좋아하게 되었다. 산티아고 까미노(Camino: 스페인어로 '길'이라는 뜻) 생활은 정말 단순하였다. 10시간 까미노에서 걷고 10시간 자고 다음 날 10시간 걷고 10시간 쉬고 다음 날…….

농사는 해본 적 없지만 간접 경험을 통해 농사가 힘든 이유는 알고 있다. 시한이 있기 때문이다. 날씨, 동원할 수 있는 인원, 장비 대여 등 여러 가지를 고려할 때 오늘 깨를 심기로 했으면 허리가 휘어지더라도 오늘 끝을 내야 한다. 또 감자를 캐기 좋은 날을 잡으면 세상없어도 오늘 다 끝마쳐야 한다. 다행스럽게 우리는 시한이 없으니 맘은 편하다. 오늘 힘들면 내일로 미루고 이번 여정에 못 끝냈으면 다음에 와서 하면 된다. 그래도 절대 노동량은 나이에 비해 많기도 했거니와 이제까지 해 보지 않던 일이어서 버거웠다

첫 5년은 적당히 일하며 지냈다. 괜히 땅 넓은 집을 샀다고 후회하곤 하였다. 제주피아 동쪽 땅은 우리 땅이 아니기라도 한 듯 홍가시나무만

심고 전혀 가꾸질 않고 내깔려 두었다. 아예 소나무 몇 그루를 경계선에 심어 우리 땅이 아닌 듯 외면하고 지나치곤 하였다.

다음 5년은 서서히 노동의 길로 들어서고 있었다. 감귤나무 30그루 심고 몇 년 가꾸자 감귤이 열리는데 처음으로 내가 기른 수확물을 접해 보니 너무너무 신기하고 수확의 기쁨이 이런 거구나 하며 점점 빠져들기 시작했다. 우리가 직접 키운 농산물을 수확하고 또 잘 키운 감귤을 지인들에게 보내주는 뿌듯함이란 그 어떤 기쁨과도 비교할 수 없었다.

우리 감귤은 무척 인기가 있다. 농약을 거의 치지 않고 자연 그대로 키웠기 때문에 감귤 본래의 신맛, 단맛이 각각 살아 있고, 탱글탱글하니 씹히는 식감도 일품이다. 감귤 농사에 대해 이것저것 알아보고 여기저기 자문하면 농약을 무려 10번 정도, 많게는 15번까지 친다고 한다. 나는 꽃 필 때 한 번, 그리고 여름에 벌레 많을 때 한 번 친다. 그것도 30그루 기준으로 적정 살포량의 절반 정도만 살짝 뿌린다. 그리고 자연 그대로 햇빛과 바람으로 가꾼다. 대신 계분 섞인 천연 퇴비를 듬뿍 줄 뿐이다. 감귤나무를 열심히 가꾸어야 맛있는 감귤이 생산되는 것이 아니라 반대로 자연에 맡기고 내버려 두어야 맛있는 감귤이 열린다니 세상에 이렇게 쉬운 일이 또 어디 있겠나 싶다. 나에게 딱 알맞은 일이다. 마치 예습, 복습을 열심히 하지 않고 시험 점수 나빠도 수업에 출석만 잘하면 좋은 학점을 받을 수 있는 과목을 만난 듯하다.

이럴 때 가장 큰 문제점은 수확량이 줄어든다는 것인데 우리는 판매가 목적이 아니므로 크게 신경 쓸 필요가 없다. 그런데 퇴비를 많이 주어 그런지 수확량도 줄지 않고 있다. 옆 감귤밭에서 농약을 치는데 우리만 치지 않으면 벌레나 균들이 우리 쪽으로 넘어와 낭패라는 얘기를 한다. 다행스럽게 우리 집 주변에는 감귤밭이 없어 옆 밭 영향을 받지 않고 우리 식대로 맘껏 가꿀 수 있다.

그러다 2018년 감귤나무가 심하게 병이 들었다. 살충제, 살균제를 거의 치지 않고 10년 버티었는데 올 것이 온 기분이었다. 감귤 농사 전문가에게 진단을 받으니 화살깍지벌레가 옮겨붙은 것이라 한다. 지금은 상태가 그렇게 심각하지는 않으나 화살깍지벌레가 한 번 붙으면 박멸하기 어렵단다. 피해가 심한 나무는 물론 그 주위 조금이라도 증세가 있는 나무는 모두 베어 없애는 방법이 유일한 해결책이라고 한다. 큰 감귤나무 농원에서는 화살깍지벌레가 생기면 증세가 있건 없건 그 주변 나무를 몽땅 제거한다고 했다. 마치 아프리카돼지열병이 발병하면 그 주변 사육장의 돼지를 모두 살처분하듯, 화살깍지벌레 퇴치도 이 방법이 가장 효과적이라는 얘기다.

나무라고 30그루도 안 되는데 4~5그루 없애면 뭐가 남나 싶어 어쩌나 하고 망설이고 있는데 그때 우연히 감귤협회에서 두 사람이 찾아왔다. 감귤 생산량을 조사하고 있다며 감귤나무는 정확히 몇 그루가 있고 얼마나 생산하는지 파악하러 나온 사람들이었다. 잘되었다 싶어 화살깍지벌레에 오염된 나무를 보여주며 어찌하면 좋겠냐고 물어보는데 오염된 나무를 본 두 사람의 첫 반응이 심상치 않았다. 약속이나 한 듯 뒤로 2~3 발자국 뒤로 물러서는 게 아닌가. 목소리마저 약간 떨며 이건 보통 놈들이 아니라며 무조건 이 주변 나무를 모두 베어 없애고 나머지 나무는 내년 봄에 이런 약, 저런 약을 언제, 언제 쳐야 하고 여름에는 이렇게, 가을에는 저렇게 몇 년을 해야 한다고 장황하게 알려주었다.

이런 엄청난 이야기를 들으니 오히려 맘이 편해졌다. 밑져야 본전식으로 한번 싸워 보기로 하였다. 감염이 심한 한 그루는 어쩔 수 없이 잘라 없애고 그 주변에 있는 나무는 감염 정도가 심한 가지만 잘라내고

버티기로 하였다. 감귤나무가 스스로 싸워 이겨내기를 바라면서 혹시 실패하면 그때 베어 없애도 그만 아니겠는가 하고 감귤나무와 함께 화살깍지벌레와 싸워보기로 한 것이다. 그다음 해는 새순 나올 때 살충제, 살균제를 1번 더 쳐 주었다. 해마다 꽃피고 감귤 열릴 때 1번, 여름에 벌레가 왕성할 때 1번 연 2회 치는데 그해는 새순 나올 때 한 번 더 친 것이다.

그 결과 지금까지 늠름하게 버티며 맛있는 감귤을 우리에게 주고 있다. 싸워 이긴 것이다. 지금도 화살깍지벌레가 있다. 해마다 초겨울이면 알이 일부 나뭇잎에서 발견된다. 그것뿐이다. 그 무섭다는 화살깍지벌레가 우리 감귤밭에서는 넓게 번지지 않는 이유는 무엇일까? 약을 치지 않아 내성이 없어 연간 2~3회 치는 농약으로 맥을 못 추는 것일까? 약을 치지 않은 감귤나무는 정말로 건강하여 각종 병, 벌레를 스스로 잘 이겨내는 것인가? 아무튼 해피엔딩이었다.

초겨울이 되면 우린 일손이 바빠진다. 30그루 심었는데 병에 걸리거나 태풍에 부러져 이래저래 지금은 26그루 남았지만, 많이 수확할 때는 1,000kg이 넘고 평균 800kg을 생산한다. 10kg 박스 80개니 우리 기준으로는 대단한 양이다. 박스 사서 택배비까지 부담하며 친구나 지인에게 보내주면 너무 맛있다며 고마워하고 살 수 없냐는 문의가 들어온다. 누가 보아도 농약 치지 않은 자연산임을 알 수 있다. 무엇보다 아주 못생겼다. 크기는 제각각이며 피부는 흉터투성이다. 제주는 바람이 워낙 거세어 잎사귀와 감귤이 스치며 생긴 상처가 많으며, 또 다른 상처는 각종 벌레나 균의 침투를 이겨 낸 흔적이다. 맛있는 감귤을 보호하고자 상처를 스스로가 치유한 자국을 자랑스럽게 뽐내고 있다. 사람도 나이 들면 여러 이유로 생긴 상처 자국이 있듯 봄에 꽃피며 열매 맺고 비바람, 태풍을 이겨내고, 병충해를 견디어낸 자국을 보면 애잔함이 느껴진다.

선물은 받는 기쁨도 크지만 주는 기쁨이 훨씬 크다. 좋아하는 지인들에게 감귤 나누어주는 즐거움이 너무 좋다. 우리의 정성이 담겨있다는 것을 알기에 두고두고 여러 형태로 되돌아온다. 진료비 받지 않는 의사 친구, 회비 면제해주는 모임, 밥 사는 지인, 추석에 선물 챙겨주는 분 등이 있어서 주고받는 기쁨이 크다. 점점 인기가 높아지며 몇 박스 살 수 없느냐는 문의가 자꾸 들어와 우리를 난처하게 만들곤 한다.

제주 생활 제3기라 할 수 있는 지난 5년은 본격적으로 제주에서 노동에 푹 빠져 지냈다. 산티아고 순례길에서 얻은 체험이 자연스럽게 표출되었던 시기이기도 하였다. 산티아고 경험 덕분인지 허름한 작업복을 입으면 그렇게 마음이 편할 수가 없다. 원래 나의 모습이 이런 것이었나 싶게 작업복을 입으면 맞춤옷을 입은 듯 마음이 편하다. 남자들은 예

비군복만 입으면 안 그러던 사람이 거칠어지듯 나는 작업복을 입으면 지저분해진다. 아무 곳에나 주저앉고, 흙이 묻어도 물이 튀어도 아랑곳하지 않으며, 코 풀고는 바지에 쓱 문지르고. 어떻게 하면 일 안 하고 술이나 마실까 하던 내가 일을 찾아서 하게 되었고 '일하는 재미가 괜찮구나' 하고 노동의 참맛을 알기 시작한 것이다. 각종 농기구를 장만하고, 퇴비장을 만들고, 트럭도 중고로 하나 구입하고 미니 포클레인까지 장만하였으니 난리도 아니다. 기술이 없으면 장비로 때우라는 아내의 권유대로 장비만큼은 몇천 평 감귤밭 가꾸는 사람 못지않게 갖추었다.

산책하기 좋은 아침에 우리 부부는 전에 그렇게 좋아하던 산책을 할 거냐 말 거냐 하고 실랑이를 벌인다. 하고 싶기는 한데 오늘 할 일을 생각하면 산책에 체력을 안배할 수 없기에 망설이다가 결국 작업복으로 갈아입곤 한다. 어쩌다 비가 오면 잠시 숨 돌릴 수는 있지만, 집안일이 기다리고 있다. 청소, 빨래는 기본이고 곰팡이 슬은 벽지 새로 붙이고, 물 새는 세면대 손보고, 구멍 난 방충망 땜질하고, 창고 정리 등……. 살지 않으면서 마당 있는 집을 가꾸는 게 얼마나 힘든 것인지 새삼 느끼곤 한다.

돌이켜 보니 지난 15년 동안 조용하던 제주에 열풍이 불어 닥치고 그 그림자가 드리워질 때까지 그 모든 것을 생생하게 목격한 셈이 되었다. 변화 없던 제주에 2000년대 후반부터 서서히 개발 붐이 일어나고, 이어 뜨거운 광풍이 몰아치는 과정을 지켜보았다. 외국자본이 들어오고 중국인들이 몰려오고 그러다 사드 사태로 중국 관광객이 끊어지는가 했더니 걱정도 잠시 그 자리를 내국인이 넘치게 채워주었다.

2016년을 분수령으로 제주 열풍이 한풀 꺾이는 듯하였다. 끝 모르게 상승하던 제주 열풍도 드디어 꺾일 때가 있구나 하며 수많은 미분양 타운하우스, 불 꺼진 펜션을 볼 때마다 마음이 착잡하였다. 2020년 코로나 사태로 제주가 다시 각광 받는 여행지로 돌아왔다. 이런 드라마 같은 15년 동안의 제주 부침(浮沈)을 지켜본 산 증인이 된 셈이다.

조용하던 제주가 전 국민의 이목을 집중시킬 수 있었던 이유를 딱 하나만 꼽으라면 나는 서슴지 않고 '올레'를 꼽는다. 올레는 우리의 여행 패러다임을 완전히 바꾸어 놓았을 뿐 아니라 제주를 세계적인 휴양지로 발돋움하게 할 수 있었던 결정적인 계기라 생각된다.

'한 사람의 힘이 이렇게 대단할 수 있구나.'

제주에도 산티아고 순례길 못지않은 올레를 착안해 낸 서명숙 씨, 그리고 한 권의 책! 2011년 서명숙 씨가 출판한 《제주올레여행》이 불러온 열풍은 정말 대단하였다. 제주 신드롬을 일으켰고 온 국민에게 산책의 즐거움을 선물하였다. 한마디로 제주라는 보석을 우리에게 보여 주었고 슬로우 투어라는 발상으로 여행 패러다임을 바꾸어 놓았다. 올레라는 말의 원뜻은 집에서 골목길까지의 작은 길을 뜻하는 제주 방언이지만 이제는 산책길이란 의미로 통한다. 일본 규슈에 올레를 수출하기도 하고 이와 유사한 둘레길이 수없이 생겨났을 정도로 유명한 낱말이 되었다.

'올레'는 21세기 초 정신혁명을 가져왔다. 60년대 산업화의 물결을 타고 우리는 '빨리 빨리'를 외치며 그저 앞만 보고 달려왔다. 놀 줄 모르는 국민이 되었고 어쩌다 휴가가 생겨도 유명 관광지를 극기훈련 하듯 돌며 사진 찍고, 저녁에 술 한잔 마시는 게 고작이었다. 그러다 어느 날 하늘에서 떨어지기라도 한 듯 아무런 목적 없이 걸으며 즐기는 문화가 느닷없이 등장한 것이다. 우리 국민 특유의 쏠림 현상이 한몫하며 너도 나도 제주를 그리고 올레를 찾았다. 각종 학회에서 장소에 대한 의견을 물으면 거의 만장일치로 제주를 꼽았으며 학회 일정 중 하루는 올레 걷기로 할애할 정도였다. 학회뿐만 아니라 동창회, 각종 모임에서 앞다투어 제주 올레를 찾아 햇빛을 온몸으로 받으

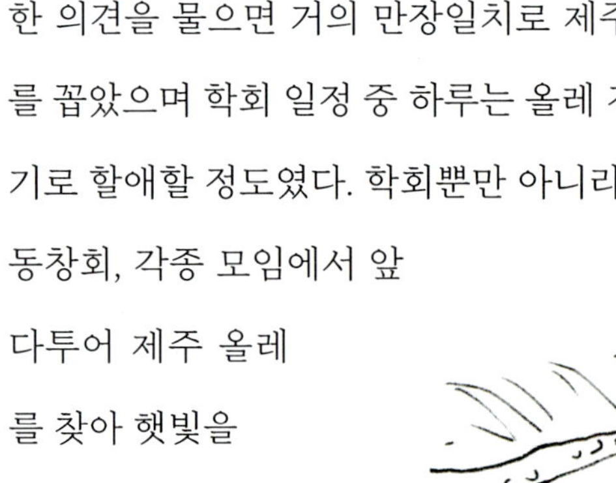

외돌개

며 산책을 즐기는 문화가 자리 잡았다. '이 좋은 걸 왜 여태 안 했지?' 하고 반문하면서 올레 열풍이 분 것이다.

아내 친구들이 제주피아에 놀러 오면 올레 전과 후로 확연히 갈리는 것을 보며 나는 속으로 웃곤 하였다. 올레 전에는 좋은 산책 코스가 있으니 가자고 하면 얼굴 그을린다며 손사래를 쳤다. 그러다 올레 열풍이 불자 자진해서 여기는 몇 코스냐 물어보기도 하고, 이번엔 어느 코스를 가자며 산책 채비를 재촉한다. 송악산 일주 코스를 즐겨 걷는 우리는 정작 그 코스가 올레 몇 번 코스인지 모른다.

올레길 중 가장 유명한 돔베낭골 코스가 있다. 2005년에 제주피아를

돔베낭골

장만하고 여기저기 다니다가 우연히 돔베낭골에 있는 '외돌개'라는 묘한 이름의 관광지에 들르게 되었다.

외돌개는 고독한 바위라는 뜻으로 바다에 우뚝 솟아 있고 절벽 위에서 내려다보면 소나무와 어우러져 멋진 모습을 연출하고 있다. 외돌개를 지나 산책길이 소나무 사이사이로 연결되어 있으며 오르막 계단과 내리막 계단이 있어 한층 재미를 더한다. 옆은 낭떠러지로 그 아래로 보이는 바다, 소나무 사이 햇살, 싱그러운 바람 등 산책 코스는 한 폭의 그림 같았다. 무엇보다 친환경 나무 데크가 깔려 있어 걷기 편하였다.

그 뒤로 우리 부부는 제주에 갈 적마다 외돌개를 찾았다. 아무도 마주치는 사람이 없는 한적한 산책길이었다. 외돌개 입구에만 관광객이 있을 뿐 정작 산책에는 관심 없던 시절이었다. 외돌개 반대쪽인 서귀포여고 뒤 널찍한 주차장에는 달랑 우리 차만 있었다. 우리는 마치 내 집 앞

마당 거닐 듯 산책을 맘껏 즐겼다. 천천히 걸으면 왕복 1시간 정도로 여유롭게 산책할 수 있었다. 제주 사람에게 이 길에 대해 물어보면 아는 사람이 단 한 사람도 없었다. 바로 옆에 있으니 관심이 없을 수도 있고 아니면 햇빛, 바다, 바람을 그리워하는 사람은 우리뿐일 수도 있겠다고 생각했다. 거꾸로 우리가 제주 사는 사람들에게 이 길을 소개하여 주었다. 이 길은 '돔베낭골'로 불리며 지금 제주 올레 중 남원 '큰엉' 코스와 더불어 최고의 절경을 자랑하는 코스가 되었다.

이렇듯 제주에는 숨어 있는 관광자원이 의외로 많다. 윗세오름, 섭지코지, 함덕해변, 표선 해안도로, 차귀도 풍력발전, 산록도로 드라이브, 사려니 숲, 산굼부리, 노꼬매오름, 거문오름 그리고 제주도 주변 섬인 비양도, 우도, 가파도, 마라도 등 이루 헤아릴 수 없이 많은 천혜의 관광자원이 있었다. 이런 관광자원이 올레로 인해 빛을 본 것이다.

무엇보다 올레는 제주 골목 상권을 살렸다. 그 전의 제주 관광 패턴은 유명 관광지, 즉 용두암, 삼성혈, 천지연폭포, 정방폭포 등 손꼽을 정도이고 천편일률적이었다. 고급 손님 대표인 골퍼들은 수없이 왔어도 공항과 호텔(골프텔), 고급 횟집을 오갔을 뿐이었다. 한마디로 제주 경제에 별 도움이 되지 않았다. 하루에 '100'이란 돈이 제주에 풀리면 그다음 날 '80'은 서울로 올라간다고 했다. 그에 비하여 올레꾼들은 제주 구석구석을 누비며 동네 구멍가게를 이용하고 마을 식당에서 한 끼 먹는다. 비록 큰돈을 쓰는 것은 아니지만 올레꾼들이 쓰는 돈은 고스란히 제주에 남았다.

2010년 초 5백만 관광객이 다녀간 제주에 올레 첫해는 관광객이 6백만으로 늘었고 그다음 해부터 기하급수로 관광객이 늘면서 제주에 열풍이 불기 시작하였다. 제주가 최고 정점을 찍은 2016년에는 1,600만의 관광객이 다녀갔다. 숙박 시설을 짓고, 식당이 생기고, 숨은 관광자원을 정비하는 등 올레 이후 10년간 제주는 전국에서 가장 핫(hot)한 곳이 되어 사람과 물자가 모이는 북적거리는 섬으로 탈바꿈하였다.

'10년 잘 이용하며 삶의 질 높이고 샀던 값에 되팔고 나오면 그만이지.'

이런 소박한 생각으로 장만한 제주피아는 친구, 지인들의 부러움을 샀고 본의 아니게 선견지명이 있는 발 빠른 사람으로 인식되었다. 특히 코로나 사태가 길어지자 외국에 나가지 못하는 사람들의 여행 욕구 분출구로 제주는 다시 뜨거워지기 시작하였고 여기저기에서 제주 별장에

대한 문의가 들어온다. 그럴 때마다 내가 하는 얘기는 한결같다.

"직접 공부해서 결정하세요. 나도 이 집을 절대 우연히 산 거 아닙니다. 5년 동안 제주도 여기저기 돌아다니며 나름대로 공부하고 결정한 것입니다."

괸당

2006년 지방자치단체 선거 때였다. 제주도에 새바람을 일으킨 후보가 등장하였다. 당시 야당인 한나라당에서 현명관 후보가 나온 것이다. 그는 호텔신라 대표, 삼성물산 회장을 역임한 경제통이면서 국제 감각이 뛰어난 인물이었다. 처음 여론조사 지지율은 바닥권이었다. 제주 태생이긴 해도 고등학교 때 제주를 떠나 반세기 만에 돌아온 후보자를 반길 리 없었다. 그러나 제주에 필요한 인물인 것을 부인할 수 없었다. 2006년 6월 2일 지방선거 직후인 2006년 7월 1일부로 제주도는 제주특별자치도로 승격을 기다리고 있었기에 이번 선거는 특히 경제통이며 국제 감각이 있는 후보에게 유리한 환경이었다.

이에 걸맞게 현명관 후보는 제주도를 국제관광의 명소로 키우겠다는 공약을 내세우고 자신이야말로 21세기 새로운 제주도 경영에 꼭 필요한 인물이란 점을 부각했다. 그 결과 놀라운 반전이 일어났다. 지지율은 하루하루 다르게 올라갔고 젊은 층의 전폭적인 지지를 바탕으로 급기야는 선거 전 마지막 여론조사 결과에서 강력한 상대 후보를 앞서는 놀라운 성과를 이루어냈다. 상대 후보는 무소속으로 출마하였지만, 재선을 노리는 현직 도지사로서 여러 프리미엄을 갖고 있었으나 국제화에 걸맞은 후보를 원하는 시대 흐름을 막기에는 역부족인 듯싶었다.

결과부터 얘기하면 현명관 후보의 패배였다. 이론적으로 앞뒤가 맞지 않는다. 선거 전 공식적인 마지막 여론조사에서 현명관 후보가 비록 근소한 차이지만 상대 후보를 추월하였기에 이 추세로 선거 당일까지 이어졌다면 여유 있게 상대를 누르고 당선되어야 했는데 결과는 그렇지 않았다. 각 매스컴에선 무소속 당선자 많은 것이 제주도 선거의 특징인데 이번에도 어김없이 무소속후보가 많이 당선되었다는 보도 일색이었다.

그날 저녁, 조경하는 제주 사람들과 식사를 겸해 반주 한잔을 하고 있었다. 화제는 당일 선거 결과였다. TV에서는 실시간 개표 진행 상황을 중계하고 있었는데 시간이 갈수록 현명관 후보의 패색이 짙어졌다. 저녁을 같이한 두 사람과 식당 주인 모두 현명관 후보의 당선을 기원하고 있었지만, 시간이 지날수록 오히려 1위와 격차가 점점 벌어졌다. 분위기는 가라앉았고 세 사람 모두 끌탕을 했다.

"이럴 수가! 현명관 후보가 되어야 할 텐데. 꼭 될 줄 알았는데……."

1년 전 제주에 집은 샀지만, 주민등록은 옮기지 않은 상태였다. 선거권이 없는 나로는 한발 물러선 채 바라볼 수밖에 없었지만 내심 현명관 후보가 당선되었으면 하고 있던 참이라 관심 있게 그들 얘기를 듣고 있었다. 현명관 후보의 당선 가능성이 점점 멀어져가자 탄식하는 그들을 지켜보자니 제주의 미래를 걱정하며 누가 제주도를 이끌어 가야 할지 걱정하는 의식 있는 제주 사람을 보는 듯하였다. 물론 상대 후보를 지지한다고 해서 의식이 없다는 의미는 아니지만, 보수적인 4~50대 중년이라서 당연히 현명관 후보가 아닌 현(現) 도지사를 지지할 줄 알았는데 의외로 현명관 후보의 당선을 바라고 있었다. 그런데 이야기가 조금씩 달라지는 것이었다.

"이러면 안 되는데. 현명관 후보가 되어야 할 텐데…… 이럴 줄 알았으면 나라도 찍어야 했는데."

시간이 지나자 후회의 빛을 역력히 드러내면서 앞서 한 얘기에 한 마디 꼬리를 붙이는 것이었다. 나는 뭔가 이상하다 싶어 대화를 중단시키고 한 사람씩 차례로 물어보았다.

"반장님은 누굴 찍으셨습니까?"

"될 줄 알고 상대 후보를 찍었지요, 헤헤헤."

"또 이쪽 분은?"

"나도 '이번이 마지막이다'하고 상대 후보를……."

내친김에 식당 사장님에게도 물어보았다. 그는 머리를 긁적이며 말했다.

"난 워낙 관계가 깊어 의리도 있고 해서……."

은근히 부아가 났다.

"아니, 그러면서 뭐 잘했다고 현명관 후보가 되어야 한다고 말하는 거요?"

"아! 글쎄 마지막 여론조사 결과가 앞서길래 난 맘 놓고 상대 후보를 찍은 거지."

세 사람 모두 여론조사 결과를 핑계 댔다. 마지막 여론조사 발표에서 앞선 것이 독이 되어 낙선하였단 말인가? 피식 웃음 나왔다.

"이게 '궨당'입니다."

그들이 합창하듯 이렇게 말했다.

궨당. 원뜻은 친척이지만 '우리끼리', '서로 통하는 사이끼리' 이런 의미로 널리 통용되는 배타적인 제주를 대표하는 용어이다. 제주에서는 제주 사람끼리 조금만 친해지면 바로 '삼촌', '이모'라 부르며 친밀감을 나타낸다. 육지에서 온 사람은 10년 살며 친해져도 결코 들을 수 없는 호칭이다. 궨당은 제주 발전에 저해되는 요인이지만 제주에 워낙 뿌리 깊게 자리 잡고 있어 어쩔 도리 없다. 제주도가 전국 공무원 청렴도 만년 최하위인 것도 우연은 아니다. 이모, 삼촌 부탁을 거절하기 힘든 것이다. 일을 그만두면 다시 돌아갈 자신의 뿌리이기에 공무원이나 공직자조차 궨당을 무시하지 못한다.

상대 후보가 당선되었기에 제주 발전에 걸림돌이 되었다는 얘기는 결코 아니다. 그러나 제주가 2006년 7월 1일부로 특별자치도로 승격하고 본격적인 국제관광지로 탈바꿈을 꾀하는 과정에서 체결한 국제투자유치 계약이 하나 같이 문제점을 안고 있다. 그중 가장 심각한 2건은 외국자본과 연결되어 있어 국제신인도에도 문제 되고 있다. 아예 허가를 취소하여 골머리 앓고 있는 '녹지국제병원'(2011년에 계약이 이루어진 국내 첫 영리병원)을 비롯하여 장기간 공사 중단 상태인 '예래휴양형주거단지'(2009년에 계약) 등이 그 예이다. 역사에는 가정이 없지만, 그때 만약 국제적인 감각과 경험이 뛰어난 후보가 당선되었더라면 이런 사태를 막을 수 있지 않았을까 하는 생각을 떨칠 수 없다.

1. 녹지국제병원

큰아들네와 가족여행으로 푸껫에 놀러 간 적이 있다. 손주들도 꽤 컸기에 큰맘 먹고 별 탈 있겠나 싶어 감행한 것이었다. 요즘 유행하는 풀빌라에서 너무너무 잘 노는 손주 녀석들을 보면서 오길 잘했구나 하고 흐뭇하게 바라보았다.

문제는 다음 날 벌어졌다. 큰손자 녀석이 아침부터 열이 나기 시작한 것이다. 밤 비행기가 맘에 걸렸지만 새벽에 도착해서 잘 놀기에 그런가 보다 하고 간과한 게 실수였다. 6살 된 녀석에게 밤 비행기 피로에 종일 작열하는 태양과 물놀이가 문제가 된 것이다. 충분히 예상할 수 있었는데 왜 열이 난 다음에야 비로소 깨닫는 것일까?

우선 리조트 내의 클리닉을 찾아가 보았지만, 치료해주는 곳이 아니고 큰 병원으로 연결만 하는 곳이었다. 의사는 아예 없고 달랑 간호사 2명이 근무하고 있어 응급 처치조차 할 수 없었다. 무엇보다도 클리닉 환경이 눈에 거슬렸다. 우리로 치면 70년대 지방 읍내에 있음직한 그런 시설이었다. 실내는 왜 그리 어두운지. 며느리는 울상이 되어 우는 아이를 달래고 있었다. 그렇지만 여기는 태국 푸껫이고 다른 방법이 없어 클리닉에서 안내해준 푸껫 시내병원으로 갈 수밖에 없었다. 마음이 무거웠다. 시설은 깨끗할까? 영어는 통하려나? 만약 단순 몸살감기가 아닌 어려운 병이라면 한국으로 가야 하나? 별의별 생각으로 머릿속이 복잡해졌다.

그렇게 도착한 병원 첫인상은 무엇보다 깨끗하여 맘이 놓였다. 현대식 건물에 가운을 입은 의사, 간호사들이 분주하게 움직이는 가운데 환자들 표정도 밝았고 외국인 환자도 눈에 띄었다. '아! 영리병원이구나' 하는 생각이 스쳐 지나갔다. 무엇보다 깨끗한 환경에 마음이 놓였다. 마치 서울의 대형 종합병원에 온 듯 마음이 편해졌다. 의사를 만나기까지 시간도 오래 걸리지 않았고 능숙한 영어로 애를 달래고 우리를 안심시키며 충분히 시간을 할애하여 선진국처럼 환자와 보호자가 만족할 때까지 질문을 받고 친절하게 설명해 주었다.

그때가 2017년도였다. 언제부터 태국의 수도 방콕도 아닌 푸껫에 영리병원이 운영되었는지 알 수는 없지만, 꽤 오래전부터 운영해온 듯하였다. 나중에 알아보니 진료비가 일반 병원보다 매우 비싸다고 한다. 얼마나 비싼지는 모르지만, 우리 같은 외국인에게는 너무 좋다. 우린 보험이 커버해주니 진료비는 크게 상관없고 선진국형의 의료 서비스를 안심하고 받을 수 있기 때문이다. 다행히 손자는 열이 내리고 정상으로 돌아왔다.

우리나라는 의료 선진국이다. 온 국민이 의료보험 혜택으로 양질의 서비스를 받고 있다. 오바마 전 미국 대통령이 부러워했다는 이야기가 있을 정도로 의료보험뿐만 아니라 의술도 뛰어나 진정한 의료 선진국이라는 자부심이 있다. 더 나아가 능동적으로 사전 체크 업을 유도하여 조기진단으로 큰 병을 사전에 검사하는 시스템으로 전 세계의 주목을 받고 있다. 그러나 외국인 특히 외국 여행자에게도 편리할까?

우리나라는 의료 시스템이 잘 되어있는데 구태여 영리병원까지 필요한가에 대한 논쟁을 벌이고 싶은 생각은 없다. 그러나 나는 늘 다양성을 좋아한다. 한 가지 시스템보다는 여러 형태의 시스템이 제공된다면 소비자에게는 선택의 폭이 그만큼 넓어진다. 소비자 선택의 폭이 넓은 것이 진정한 자유의 조건이라고 생각한다. 제주도는 우리나라에서 유일한 특별자치도로 상당한 자치권을 가지고 있다. 그만큼 관광자원을 개발하는 데 지방의 특성을 살릴 수 있는 재량권이 있는 것이다.

그 결과 국내 첫 영리병원 허가가 2015년 승인되었다. 실제로는 2005년도부터 10년간 논의가 있었고 제주도가 중국의 녹지그룹과 양해각서를 주고받은 것은 2011년이었다. 오래도록 논의되던 영리병원의 첫발을 내딛었다. 그러다 2018년 어찌 된 일인지 갑자기 외국인만 진료받을 수 있고 내국인은 진료 대상에서 제외되었다. 외국인만 진료한다면 수익성에 문제가 있을 수밖에 없다. 이에 반발한 녹지그룹이 이 사업에서 손 떼면서 완전백지화되었다. 마치 녹지그룹을 내쫓으려고 반쪽 허가를 해준 것 같이 되었다. 10년 공들이고 막판에 내국인 진료 금지라는 청천벽력 같은 조건을 순순히 수용할 기업은 없기 때문이다.

처음부터 어떠한 조건으로 계약했는지 정확한 내용은 알 수 없지만 후폭풍은 만만치 않다. 개원 앞두고 고용한 의사와 간호사 등 의료진과 일반 업무지원 직원들은 하루아침에 직장을 잃었다. 또 곧이어 대규모 소송전이 벌어졌으며 지금도 해결되지 않았다. 갑자기 조건을 달아 내국인 진료를 불허하는 것이 적법한가에 대한 치열한 법정 다툼이 예상된다. 어쨌든 끝없는 소모전이 될 것이며 이로 인해 도민의 혈세가 낭비될 것이다. 설사 제주도가 법정 다툼에서 이긴다 해도 국제신인도는 바닥으로 떨어질 것이다. 제주도에 영리병원 하나쯤 있으면 왜 안 된다는 것일까? 태국에서 외국인으로 영리병원 서비스를 경험한 나로서는 우리나라에도 하나 정도는 있었으면 하는 시설이었기에 아쉽기 그지없었다.

그런데 제주도 결정에 이해할 수 없는 과정이 있었다. 2018년 공론화위원회가 열린 것이다. 영리병원에 대해 찬반 의견이 첨예하게 대립하자 도민 의견을 듣겠다는 것인데 취지는 좋으나 도무지 이해되지 않았다. 우선 2011년 양해각서를 교환하였고 더 멀리는 2005년도부터 영리병원에 대한 논의가 시작되었다. 그런데 양해각서 교환 후 7년 지난 시점인

2018년에 도민 여론을 참고하겠다니……. 영리병원과 아무 이해관계가 없는 나로서도 너무나 어처구니없는 결정에 그저 할 말을 잃었다.

첫째로 누가 보아도 시기가 적절치 않다. 영리병원 사업을 할 것인가 말 것인가를 결정할 단계에서 도민 의견을 청취했어야 순서가 맞는다. 길게는 13년, 양해각서 후 7년의 우여곡절 겪고 이미 허가가 난 상태에서 도민의 의견을 듣겠다니 뭐 이런 행정이 있나 하는 생각이 앞섰다. '신의와 성실'을 우선으로 하는 국제계약 관례에도 어긋난다.

둘째는 어떤 방식으로 그리고 얼마나 많은 도민에게 의견을 듣겠다는 것인지 모르지만 일반 도민 의견은 들으나 마나인 경우가 대부분이다. 반대의견이 많을 것이 빤하기 때문이다. 마치 빠져나갈 구멍을 찾는 꼼수 같았다. '공론화위원회에서 도민 의견을 수렴한 결과, 반대의견이 많으므로 어쩔 수 없이 반대한다'는 결론을 내리기 위한 핑계를 찾는 것 같았다.

셋째로 여론은 들어보나 마나 반대가 다수일 것이라 단정 짓는 데는 이유가 있다. 제주만의 독특한 배타적인 정서가 뿌리 깊은 데다 외국자본, 그것도 중국 자본이 들어오는 것을 도민들이 반길 리 없다. 게다가 일반 도민은 부자들을 위한 영리병원에 관심조차 없으며 자기네와 거리 먼 이야기라 생각하기에 찬성할 리 없다. 또 제주도에서 벌어지는 각종 사업에 꼭 끼어드는 단체가 있다. 거의 육지에서 건너간 사람들로 안 끼는 곳이 없고 반대를 위한 반대를 종용하는 단체들이다.

예를 들면, 해군기지 건설지로 강정이 결정되기 전 1차 후보지는 화순이었다. 화순은 항만 건설에 거의 완벽한 조건을 갖고 있다고 한다. 지금도 제주도민 아무나 붙잡고 물어보아도 항만의 최적지로 화순을 꼽는다. 어떤 배라도 들어올 수 있는 깊은 수심이 절벽으로 이어진 천혜의 조건을 갖추고 있다. 그런데 화순으로 결정되자마자 반대 집회가 격렬하게 이어졌다. 집회는 육지에서 건너간 각종 단체가 주도했다. 정작 화순 주민은 화순에 해군기지가 들어서면 좋은지 어떤지 아직 실상을 파악하지 못한 상태였다. 이럴 때 화순에 해군기지가 들어서면 좋지 않다는 이야기만 끊임없이 듣다 보면 어느덧 '반대'로 돌아서게 된다.

화순 주민의 반대로 후보지가 강정으로 바뀌고 우여곡절 끝에 해군기지는 강정에 들어섰다. 반대한 화순 주민들은 닭 쫓던 개처럼 나날이 발전하는 강정을 바라만 보고 있다. 그때 극렬하게 반대했던 육지 것들은 다 사라지고 화순 주민끼리 갈등만 남게 되었다. 화순 주민에게 그 당시 왜 그렇게 반대했는지 물어보았다.

"글쎄요. 그때 뭔가에 홀린 듯 무작정 반대했어요. 육지에서 건너온 사람들이 화순을 구해 준다고 생각했지요. 지금 생각해 보면 우리끼리 냉정히 판단했어야 할 문제였는데……."

재미있는 현수막을 본 기억이 난다. 대정읍 구억리에 국제학교가 들어오기로 결정이 나자 환경 단체의 반대가 있었다. 학교가 들어오면 자연이 훼손된다는 것이 이유였다. 참다못한 주민들이 곳곳에 현수막을 걸었다.

'환경은 우리가 지킬 테니 걱정 말고 물러가라'

대략 이런 내용이었다.

공론화위원회의 도민 의견 수렴 결과는 예상한 대로 반대 약 50%, 찬성 약 30%로 반대의견이 많았다. 공론화위원회의 발표 날 우연히 제주에서 뉴스를 보았다. 뉴스에서는 이 결과는 법적 구속력이 없으며 권고사항이라는 것을 여러 차례 강조하고 있었다. 그러면서 만약 일이 잘못될 경우라도 이미 채용한 의료진, 일반 직원에게 피해가 가지 않도록 제주도에서 적극 일자리를 찾아 달라고 당부한다는 말로 끝을 맺었다. 병 주고 약 주는 전형적인 쇼 같았다.

그 뒤에 제주도에서 공론화위원회 의견 및 여러 조건을 검토한 결과, 내국인은 제외하고 외국인만 진료하는 조건으로 허가 내용이 바뀌면서 파국의 길로 들어선 것이다.

도민 의견을 들으면 반대가 나올 것이고, 이걸 구실로 허가 조건을 불리하게 바꾸면, 녹지그룹은 이에 반발하여 사업에서 손을 뗄 것이다. 이것이 진정 제주도가 바라는 것이었을까?

법정소송에서 제주도 입장은 허가를 안 해준 게 아니고 반쪽 허가도 허가 아니냐는 주장이고, 이제 와서 반쪽 허가는 받아들일 수 없다며 반발하는 녹지그룹과의 법리 논쟁이 1심의 쟁점이었다. 제주지방법원은 1심 판결에서 제주도 손을 들어주었다.

그러나 즉시 항소한 녹지그룹 측은 법 논리만으로 판결하는 지방법원과 달리 여러 가지 상황을 고려하며 판결하는 고등법원에서는 판결이 달라질 것이라 자신하고 있었다. 예상대로 2심에서는 녹지그룹의 손을 들어 주었고 제주도는 항소심 결과에 반발하여 2021년 9월 대법원에 상고하였고 2022년 1월 대법원은 허가 취소를 한 제주도에 대해 위법이란 판결을 내렸다. 다시 말해 조건부허가를 하고 3개월 내 개원을 하지 않았다는 이유로 결정한 허가 취소는 위법이란 판결이다. 그러나 제주도가 녹지그룹에 내국인 진료 제한 조건 자체가 위법인지를 따지는 소송은 별도로 진행 중이었다.

사안을 크게 둘로 나누어 소송을 진행한 것이다. 하나는 조건부허가가 적법한가에 대한 소송과 또 하나는 내국인 진료 제한 조건 자체가 위법인가에 관한 소송이었다. 조건부허가에 관한 소송은 앞서 언급한대로 위법이란 대법원판결이 내려졌고, 내국인 진료 제한의 법원 판결 결과는 초미의 관심사였다.

2022년 4월 제주지방법원에서 내국인 진료 제한은 위법이란 판결을 내렸다. 앞으로 큰 파장이 예상된다. 일차적으로는 제주도에서 판결에 불복하여 항소할 가능성이 있으며 외국인 투자 비율이 50%를 넘겨야 하는 제주 보건의료 특례 조항을 근거로 또 다른 소송을 제기할 수 있기

녹지국제병원

제주국제자유도시개발센터에서 짓다만 휴양시설

건설이 중단된 도로

때문이다. 녹지그룹 측은 이미 지분 상당 분을 매각하였기에 독자적인 영리병원 운영이 불가능한 상태이지만 2022년 1월, 4월에 연이는 승소 판결을 어떤 방향이든 본인들에게 유리한 국면으로 이끌어 갈 것이다.

제주도는 사면초가(四面楚歌)에 처한 상태이다. 또다시 찬반시위가 들끓을 것이며 끝없는 소송 수렁에 빠질 것이니 이 모든 피해는 고스란히 제주도민 몫이며 나아가서는 우리의 혈세가 끝없이 낭비되고 있다.

개인적으로 묻고 싶다.

"제주도에 영리병원 하나 정도 시범적으로 운영하면 안 됩니까? 우리의 경제력, 사회 전반 인프라, 국민 의식 등을 비추어 보면 그 정도는 얼마든지 수용할 수 있지 않을까요?"

녹지국제병원 스토리를 한눈에 볼 수 있도록 정리하면,

2005년 첫 상담 시작

2011년 양해각서 교환

2015년 녹지국제병원 허가

2018년 공론화위원회 여론조사 실시

2018년 공론화위원회 여론조사 결과 토대로 외국인만 진료하는 조건으로 허가

2019년 조건부 허가도 허가이므로 허가 후 3개월 내 병원업무 개시해야 함에도 이행하지 않았다는 이유로 허가취소 결정

2020년 제주지방법원 녹지국제병원에 대한 허가취소는 정당하다고 판결

2021년 고등법원에서 녹지그룹 승소

2022년 1월 대법원에서 녹지그룹 승소. 녹지국제병원 개설 허가 취소는 위법이라 판결.

2022년 4월 제주지방법원에서 녹지그룹 승소. 녹지국제병원의 내국인 진료 제한은 위법이라 판결.

2. 예래

예래. 참 예쁜 이름이다. 제주에는 이렇게 정겨운 단어가 많다. 쇠소깍, 산굼부리, 곶자왈, 논짓물, 사려니 숲, 섭지코지, 큰엉, 올레 등등 이루 헤아릴 수 없는 예쁜 말이 많다. 어떤 것은 독특한 지형을 뜻하는 말이고, 어떤 것은 제주에서만 통용되는 방언이기도 하고 어떤 것은 우리의 고대 언어이기도 하다.

예래는 중문 서쪽에 있는 조그만 마을이었다. 제주에 흔히 있는 소박하고 예쁜 그리고 조용한 마을이었는데 2007년부터 개발 붐을 타기 시작하였다. 2002년 우리나라에서 제주를 국제도시로 발전시키기 위하여 대규모 휴양관광산업을 육성하면서 그 후보지로 예래를 선택한 것이다. 그러다 말레이시아 기업집단인 버자야(Berjaya)그룹과 손을 잡고 2007년부터 본격적으로 휴양관광산업단지 개발을 추진하기 시작하였다.

2005년에 안덕면 집을 사고 자주 서울과 제주를 오가던 나는 본의 아니게 땅값이 춤을 추는 15년 과정을 생생하게 지켜보았다. 2005년부터 약 5년간 땅값은 거의 제자리걸음이었다. 2008년부터 올레 붐이 일어났어도 땅값 상승으로 이어지진 않았다. 그러다 예래 개발 소문이 난 것이다. 내 판단이 맞는다면 제주 땅값이 춤을 추기 시작한 시발점이 예래이다.

"예래 땅값이 50만 원 넘었다네."

이런 대화가 오간 것이 2010년 정도로 기억된다. 그 뒤로 올레가 한몫하였다. 올레와 제주 땅값은 무관하다. 슬로우 투어를 좋아하는 사람들은 그저 걷고 바닷바람을 좋아할 뿐 땅값에는 관심 없다. 그러나 어찌되었든 제주 붐을 일으킨 것이다. 2000년도 중반만 해도 연간 관광객 목표치인 5백만은 넘어야 하는데 올해는 목표를 밑돌 것 같다는 뉴스를 접한 기억이 있다. 올레 이후 해마다 1백만 명의 관광객이 늘면서 조만간 제주 관광객 1,000만 시대가 곧 온다고 흥분하였다. 제주 붐의 정점을 찍었던 2016년에는 1,600만 명의 관광객이 다녀갔다니 열풍을 넘어 광풍이라 할 만하다.

자연히 많은 사람 입에 제주가 자주 오르내렸다. 많은 사람이 다녀가면서 제주의 숨은 매력을 발견하고 그 매력이 빛을 보면서 더 많은 관광객을 끌어들이는 시너지 효과가 생겼다. 관광객이 몰리면서 숙박 시설을 비롯한 편의 시설이 부족해지자 제주 개발의 붐이 서서히 불기 시작하였다.

아무튼 예래 땅값이 100만 원을 넘으면서 제주 열풍에 본격적으로 불이 붙기 시작했다. 2007년 말레이시아 버자야그룹과 손을 잡고 시작한 예래휴양형주거단지 조성사업은 제주도가 추진한 첫 번째 대규모 리조트 개발 사업이었다. 매스컴에서는 연일 핑크빛 전망을 쏟아냈다. 버자야그룹의 마케팅 망을 이용하여 아시아권은 물론 중국, 멀리 중동을 대상으로 고급관광 상품개발을 계획하는 등 제2의 두바이를 꿈꾸며 들떠 있었다. 버자야그룹은 총 2조 5천억 원 규모의 사업계획을 발표한 바 있다. 초기 사업계획에 100층 건물을 짓겠다고 신청하여 화제가 되었다. 한라산 조망을 해친다는 이유로 무산되었지만.

그러나 2022년 오늘 현재 몇 년째 공사는 중단되었고 예래는 흉물로 변하였다. 제주도가 감당 못할 천문학적 단위의 소송이 줄을 이었다. 어쩌다 이렇게 되었을까? 한심하기 그지없다. 간략한 스토리는 이러하다. 사업부지 내에 확보하지 못한 땅 몇 필지가 있었다. 제주도는 사업부지 확보를 약속하고, 버자야그룹은 자본과 경영을 책임지는 합작 형태로 되어있었는데 사업부지 확보에 문제가 생긴 것이다. 땅을 내놓지 않은 사람이 있어 제주도는 알박기로 몰며 법정 다툼을 벌였다.

법정 다툼에서 1심에서도 2심에서도 모두 토지 소유주의 손을 들어주었다. 2015년 최종 대법원판결은 아주 명쾌하였다. 알박기의 정의부터 설명하며 이번에 문제가 된 땅은 알박기가 아니고 대대로 물려받은 땅이므로 강제적인 토지 수용은 무효라는 2심 판결을 확정 지었다. 중간에 개발 규모를 넓히는 과정에서 법적 근거 없이 무리한 수용을 한 것이 문제가 되었다고 한다. 버자야그룹 측에서 원하였는지 제주도가 자진해서 규모를 넓혔는지는 모르겠지만 과욕이 부른 패배였다. 개인의 권리를 물리적인 힘이나 개발 논리로, 공공이익을 빌미로 절대로 그리고 함부로 침해할 수 없다는 판결로 유명한 판례가 되었다.

그러나 생각보다 후폭풍의 상처가 커지고 있다. 첫 번째로 계약 상대방인 버자야그룹이 손 떼기 시작했다. 의욕적으로 제주도에 투자하려던 기분이 상한 것도 작용하였을 터이고 사드 문제로 한중 관계가 소원해진 것도 무시할 수 없었을 것이다. 아무튼 손 떼기로 하면서 하나하나 수순을 밟아 나가는데 마치 이럴 때를 대비한 것처럼 버자야그룹의 공격은 비수를 꽂듯 제주도의 급소를 노렸다.

다국적기업은 치밀하고 정확한 계약에 따라 움직인다. 계약에 명시되지 않은 행동은 삼가며 계약서 어딘가에는 최악의 상황을 염두에 둔 조항이 꼭 있게 마련이다. 소위 출구전략(exit strategy)이다. 이것을 왕왕 무시하는 쪽은 우리다. 최악의 사태를 가정하지 않거나, 문제가 생기면 추후 협상을 통하여 해결할 수 있다고 생각한다. 국내 계약에서는 통할지 모르나 다국적기업과의 국제계약은 다르다는 것을 간과한 것이다.

버자야그룹은 사업 주체인 제주국제자유도시개발센터(JDC)를 상대로 실제 투자금액의 환수 명분으로 3,238억 원의 손해배상청구를 하였다. 더 나아가 제주도를 상대로 4조 원의 투자 기회 상실에 대한 배상청구를 준비하고 있었다. 그동안 투자한 돈의 회수와 기회비용까지 포함하여 국제소송전으로 몰고 갈 준비를 한 것이다.

그런데 제주도는 예상하지 못했던 이러한 사태에 당혹스러워한다는 뉴스를 들은 적이 있다. 버자야그룹을 어려운 일이 있으면 서로 머리를 맞대고 같이 풀어나갈 파트너로 생각한 듯하다. 예기치 못한 사태가 벌어져도 같이 헤쳐나갈 평생 동지로 생각한 것 아닌가 싶어 한심하다는 생각이 들었다. 제주도는 세련된 매너와 샴페인으로 건배하던 얼굴과 상대 실수를 용납하지 않고 냉혹하게 파고드는 얼굴이 같은 얼굴이라는 것을 몰랐다. 국제계약의 무서움을 모르고 낭만적으로 계약서에 사인한 제주도로서 경험해 보아야 할 통과의례라고 하기에는 너무나 현실은 혹독하였다.

최근에 법원의 조정으로 버자야그룹에는 손해배상청구금액의 절반가량인 1,250억 원을 배상금으로 지급하는 조건으로 협상이 타결되었다는 뉴스가 있었다. (2020년 7월) 실제 투자액만 배상받고 나머지 은행

예래휴양형주거단지

대출은 제주도가 떠안는 조건으로 조정하였다고 한다. 일단 안도하는 분위기다. 그 정도 금액으로 타결을 보았다는 것은 나름 선방하였다는 평이고 또 하나의 대규모 손해배상 청구 소송도 해결 기미가 보이니 한시름 놓은 셈이다.

문제는 이제부터이다. 제주도가 부지를 확보하지 못한 죄가 있으니 할 말은 없지만, 제주도가 모든 사업을 떠안게 되었다. 즉, 계약서에는 제주도의 귀책사유로 사업이 원활하게 진행될 수 없는 경우, 버자야그룹은 언제든지 떠날 수 있고 사업의 모든 것을 제주도가 떠안기로 되어 있었던 것 같다. 제주도가 사업을 재개하려면 수용이 아니라 토지소유주로부터 매입하여 부지를 확보해야 한다. 그러나 이는 현실성이 없다. 제주도가 그 부지를 다시 확보하려면 그동안 천정부지로 오른 땅값을 지불해야 하기 때문이다. 땅 주인도 갑갑하기는 마찬가지다. 대법원판결까지 이미 끝났으므로 반환을 요구하면 수용당한 토지는 찾을 수 있다. 실제로 줄소송이 이어지고 있다. 문제는 수용당한 지적도상의 본인 토지에는 공사하다 중단한 집이 들어서 있거나 아니면 도로로 되었으니 다시 소유권을 찾은들 권리행사를 할 수가 없다.

제주도가 모든 것을 해결하여 사업을 이어받는다고 하여도 여전히 개인적으로 걱정이 앞선다. 무엇보다도 버자야그룹이 공사 중단한 집이 맘에 들지 않기 때문이다. 우선 앞뒤 집이 너무 붙어 있다. 범중국계인 버자야그룹 측은 주 타깃인 중국 사람들에게는 이래도 괜찮다고 생각하였는지 모르겠지만 우리 정서에는 맞지 않는다. 우리는 제주도에 별장을 소유한다면 바다가 보이고 앞뒤 공간이 있는, 한마디로 숨 쉴 수 있는 집을 원한다. 우리는 아니면 말지, 아닌 것을 구태여 원하지는 않는 정서가 있기 때문이다. 나는 절대로 안 살 것 같은 집이다.

괸당!

국제무대의 경험이 많은 리더가 있었다면 국제녹지병원, 예래휴양형 주거단지의 파국을 막을 수 있지 않았을까 하는 아쉬움은 나만의 생각일까? 또 한 번 2006년 도지사 선거가 떠올랐다.

2021년 1월 제주도는 미래전략 수립 결과를 발표하였다. 그간 대규모 개발 계획이 당초 예상을 크게 밑도는 실적을 보이자 외부에 용역을 주어 작성한 것으로 제주도, 정확하게는 JDC(제주국제자유도시개발센터)를 종래 '개발자(Developer)'에서 미래가치를 창출하는 '통합자

산방산과 용머리해안

(Integrator)'로 방향 전환할 것을 제안하고 있다. 구체적으로는 기존 핵심 사업 및 신규사업을 연결하는 미래형 교통수단인 '수소전기트램' 구축의 주체가 될 것을 권하고 있다.

각각의 미래 개발 전략은 다음과 같다.

* 항공우주박물관: 민간임대 또는 매각

* 헬스케어타운(영리병원): 청정자원복합치유단지

* 예래휴양형주거단지: 소송 후 전면 재검토

* 영어교육도시: 산업연계 가능 교육기관 유치

* 신화역사공원: 도내 예술인 플랫폼 구성

위 내용은 2021년 1월 26일 JDC 발표내용 그대로를 간추린 것이다. 참고로 항공우주박물관은 만년 적자 상태이다. 그곳에 가본 사람들은 누구나 느낄 수 있을 정도로 볼거리, 체험거리가 부족하다. 우리나라에서 우주를 주제로 한 박물관을 짓는 것은 아직 이른 것 같다.

영어교육도시는 예상보다 학생모집이 이루어지지 않아 외국학교 유치에 어려움이 있다. 따라서 이미 조성한 부지를 활용하는 방안으로 산업연계 교육기관을 유치하겠다는 계획이다.

신화역사공원은 카지노가 주력 사업으로 카지노에서 마련한 자금으로 본격적인 신화역사 테마파크 투자를 계획하고 있었다. 그런데 중국 관광객이 끊어진 상태라 추가 투자는커녕 운영 중인 놀이동산, 호텔, 콘도 유지도 힘들다는 소문이다. 2022년 현재 '신화'와 '역사'라는 주제는 실종된 채 호텔, 콘도, 카지노, 놀이동산만으로 운영되고 있다.

쓰고 보니 2006년 7월 1일 제주도가 특별자치도로 승격되면서 벌인 대규모 국내외 투자유치사업이 모두 파행으로 치닫고 있는 것을 고발하는 기사처럼 되어 버렸다. 하지만 옆에서 지켜보고 있자니 제주도가 더 발전할 수 있었던 좋은 기회를 놓친 것 같아서 안타까운 마음이 앞설 뿐이다.

제주 열풍의 빛과 그림자

1. 제주 열풍

2016년을 정점으로 2017년부터 제주 열풍이 서서히 가라앉기 시작하였다. 농업과 수산업 외 변변한 산업이 없는 제주에서 관광 수입은 거의 절대적이다. 대략 10년간 올레로 촉발된 관광 사업과 중국 관광객 특수까지 겹쳐 가파르게 상승하던 관광객 수가 서서히 줄기 시작하였다. 그래도 2017년 이후 1~2년간 증가율은 줄었지만 전체적으로 제주 유입 인구는 늘어났다. 그러나 2019년부터는 유입인구보다 유출인구가 많아져 인구 감소 현상이 생겨날 정도로 제주 열풍은 식어가기 시작하였다.

2010년을 전후해서 열풍같이 제주 붐이 일어날 때를 돌이켜 보면 참으로 다양한 부류의 사람들이 제주를 찾았다. 국내외 단체관광객, 특히 중국 단체관광객, 개인 관광객, 올레꾼, 등산객, 1주일 살기 또는 1달 살기, 학회참가자, 골퍼, 펜션·카페 투자자, 공사 관계자들, 바다 낚시꾼, 스쿠버 다이버 등등 많은 사람이 참으로 다양한 목적으로 제주를 찾았다. 아예 제주로 터를 옮기는 사람도 생겼다. 꿈을 찾아, 육지의 숨 가쁜 삶을 피해, 국제학교 입학을 위해 전 가족이 옮겨오고 혹은 아이들 교육 환경이 자연 친화적이라는 이유로 제주로 이주하는 사람도 늘어났다.

그러다 2016년 초 사드의 한국 배치가 공식화하자 중국 정부의 한국 방문 자제 권고가 본격화되었다. 2014년 사드 협의 시점부터 중국 단체 관광객은 이미 서서히 빠지기 시작하였지만, 2016년 초부터는 말이 자제지 금지나 다름없는 조치가 취해지자 썰물처럼 빠져나갔다.

'잘 되었네. 제주 가고 싶지만 중국 관광객이 많아 싫었는데 이참에 한번 가자.'

중국 관광객이 떠난 자리는 기다렸다는 듯 내국 손님으로 채워졌다. 중국인 단체가 주로 이용하던 식당, 관광지, 숙박업소만 직격탄을 맞았을 뿐 전반적으로는 별 영향이 없었다. 1~2년은 겉보기에는 별 지장 없는 듯 보였으나 제주 경제는 속으로 곪아 가고 있었다.

전체 관광객 수는 줄지 않아 관광 수입은 그 전과 같았을지 모르겠지만 사드 문제로 중국으로부터 큰 뭉칫돈이 안 들어오기 시작한 것이다. 중국 부자들을 겨냥하여 지은 타운하우스, 콘도 분양률이 악화하면서 중국 자본에 의한 신규 투자가 줄어들었다. 개인 관광객과 올레꾼들이 꾸준히 찾아오지만 역시 경제가 돌려면 목돈이 굴러야 한다.

더는 굵직한 투자유치 계약도 체결되지 않았고, 중국으로부터 신규 자금이 들어오지 않았고 게다가 이미 투자되었던 중국 자본이 철수하는 사태까지 벌어졌다. 이미 투자한 예래휴양형주거단지는 사업부지로 예정하였던 땅을 확보하지 못했기 때문에 버자야그룹이 손 떼기로 했다. 이는 표면적인 구실이며 실질적인 이유는 한중 관계가 멀어지며 중국 부자를 유치하기 쉽지 않겠다고 판단했기 때문이라는 뒷얘기가 무성하다.

중국 자본인 녹지국제병원 역시 마찬가지 논리일 수 있다. 주 고객을 중국 사람으로 겨냥하였는데 여의치 않자 미련 없이 손 떼었을 가능성을 배제할 수 없다. 다국적기업은 철저한 장사꾼이다. 손해 보는 투자는 절대로 하지 않는 법이다. 대형 프로젝트의 중단으로 계속 들어올 예정이던 외자가 들어오지 않고 그보다 더 큰 문제는 예래휴양형주거단지, 녹지국제병원 모두 대규모 손해배상 청구 소송전이 벌어지고 있는 형편이니 제주 경제가 주춤할 수밖에 없다.

큰돈이 돌지 않으면서 설상가상으로 여러 요인으로 내국 관광객 발길이 뜸해지기 시작했다. 2016년을 정점으로 2017년 주춤하더니 2018년부터 눈에 띄게 관광객이 줄어든 것을 느낄 수 있었다. 내가 피부로 느낄 수 있는 것은 무엇보다 할인된 비행기 표 구하기가 쉬워졌다는 점이다.

왜 내국인마저 제주를 찾지 않게 된 것일까? 여러 요인 중 순환적인 트렌드(cyclical trend)를 첫 번째로 꼽고 싶다. 때가 된 것이다. 2005년 제주피아를 살 때는 골프, 스쿠버 다이빙, 3~4일 여행은 거의 외국으로 갈 때였다. 중국 여행이 워낙 저렴하였고 일본을 비롯해 동남아도 부담되지 않던 시절이라 이국정서도 맛볼 겸 외국으로 나갔다.

그러다 올레가 뜨고 제주라는 숨은 보석을 발견하고는 너도나도 중국, 동남아 가느니 제주가 훨씬 좋다는 공감대가 형성되었다. 그때만 해도 중국, 동남아는 2% 부족한 시대였기 때문이다. 그러나 요즘은 사정이 달라졌다. 동남아 여러 나라에서도 젊은 사람들이 매력을 느낄만한 거리, 예쁜 카페, 이색적인 숍을 꾸며 놓고 여행객을 맞이하기 시작한 것이다. 자연 제주로 향하는 발길이 뜸해졌다.

두 번째, 한두 번은 모두 왔다 간 것이다. 예를 들어 몇 년 전에는 지방 초등학교 친구 모임에서 "제주, 제주 하는데 이번 가을에는 우리도 제주 한번 갑시다" 하고 제안하면 전폭적인 지지를 받았다. 그러나 한 번 더 가고 싶지는 않은 것이다. 비행기 예약, 숙박업소, 렌터카 등등 육지여행보다 생각할 것이 많고 비용도 만만하지 않기에 한번 갔으면 되었다고 생각한다.

세 번째, 올레를 걷다 보면 바다 풍광 좋고 상쾌하기는 한데 뭔가 이 올레를 계속 걷고 싶을 정도의 매력은 없다. 올레와 관련된 소프트웨어의 부족이라 할까? 천년의 역사를 가진 산티아고 순례길과 비교할 수는 없지만 뭔가 끌리는 매력이 부족한 것은 사실이다. 올레 창시자인 서명숙 씨도 산티아고 순례길을 걷다 “당신은 당신 나라에 돌아가서 당신의 까미노를 만들어라” 하는 말을 듣고 제주 올레를 만들었듯, 어느덧 육지에도 지리산 둘레길, 북한산 둘레길, 경주 산책길 등등 전국에 그 나름 각 고을 특색에 맞는 산책길이 만들어졌다. 이젠 슬로우 투어를 위해 꼭 제주 올레를 찾을 필요는 없어진 것이다.

마지막으로 꼽자면, 서비스업 종사자가 부족하다는 것이다. 제주는 기회의 땅이다. 젊은 사람들의 톡톡 튀는 아이디어를 맘껏 발휘할 수 있다. 그러나 이런 아이디어가 서울에서는 쓰라린 경험으로 이어졌다. 가로수길, 경리단 골목 등에서 상권을 일으키면 어김없이 월세가 껑충 뛰었다. 그러나 제주는 소위 젠트리피케이션(gentrification) 없이 맘껏 꿈을 펼칠 수 있는 마지막 장소였다.

그런데 제주에는 제주만의 문제가 생겼다. 사람 구하기 힘들어진 것이다. 모든 업소에서 사람 구하기 힘들다고 아우성이다. 갑자기 관광객이 2배, 3배로 늘어났는데 이에 대응할 서비스업 종사자가 부족하기 때문이다. 다시 말해 늘어나는 관광객에 맞추어 서비스 업소(하드웨어)는 늘어났지만, 서비스업 종사자(소프트웨어)는 늘어나지 않은 상태였다.

육지에서 자본과 아이디어를 갖고 들어와 독특한 카페를 차리면 손님은 구름처럼 몰려온다. 혼자 운영하기 벅차니 종업원을 구하고 싶은데 마땅한 사람이 없다. 육지에서 데리고 오려면 숙식 문제를 어느 정도 해결을 해주어야 하니 비용이 만만치 않다. 그러면 숙식 문제를 신경 쓰지 않아도 되는 제주 현지에서 구하면 되는데 문제는 제주 사람을 구하기 힘들다는 점이다. 나름의 아이디어와 조그마한 자본으로 제주에 진출한 업종은 예쁜 펜션, 카페, 베이커리 등 서비스업이 주를 이룬다. 서귀포 이중섭거리에서 꽤 잘나가는 파스타 집을 운영하는 아들 지인은 이렇게 푸념한다.

"아무나 쓸 수 있나요. 누가 보아도 호감이 가는 젊은 사람을 구하고 싶은데…… 손님이 많이 와도 걱정이에요."

그는 결국 혼자 감당할 만큼만 오픈 시간을 조절하여 운영하고 있다. 그리고 가족과 많은 시간 보내고 취미 활동을 열심히 하며 살고 있다.

"서울에 비해 반 정도 벌어요. 그런데 사는 건 똑같아요. 그래도 내 시간 많으니까 좋지요."

맞는 말이다. 제주에 와서 돈을 번다는 것은 결코 쉽지 않다. 그러나 적게 일하고 적게 벌어도 나가는 비용이 적으니 경제적으로는 엇비슷하다. 그 대신 시간은 남으니 여유 있는 삶을 누릴 수 있다. 이런 삶을 원하는 사람에게 제주는 분명 기회의 땅이지만 한몫 잡아보려고 제주에 오는 것은 신중하게 생각해야 한다. 제주에만 가면 모든 것이 해결될 것이라는 환상이 조금 퇴색되었고 제주에는 제주만의 어려움이 있다는 현실을 깨닫게 되었다.

이런저런 이유로 2017년부터 제주는 서서히 가라앉기 시작하였다. 주말인데 불 꺼진 펜션이 많아지면서 최근 수년 동안은 주로 타운하우스

공사로 바뀌었다. 펜션은 포화 상태가 되었으니 타운하우스 분양으로 방향을 튼 것이다. 분양이라고 잘될 리 없었다. 제주피아 부근에도 타운하우스가 꽤 많이 들어섰는데 분양되지 않은 빈집이 곳곳에 눈에 띈다. 그런데도 바로 옆에는 한창 공사 중이고 건너편에는 새로운 건설 현장이 들어설 준비를 하고 있으니…….

이런 침체기가 한동안 갈 것 같았다. 그러다 2020년 초 전 세계를 초토화한 코로나 사태가 터졌다. 제주도 예외가 아니었다. 그런데 한 치 앞을 내다보지 못할 정도로 혼란과 미래에 대한 불안감에 휩싸여 있을 때 제주가 다시 주목받기 시작하였다. 드라마도, 스포츠도 이런 반전이 있나 싶을 정도로 극적인 상황이 벌어진 것이다.

외국 여행을 가지 못하니 자연 국내로 돌아섰다. 2020년 하반기부터 주말이나 연휴면 비행기가 만석이고 인기 있는 숙박시설은 밀려오는 예약전화에 즐거운 비명을 지르고 있다. 갑자기 전원주택, 별장 붐이 일어나며 수많은 미분양 타운하우스가 활기를 띠었고 상담하러 온 사람들로 북적이기 시작하였다. 게다가 재택근무라는 새로운 트렌드가 자리 잡으며 재택이 아닌 재(在)제주 근무를 택한 젊은 사람들을 심심치 않게 볼 수 있다. 2021년 초부터 젊은 직장인들이 재택 근무지로 제주를 택했다. 비행기는 만석인데 주중에는 올레길이나 소위 핫하다는 곳에 사람이 많지 않다. 그러다 주말이면 어디들 있다 나왔나 싶게 여기저기 많은 사람 특히 젊은 사람들로 붐비고 있다.

한 가지 주목할 만한 것은 제주가 어느덧 이런 젊은 사람들을 만족시킬 준비가 되어 있었다는 것이다. '강남'으로 대표되는 이미지가 있다. 10년 전 세계를 강타하였던 노래 '강남스타일'이 말해주듯 모든 사람의 로망일 수 있는 강남 이미지는 막연한 동경이 아닌 실제로 강남의 편리함이라고 전문가들은 이야기한다. 현대 주거의 상징인 아파트를 비롯하여 교육, 교통, 종합병원, 쇼핑, 패션, 먹거리, 공연장 등 각종 인프라가 준비되어 있기에 모든 사람의 로망이란 분석이다. 제주가 이런 수요를 어느 정도 충족시킬 수 있을 만큼 성장한 것이다.

제주도는 오래전부터 사람이 살아왔던 곳이다. 2020년 현재로 약 60만 명이 살고 있다. 주민등록을 옮기지 않고 사는 사람이 많으니 실제는 이보다 더 많을 것이다. 따라서 기본 인프라인 교육, 종합병원, 쇼핑, 주거환경 등이 이미 수준급으로 갖추어져 있는 곳이다. 정책적으로 몇 년 공사로 겉만 화려하게 꾸민 외국에서 볼 수 있는 단위 리조트와는 근본적으로 다르다. 여기에 최근에 많은 먹거리, 볼거리, 놀거리 시설이 더해진 것이다.

우선 먹거리부터 살펴보면 독특한 아이디어와 맛으로 꿈을 안고 제주에 정착한 맛집이 많이 생겼다. 그것도 제주 시내나 서귀포 시내 같은 도시에 밀집되어 있지 않고 제주 전 지역에 퍼져 있다. 제주피아 근처에도 강남 못지않은 가볼 만한 맛집이 다양하게 들어섰다. 우리 부부는 10년 전에는 맛있는 커피 한 잔을 마시기 위해 중문 특급호텔을 찾았다. 지금은 커피숍, 카페가 넘쳐난다. 고급 베이커리, 바다가 한눈에 들어오는 피자, 파스타 집, 햄버거 가게, 횟집, 스시 전문점, 전 전문점 등 웬만한 먹거리가 구비되어있다.

남원읍에 사는 친구도 자기는 딴 곳에 갈 필요가 없을 만큼 여기에 모든 게 있다고 자랑이다. 애월읍에 가보면 깜짝 놀란다. 인기가수가 운영한다고 해서 유명세를 탔던 카페를 중심으로 강남에서 핫하다는 도넛, 햄버거집이 들어와 있고 표선, 성산, 함덕, 협재의 여러 맛집이나 가게도 각각 그 지역에서 활기차게 돌아가고 있다. 중앙 집중이 아닌 진정한 지방분권을 보는 듯하다.

여기에 전통 먹거리가 한몫하고 있다. 약간 실례가 될지 모르겠으나

아르떼뮤지엄

제주에는 먹거리가 특별한 것이 없고 내세울 만한 일품요리가 거의 없다. 다만 신선한 재료, 즉 싱싱한 해산물과 밭에서 갓 따온 재료로 맛을 살린다. 생선회는 물론 갈칫국, 멜(멸치)국, 각종 물회, 생선조림, 고기 국수, 밀면, 보말 칼국수, 보말 미역국 등은 특별한 노하우보다 신선한 재료로 맛을 낸 먹거리이다. 그런데 이런 전통 제주 음식이 웰빙 음식으로 새롭게 다가온 것이다.

볼거리도 급성장하였다. 최첨단 미술관이 오픈하여 인기 급상승 중이다. 앞으로 박물관, 미술관이 이렇게 진화하겠구나 하는 생각을 들게 하는 빛의 미술관이 성산과 애월 두 곳에 들어섰다. 최첨단 디지털 과학기술의 집합체이다. 그리고 제주에는 다양한 박물관, 전시장, 미술관, 테마파크가 몇 년 전 통계로 400여 군데가 있다니 각자 취미나 기호에 맞추어 골라 갈 수 있다. 문화체험 역시 제주가 단연 앞서고 있다고 말하고 싶다.

아르떼뮤지엄

빛의벙커

산책, 자전거, 해양스포츠, 골프, 바다낚시 등으로 대표되던 제주에 한층 더 다양한 볼거리, 먹거리, 놀거리가 마련되어 있다. 제주는 가볼 만한 곳을 넘어 살기 적합한 곳으로 이미 탈바꿈하고 있었다. 여유만 있다면 제주 별장도 고려할만하지 않은가. 더구나 제주는 코로나 n차 감염 거의 없는 유일한 곳이다. 제주에 사는 사람들은 제주가 우리나라에서, 더 나아가 전 세계에서 가장 살기 좋은 곳이라는 자부심을 가질 정도이다. 이런 붐이 실제 제주 경제가 살아나는 데 얼마나 도움이 될지 모르겠지만 어쨌든 제주는 2022년 현재 활발하게 움직이기 시작했다.

2. 제2공항

제주 열풍이 갖고 온 가장 뜨거운 감자는 제주 제2공항이었다. 제2공항의 필요성은 오래전부터 논의되어왔다. 2000년대 후반부터 서서히 불기 시작한 제주 열풍으로 제주공항은 인천국제공항에 이어 가장 붐비는 공항이 되었다. 이착륙이 2분마다 이어지며, 연간 3천만 명이 이용하는 공항으로 규모에 비해 전 세계에서 가장 바쁜 공항으로 알려졌다. 따라서 김포-제주 하늘은 전 세계에서 가장 붐비는 노선 중 하나라고 한다. 실제 사고로 이어질 뻔했던 아찔한 뒷얘기가 종종 들려온다. 다행히 큰 사고로 이어지지는 않았지만, 지연출발, 도착지연은 흔한 일이었다. 공항은 넘쳐나는 승객을 소화하지 못해 복잡하기 짝이 없고 한쪽에서는 공항 확장공사, 주차타워 건설 등으로 늘 붐비고 어수선하다.

자연히 제2공항의 필요성을 누구나 공감하였고 2010년부터 본격 논의되었다. 여러 후보지가 거론되었는데 기존 제주공항을 확장하는 방안을 비롯하여 소규모 비행 활주로가 있는 제동목장 인근의 정석비행장을 활용하는 방안, 일제가 사용하던 알뜨르비행장을 재사용하는 방안 등이 검토되었다. 그리고 제주 서쪽 끝 신도, 동쪽 끝 성산 등에 새로 건설하는 방안도 검토되었다.

거론되는 후보지마다 반대 시위와 찬성 집회로 연일 소란스러웠고, 소문은 무성하고, 육지에서 대거 원정 온 공인중개사와 투기꾼이 설치는 등 한마디로 아수라장이었다. 3~4년 끌었을까? 너무 시끄러워 이해 관계없는 나까지 아무 곳이든 빨리 결정되었으면 하는 생각이 들었다. 드디어 2015년 제2공항 후보지로 성산이 결정되었다. 희비가 엇갈리는 순간이었다. 기뻐하는 측은 성산에 땅을 확보한 투기꾼 및 동쪽에서 사업하는 사람이고 슬퍼하는 사람은 타지역에 투기한 사람이었다. 그런데 성산 주민뿐만 아니라 전 제주도민도 찬성, 반대 반반으로 갈려 앞으로도 험난한 길이 기다리고 있음이 예상되었다.

국토 균형 발전 논리가 작용한 것 같다는 생각을 지울 수 없었다. 제주공항이 제주시 서쪽에 있어 제주도 서쪽은 공항 출발 후 바로 준고속도로인 평화로를 이용하여 편하게 이동한다. 그러나 성산을 대표하는 제주 동쪽은 공항에서 복잡한 구 제주시를 통과해야 한다. 그러니 어떻게 생각하면 제2공항은 처음부터 동쪽으로 결정되어 있던 것 아닌가 싶다.

이렇게 동쪽이 상대적으로 도로망이 잘 구비되지 않은 이유는 동쪽이 서쪽보다 땅이 비옥하고 농사가 잘되어 전부터 대규모 농장과 전통 부호들이 많기 때문이라고 한다. 옛날옛날 제주도가 형성될 때 화산이 폭발하면서 서에서 동으로 부는 편서풍을 타고 화산재가 동쪽에 쌓였기 때문에 동쪽은 땅이 비옥하고 농사가 잘된다. 별로 아쉬운 것이 없어 많은 사람이 오고 가는 게 썩 달갑지 않아 도로망 확장에 비협조적이라 한다. 반면에 서쪽은 땅이 척박하고 농사도 시원치 않아 상대적으로 가난하였다. 대규모 토지주도 없어 길 내는데 협조적이고 땅값도 당연히 싸다. 이런 이야기를 들으니 제주피아 근처에 소규모 호텔, 펜션, 타운하우스 등이 들어온 데는 다 이유가 있었구나 하는 생각이 들었다.

이런 이유로 동쪽은 개발 흐름을 타지 못한 채 해안가 중심으로만 호텔, 리조트, 펜션이 자리 잡고 있었다. 서쪽보다 개발이 늦어 소외당하고 있다는 생각이 잠재되어 있어 늘 제2공항을 유치하려는 마음이 어느 지역보다 강했다. 드디어 소원성취가 된 것이다. 어쨌든 결정되었으니 이제는 좀 조용하겠지 하였는데 더 시끄러워지기 시작하였다. 탈락한 지역은 비리가 있었다, 계산상의 착오가 있었다 하며 들고 일어났고 정작 기뻐해야 할 성산 주민들은 결사반대를 외쳤다. 그리고 환경 단체는 오름 몇 개를 깎아야 한다, 비행 활주로 밑에 있는 동굴을 어찌할 거냐 하며 연일 집회를 열었다.

2019년까지 제주 뉴스를 보면 제2공항 보도가 한 번도 빠진 적이 없었다. 2019년 느닷없이 주민 공청회를 하겠다고 했다. 성산으로 결정될 당시 제주도민 의견이 수렴되지 않았음을 인정하고 제주 전 도민 중 2천 명과 성산 주민 5백 명을 상대로 제2공항이 필요한지 의견을 청취하겠다는 것이다. 제2공항을 계획할 때는 제주공항이 전 세계에서 가장 붐비는 공항이었지만 그 뒤로 사드 문제로 중국 관광객의 발길이 끊어지고, 이런 저런 이유로 내국인마저 외면하기 시작하자 더는 그렇게 붐비는 공항이 아니게 되었다. 그런 이유로 제2공항 필요성에 물음표가 생긴 것이다. 그렇다고 이제 와서 도민 의견을 듣겠다니…….

다 된 밥에 뭐 떨어뜨려 국제소송전으로 끌고 간 녹지그룹 사례가 떠오를 수밖에 없다. (p.32 귄당 편에서 언급) 2015년 성산으로 결정하였으면 그것으로 끝이지 몇 년 후 도민 의견을 듣겠다는 것부터 앞뒤가 맞지 않는다. 결정 당시는 전혀 의견 수렴 절차를 밟지 않았다는 것인가? 어떤 근거로 이미 결론을 내고 4~5년이 지난 이 시점에서 성산 제2공항 찬반 의견을 듣겠다는 것인지 도무지 이해할 수 없다.

제주 전체 도민 중 2천 명과 성산 주민 5백 명을 여론조사 대상으로 선정하였는데 그 정도면 충분히 여론이 반영되었다고 할 수 있는 것일까? 2021년 2월 18일 발표한 여론조사 결과, 성산 주민들은 찬성이 우세하였고 전체 제주도민 의견은 반대 비중이 높은 것으로 알려졌다. 각각의 의견을 종합한 최종의견은 '반대'였고 이러한 의견을 국토부에 전달하고 국토부의 최종결정을 기다리고 있다. 2021년 여름 국토부는 잠정 보류로

담 밖 정원 담 밖 자투리땅에 쓰레기를 자꾸 버려 생각다 못해 꽃밭으로 가꾸었다.

결론지었다. 그 후 제2공항의 모든 결정을 다음 정부에, 즉 2022년에 새로 탄생할 정부로 완전히 이관하겠다는 보도가 있었다.

누가 나에게 제2공항에 대한 의견을 물어본다면 이렇게 말하고 싶다.

"맞습니다. 제주 제2공항은 꼭 필요합니다, 절대적으로. 그렇지만 지금 제주에 필요한 것 중 제2공항 건설이 최우선순위는 아니라고 생각합니다. 첫 번째는 무엇보다 쓰레기 문제입니다."

쓰레기! 정말 심각하다. 지난 10여 년간 제주도에서 폭발적으로 늘어난 쓰레기는 처리용량을 이미 넘어섰다는 뉴스를 자주 접한다. 그간 얼마나 많은 인구 유입이 있었고, 얼마나 많은 관광객이 다녀갔는가를 생각하면 쓰레기 처리용량이 부족하리라는 것은 충분히 짐작할 수 있지 않은가?

산책하다 보면 쓰레기가 자주 눈에 띄어 눈살이 찌푸려지고 산책하는 기분을 잡치곤 한다. 해변, 올레길, 마을 하천에는 쓰레기가 널브러져 있다. 비가 많이 오면 모두 바다로 흘러들어갈 것 아닌가. 뜻있는 시민단체에서 제2공항을 반대하는 여러 이유 중 하나로 쓰레기 문제를 거론한다. 쓰레기부터 그리고 부족한 기본 인프라부터 처리하고 공항을 생각하자는 주장이다.

3. 구좌읍

제주 열풍에서 빼놓을 수 없는 지역이다. 제주시에서 동쪽으로 일주도로를 타고 가다 보면 조천, 함덕 지나 구좌읍이 있다. 제주에서 흔히 만

날 수 있는 어촌마을이었던 구좌읍은 우리나라에서 땅값이 가장 싼 지역이었다. 해마다 통계청에서 전국 땅값 상위 몇 곳과 하위 몇 곳을 발표한다. 구좌읍은 하위 몇 곳의 단골이었다고 한다. 땅값이 타지역에 비해 비쌀 이유도 없지만 그렇다고 전국에서 땅값이 유독 싼 원인을 딱히 찾기 힘든 흔한 평범한 어촌마을이었다. 바다가 북쪽으로 면하여있고 뒤에 한라산이 있어 북향으로 집을 지을 수밖에 없는 지형이 하나의 요인이 아닌가 혼자 생각해 보았다.

같은 북향이지만 제주시의 서쪽인 애월읍은 상대적으로 인기 있는 지역이다. 연예인 땅값이라 부를 정도로 인기 연예인이 많이 거주하고 있어 유명세를 타고 있는 곳이다. 그런데 지도를 보면 제주도 전체가 약간 기울어져 있는 것을 알 수 있다. 9시~15시 방향이 아닌 8시~14시 방향으로 약간 서쪽이 밑으로 쳐지면서 애월읍 지역은 북서향이라 할 수 있지만 구좌읍은 제주시 동쪽 방향 동북쪽 끝자락이라 완전 북향이다. 우리나라 유일의 규모 있는 북향해안인 것이다. 어쨌든 구좌읍은 전형적인 농어촌마을이고 당근이 대표작물이다.

2000년도 초 조용한 마을에 외지인이 들어오기 시작하였다. 2000년대 중반까지 월정리 해변에는 카페가 딱 한 곳 있었다고 한다. 담벼락에 구멍을 내고 그 구멍을 통해 해변이 보이도록 한 재미있는 카페가 있는 정도였다. 지금은 올레가 일상이 되었지만, 그 당시도 안단테 투어를 즐기는 고독한 나그네들 사이에서 입소문이 나기 시작하였다. 구좌읍 몇 안 되는 바닷가 카페를 일부러 찾아오면서 월정리 해변의 아름다움은 조용히 퍼져나갔다.

구좌읍을 자세히 보니 왜 이런 곳이 그동안 조용하였는지 하는 의문이 들 정도로 좋은 점이 눈에 들어왔다. 북향이지만 바다를 끼고 있으며 해변은 때 묻지 않은 자연 그대로의 모습을 간직하고 있다. 크지 않은 자그마한 해변이 월정리, 평대리, 세화리에 걸쳐 아기자기하게 형성되어 있다. 특히 월정리 해변 백사장을 걸어보니 모래가 그렇게 고울 수 없었다. 한때 우리나라 유일의 진주조개 모래라고 알려졌는데 정밀 조사 결과 진주조개 모래는 아닌 것으로 판명 났으나 어쨌든 그렇게 소문날 정도로 모래가 곱다.

제주사람들에게 제주에서 가장 아름다운 해변을 꼽으라면 당연히 월정리 해변이라 서슴없이 말하곤 한다. 월정리 해변의 아름다움은 이미 알려져 있었다. 제주도 동쪽과 남쪽은 절벽과 갯바위로 이루어져 있어 모래사장이 발달한 해변이 거의 없다. 있어도 수심이 일정치 않아 해수욕장으로 허가하지 않는 곳이 많다. 중문 해수욕장이 있기는 하지만 여긴 물(?)이 좋은 해수욕장이지 해수욕장으로서의 입지 조건이 좋은 곳은 아니다. 이에 반해 구좌읍을 중심으로 발달한 해변은 백사장이 넓고, 수심이 완만하고 모래도 고와 가족 단위로 놀기 좋고 연인끼리 산책하기에도 좋다.

에메랄드빛 바다와 아름다운 해변! 점점 좋은 점이 눈에 들어오면서

이 아름다운 해변을 끼고 예쁘고 특색 있는 카페를 운영하면 잘 되겠다고 생각했다. 그러자마자 2~3년 사이에 월정리 해변을 끼고 카페가 한꺼번에 들어오기 시작하였다. 여러 사람이 동시에 생각을 한 것이다. 마치 난개발의 샘플처럼 커피숍, 베이커리 카페, 펜션, 게스트 하우스 등으로 순식간에 뒤덮이고 말았다. 월정리에서 시작한 개발 붐은 이웃인 평대리, 세화리로 뻗어 나가 구좌읍 전체가 들썩거렸다. 주말이나 성수기에 가보면 해안도로는 차가 움직이지 못할 정도로 붐비고 사람들로 넘쳐나고 있었다.

그런데 이렇게 붐비는 만큼 카페 수입도 괜찮을지 의문이 들었다. 인증 샷만 찍거나 차 한 잔 마시며 여러 시간 죽치고 있는 듯 보이는 손님이 많았다. 거의 모든 카페 옥상의 긴 의자에는 남녀 커플이 반쯤 누운 편안한 자세로 바다 풍경을 즐기고 있어 매장마다 손님이 많은 듯 보이나 실제 매상에 얼마나 도움이 되었는지는 의문이다. 마냥 죽치고 있어도 카페 운영하는 측에서는 제재할 수도 없고 관리할 직원도 없어 남 좋은 일 하는 것 아닌가 싶었다.

구좌읍 월정리는 입소문과 인터넷을 타고 본격적으로 알려지기 시작하였다. 올레도 한몫하였을 것이다. 여기에 본격적인 투자자와 공인중개사가 부추겨 땅값이 들썩이기 시작하였다. 무엇보다 기본 땅값이 싸므로 좋은 의미의 개발도 이루어졌지만, 투자인지 투기인지 애매모호한 돈이 유입되며 땅값이 춤을 추기 시작하였다.

구좌읍 땅값이 절정을 이룬 해는 제2공항이 성산으로 들어오기로 결정된 2015년이었다. 전국 땅값 중 핫하다는 제주에서도 가장 핫한 지역이 구좌읍이었다. 평균 20배가 올랐다는 소문이 있는데 과장만은 아닌듯하다. 조용하였을 때는 땅값이 얼마였고 몇 년도는 얼마였다는 비교 자체가 무의미하다. 마치 주가가 오늘 100만 원이라면 전에 1만 원, 10만 원, 혹은 20만 원 때 그 주식을 매입하였든지 현재 큰 의미가 없는 것과 같이 구좌읍 전체가 평당 수백만 원을 호가하는 진풍경이 벌어졌다. “어디 땅이 평당 3백에 거래되었다” 혹은 “어디는 5백이다” 심지어 “8백 주고도 못 산다”는 말도 있었다. 제주 열풍의 표본을 보는 듯하였다. 확인할 수 없는 소문만 난무하였다. 땅값이 2배, 3배 오른 게 아니라 20배, 30배로 뛰니 도대체 구좌읍 땅 어디가 얼마에 거래되었다고 말을 할 수가 없다. 신문에 실린 기사를 토대로 한 예를 소개하겠다.

‘제주지역 땅값이 하늘 높은 줄 모르고 치솟고 있다. 그야말로 천정부지다. 지역 부동산업계도 가격을 예측, 분석하는 게 불가능할 정도로 제주지역 부동산 거래 가격이 폭등하고 있다고 입을 모은다. 제주시 구좌읍 월정리 해안도로를 따라 잘 꾸며진 카페촌은 최근 제주에서 가장 땅값이 많이 오른 곳 중 한 곳으로 지목되고 있다. 3.3m²당 30~40만 원 수준이던 3~4년 전에 비해 지금은 400~600만 원에 거래되는가 하면 최고 1,000만 원에 거래된 곳도 있는 것으로 알려지고 있다.’ (중략) (2015. 1. 16. 문화일보)

3~4년 전보다 10~20배가 올랐다면 그 전으로 거슬러 올라가면 훨씬 큰 곱셈이 나올 것이다. 제주 땅값이 3.3㎡당 30~40만 원이면 이미 꽤 오른 상태이기 때문이다.

그런가 하면 구좌읍에 대한 소위 '묻지마 투자'를 하지 말라는 제주도 당국의 호소를 겸한 경고성 뉴스를 접한 기억이 있다. 제주도에 땅을 사더라도 현지답사를 꼭 하라는 가장 기본적인 것을 계몽할 정도로 열풍이 몰아친 것이다. 실제로 계약 후 가보면 맹지이거니 도저히 개발될 가능성 없는 땅을 산 것이 문제가 되곤 하여 경각심을 일깨운 것이다.

월정리 해변

묻지마 투자에 얽힌 얘기가 하나 있다. 제주에서는 묘(무덤)를 '산'이라 부른다. 제주 방언이기도 하고 왜 산이라 부르게 되었는지 정확하게 모르겠으나 제주에서는 일반적으로 통용되는 용어이다. 육지에서 제주 땅을 사는데 묻지마 계약을 하려 하니 제주 부동산에서 그 땅에 산이 두 개 있다고 연락이 온 것이다. 육지의 매수희망자는 좀 넓다 싶었지만 속으로 '산? 그것도 2개씩이나?' 하는 생각을 하면서도 자그마한 동산이 있다는 얘기로 지레짐작하고 계약을 한 것이다. 계약 후 현장에 와서 무덤 2개가 땅 가운데 박혀 있는 걸 보고 항의해보았자 "미리 말씀드리지 않았습니까?" 하는 말만 메아리처럼 들려온 것이다.

그런데 계속해서 한 가지 생각이 머릿속을 떠나지 않는다. 달이 머문다는 월정리는 이름 그대로 서정적인 아름다운 바닷가 마을이다. 고운 모래, 에메랄드빛 바다는 한 폭의 그림 같다. 그런데 왜 그동안 아무도 이런 멋을 몰랐을까? 아무도 주목하지 하지 않다가 가장 핫한 장소로 탈바꿈을 하자 뒤늦게 찬사를 연발하며 왜 미리 몰랐을까 하고 다시 보게 되는 것일까?

아직도 제주에는 제2, 제3의 구좌읍 월정리가 있지 않을까?

육지 것들

제주 사람들은 바다 건너온 사람들에게 통칭 '육지 것들'이란 표현을 쓴다. 나라님도 없는 자리에서는 하대하여 부르는 법이니 뭐라 할 수는 없다. 반대로 육지에서 건너간 사람들도 제주 사람을 낮추어 '제주 것들'이라 부르니 피차일반이다. 섬이라는 지정학적 환경 때문이겠거니 생각할 수 있으나 생각보다 배타적인 민심에 놀라고 나아가 육지에서 온 사람들에게 강한 불신이 있다는 것에 더욱 놀란다.

문득 대만이 떠올랐다. 대만에 도착하면 건물구조를 비롯하여 도시 전체에서 일본 색채가 강하게 느껴진다. 1895년부터 무려 50년 동안 일본 지배를 받았으니 그럴 만도 하다.

놀랍게도 대만사람들은 일본에 우호적이다. 50년 동안 식민 지배를 받고도 왜 대만은 일본에 우호적일까? 대만은 중국을 경계하기 위해 일본과 전략적으로 가깝게 지내는 것일까? 과거에 식민 통치를 받았던 일본이라 감정은 좋을 리 없지만, 대만으로는 중국의 위협이 있는 한 과거는 잊어버리고 새로운 질서를 위해 마지못해 손을 잡은 것일까? 우리도 마찬가지 아닌가? 북한과 대치하고 있는 한, 밉지만 일본과 손을 잡고 있다. 그러나 일본에 대한 뿌리 깊은 앙금을 늘 마음속 깊이 간직하고 있다.

대만과 우리나라는 공통점이 있다. 같은 분단국가로 공산국가와 대치하고 있다는 점이다. 중국과 섬나라 대만, 그리고 북한과 대한민국을 단

일본풍의 대만 주택가

순 비교하기는 어렵지만, 대만과 우리는 공산국가와 대치하고 있는 나라이며 과거 일본 식민 지배를 받았고 1945년 2차 세계대전이 끝나고 해방되었다는 공통점이 있다.

'이 양반들 배알도 없나, 50년간 식민 지배를 받고도 그 나라를 좋아하다니…….'

대만은 필요에 의해서가 아니고 실제로 일본을 좋아하고 있다는 것을 알게 된 후 나의 첫 소감이었다. 그러나 그 이유를 설명 들으니 이해할 만하였다. 본토(대만 사람들은 중국을 이렇게 부른다) 사람들이 싫기 때문이었다. 단순하였다. 대만은 중국의 마지막 왕조인 청, 그전의 명나라 시대부터 약탈의 대상이었다. 왕조가 바뀔 때뿐만 아니라 황제가 바뀌거나 새로운 관리가 부임할 때마다 고난이 이어졌다.

그러다 일본의 식민지가 된 것이다. 1895년 청일전쟁에서 승리한 일본은 중국의 혼란을 틈타 대만을 식민지화하였다. 청일전쟁에서 승리한 후 청나라와의 강화회의에서 맺은 시모노세키 조약으로 일본은 조선 지배의 우위를 확보하였고 사실상 대만을 지배할 수 있게 되었다. 그때 중국에서는 아무도 대만에 신경을 쓰지 않았다. 조선은 400여 년을 이어온 엄연한 국가이지만 중국은 대만을 한 마을 정도로 취급하였기에 일본이 대만을 무력침공하였을 때 약간의 저항은 하였지만 쉽게 포기하고 내주었다.

대만으로는 막말로 이놈이나 저놈이나 같다고 생각한 것이다. 대만에는 한족(漢族)이 아닌 대만 원주민이 살고 있었으니 한족이 지배하나 일본이 지배하나 마찬가지였다. 그런데 일본은 대만에 유화정책을 썼다. 대만은 일본이 점령한 첫 식민지로 향후 중국 본토를 겨냥한 거점으로 삼기 위해 대만을 자기편으로 만들어야겠다는 생각이 있었다.

수탈과 고난의 역사를 겪어온 대만으로는 그나마 괜찮은 정복자를 만났다고 생각했다. 일본이 학교와 병원을 세우고 도로 등 사회 기본 시설을 건설함으로써 대만은 비록 늦었지만 근대국가로 향할 수 있었다. 이전에 누리지 못하였던 사회적인 변화를 보자 식민지 피지배자의 굴욕을 느끼는 대신 일본에 호감을 갖게 된 것이다.

한반도(陸地)와 섬나라 제주도 역시 대만과 마찬가지로 육지로부터 수탈과 고난 더 나아가 멸시를 받아왔다. 요즘도 조직에서 제주도로 발령받으면 귀양 간다고 여기고 내가 뭘 잘못했나 생각한다. 제주도는 버려진 땅이고 실제 땅도 돌투성이로 척박하고 기후도 좋지 않아 농사마저 쉽지 않은 가난한 지역이었다.

따라서 대만과 본토 사이의 반감이 형성된 것과 마찬가지로 제주도와 육지 사이에도 비호감 정서가 깔려있다. 그래도 제주도는 일본에 대한 반감이 워낙 컸기에 대만 경우와는 달리 일본을 향한 호감은 전혀 없다. 일본은 태평양전쟁의 마지막 옥쇄(玉碎: 천황을 위하여 옥처럼 부서진다는 뜻의

가마오름 소유주와 제주도 간 매매과정에서 이견이 생겨 휴관 상태이다.

일제시대 군사요새화로 건설한 격납고

미사여구) 작전지역으로 제주도를 선택하여 전 제주도민을 동원하여 땅굴을 팠다. 그 규모가 어마어마하다. 일부를 공개한 평화박물관(제주시 한경면 소재)에 가보면 그 규모에 깜짝 놀라게 된다. 한경면 가마오름 전체를 요새화하기 위한 땅굴 길이가 수 km에 달하며 출입구가 30개가 넘는다니 여기에 동원된 제주도민들의 희생이 얼마나 컸을까 짐작조차 안 간다. 이런 최후의 저항을 위한 땅굴이 제주시를 비롯하여 대정, 한림, 모슬포, 서귀포, 표선, 성산 등 제주 전역에 흩어져 있다.

또 대정읍 부근에 송악산 옆으로 알뜨르비행장이 있다. 알뜨르는 '아래에 있는 벌판'이란 의미인데 모슬포 포구 옆으로 광활한 벌판이 형성되어 있다. 일제는 이 벌판에 비행장을 건설하여 2차 대전 최후 옥쇄작전을 계획하였다. 비행기 격납고를 비롯하여 포진지, 지하 벙커 등 최후 발악을 위한 흔적이 곳곳에 남아 있다. 다행히 제주 옥쇄작전을 펼치기 전 일본이 항복하였기에 그나마 더 이상의 피해를 막을 수 있었다.

이런저런 이유로 제주 사람들은 한마디로 자기들 외에는 모두 싫다는 정서가 뿌리 깊게 있는 것 같다. 일본도 싫어하고 육지 것에 대한 호감도 없다. 제주 사람들에게는 그동안 육지 것들에 대하여 '속았다', '이용당했다' 하는 정서가 깔려있다. 자본과 기술이 밀리니 육지 것들을 당해낼 수 없어 실제로 속고 이용당하는 일이 반복되었다.

또 하나, 결정적인 피의 역사가 있었다. 제주4·3항쟁이다. 이 항쟁이 결정적으로 육지 것들에 대한 반감을 갖게 한 것이다. 육지 것들에 대해 당했다는 표현은 주로 경제적인 관계라면 4·3항쟁은 죽고 사는 문제가 걸려있는 사건이므로 차원이 다르다. 4·3항쟁이 제주도민에게 준 상처는 너무나 컸다. 그 당시 인구 약 30만 명 중 2만 5천~3만의 무고한 주민이 희생되었다니 약 10%의 도민이 희생된 셈이다.

예비검속학살터

육지와 제주 간의 피의 역사는 하나 더 있다. 바로 '예비검속'이다. 글자 그대로 사건을 미연에 방지하기 위해 사고를 저지를 우려가 있는

백조일손묘역

사람을 가려내는 일이다. 제주에서는 4·3항쟁 이후 바로 6·25전쟁이 발발했으므로 4·3항쟁 때의 희생으로 반감을 품고 적에게 동조할 가능성이 있는 사람을 미리 처형하는 수단으로 사용되었다.

섯알오름에 '백조일손묘역(百祖一孫墓域)'이란 생소한 이름의 묘가 있다. 백조일손 묘는 백 명의 조상을 하나의 자손이 모신다는 슬픈 의미를 담고 있다. 밝혀진 희생자만 200명이 넘었고 시신이 뒤엉키어 신원 파악을 할 수가 없어 해마다 합동으로 희생제를 올리며 넋을 기리는, 시대가 낳은 비극의 역사가 있는 곳이다. 섯알오름 희생자 이외 또 다른 크고 작은 학살이 제주 전역에 걸쳐 자행되었다고 알려졌으나 결정적 증거인 시신 발굴이 이루어지지 않아 예비검속의 전말을 정확하게 알 수 없다.

최근에 이런 곳이 다크투어(dark tour 비극적 장소 탐방) 코스로 알려져 많은 올레꾼이 들러가는 코스로 자리 잡았다. 제주 남서쪽 끝에 있는 송악산 옆 대정읍 안덕면에 가면 알뜨르비행장, 격납고, 4·3희생자 공원, 백조일손묘역 등을 한꺼번에 둘러볼 수 있다. 일제, 해방 혼란기, 전쟁 소용돌이의 어두운 역사가 고스란히 있는 곳이다.

제주피아를 장만하고 부근에 이런 제주의 슬픈 역사가 있다기에 둘러본 적이 있었다. 지금처럼 정비되어있지 않아 일제 땅굴, 격납고와 포진지만 겨우 찾아 둘러보았던 기억이 있다. 특히 예비검속 학살터에 가보고 대낮인데도 섬뜩함을 느껴 소스라치게 놀랐던 기억이 생생하다. 어지간한 담력 없이는 가보기 힘든 곳이었다. 그러나 지금은 주변 정리가 잘 되어 공원처럼 예쁘게 꾸며져 있고 올레 코스에도 포함되어있어 지나가는 길에 부담 없이 둘러볼 수 있다.

결과적으로 제주 사람들 사이에서는 다음과 같은 정서가 자리 잡았다.

'나는 육지 것들이 싫다. 따라서 나는 육지 것들이 하는 정책, 투자, 심지어 도움도 싫다. 우린 우리끼리 잘 살아왔고 앞으로도 우리끼리 잘 살 터이니 내버려 두어 달라.'

예비검속섯알오름유적지 소녀상 (2021년 철거됨)

최근 어렵게 준공된 강정 해군기지 건설 사업만 보더라도 이 정서를 알 수 있다. 해군기지뿐만 아니라 앞으로 크루즈 선을 본격적으로 유치하면 지역 발전에 도움이 될 것이라 아무리 설명해도 묵묵히 듣고 있다가 내뱉는 한마디.

"냅 둬!"

이 말속에는 바로 너희 육지 것들이 하자는 것은 무조건 거부하고 보겠다는 정서가 담겨있다. 그러나 앞서 언급한 제주의 슬픈 역사를 알고 나면 충분히 이해하고 남는다. 제주도민 누구나 할 거 없이 가까운 친인척 중 희생자가 없는 집이 없다. 제주에 살다 보면 4월 들어서면 예고 없이 쉬는 식당이 많다는 것을 알게 된다. 바로 4·3 희생자를 기리는 제삿날이라서 그렇다. 정확히 돌아가신 날을 모르므로 돌아가셨다고 추정되는 날을 기일로 잡아 제사를 지내는 것이다.

제주 사람들이 육지 것들을 좋아하든 말든 많은 육지 것들이 제주를 찾아가는 시대가 되었다. 짧게 머물다 가는 관광객에서부터 일주일 살기, 한 달 살기 등 다양한 목적으로 제주를 방문한다. 그러나 아예 제주에 정착하기 위해 건너온 사람들이 늘기 시작하였다. 별장을 소유하는 사람, 제주에 투자하여 조그마한 카페, 펜션, 커피숍 등을 운영하는 사람들이 이 부류에 속한다.

2005년도 제주 집을 보러 다닐 때만 해도 제주에 별장을 소유하려면 단독주택을 사는 수밖에 없었다. 다시 말해 별장 수요가 거의 없으므로 콘도를 소유 형식으로 분양하지 않았고, 타운하우스 형태의 별장 같은 건 전혀 없던 시절이었다. 물론 두서너 단계 위의, 바다가 한눈에 들어오는 터에 누가 보아도 "와~!" 소리 나오는 번쩍거리는 별장은 그때도 있었다. 그건 다른 세계 사람 얘기고. 그렇다고 이미 오래전부터 제주도민끼리 사는 마을 한복판에 들어가 산다는 것은 언감생심이었다. 내가 마을에서 약

1km 정도 떨어진 허허벌판에 집을 장만한 것도 이런저런 이유로 어쩔 수 없는 선택이었다.

그런데 어느 날부터 육지 것들이 마을로 들어오기 시작하였다. 처음에는 주로 중앙도로변에 카페, 커피숍이 들어오면서 하나둘 마을로 파고 들어 왔다. 몇몇은 아예 마을에 정착하여 살기 시작하였다. 나름 대단한 변화이다. 우리 동네로 예를 들면 10년 전쯤 처음으로 커피숍이 들어왔지만 중앙도로 맨 끝에 자리 잡고 있어 휙~ 하고 지나치기 일쑤다. 마치 숨어들어오기라도 한 듯 맨 구석에 자리 잡고 있었다. 그러다 빵집, 사진관, 도넛 가게, 풀빵 가게가 들어오더니 마을 안에는 한 집, 두 집 깨끗하게 리모델링한 육지 것들이 거주하는 집이 들어섰다.

깨끗하게 단장한 집에 누가 사는지는 알 수 없다. 제주 사람이 낡은 집을 고친 것인지 아니면 육지 것이 들어와 리모델링한 것인지 나름대로 구별 방법을 생각해냈는데 아내는 집 마당에 잔디가 있는가, 없는가로 나는 돌담을 깨끗하게 손질하였나 막담(대충 쌓은 담)을 그대로 사용하는가로 구별한다. 잔디가 있고 돌담을 겹담으로 손질하였다면 틀림없이 육지 것들 집이다. 제주 사람으로는 반가울 리 없다. 새로 정비한 옆집에서 잔디에 물 주고 테라스에서 커피 마시는 모습은 부럽기도 하지만 곱지 않은 눈길로 쳐다보게 되는 건 인지상정이다. (제주는 담이 높지 않아 옆집이 보이는 경우가 많다)

형제섬

그런데 그냥 마을에 들어와 사는 집은 그렇다 치고 마을 안에 카페, 베이커리, 커피숍이 생기면서 마을 주민과 갈등이 벌어졌다. 바로 주차 문제 때문이었다. 렌터카임을 알 수 있는 'ㅎ' 계통 번호판 차들이 골목 이곳저곳을 가로막고 주차를 해대니 주민들의 생활이 불편해졌다. 자그마한 가게를 차려 꿈을 이루었다고 생각한 순간, 현실에서는 사람 구하는 문제, 주차로 인한 주민과의 갈등이 불거졌다. 이런 문제는 미처 생각하지 못한 변수였다. 고객에게 주차가 어려우니 차를 멀리 세우고 오라고 부탁하자 이번엔 차를 잠깐 세우고 인증 샷만 찍고 가는 사람들 때문에 매출은 매출대로 올리지 못하고 주민과의 갈등도 해결하지 못하여 끌탕하고 있다.

그러나 이젠 육지 것들의 제주 진출은 대세로 자리 잡아 가고 있으니 어찌하겠는가. 시간이 흘러 언젠가 상생의 길로 자연스럽게 들어설 수 있기만 바랄 뿐이다.

제주 것들

'여유'

또 하나를 꼽자면,

'꿈'

이런저런 사연을 갖고 제주에 정착하게 되었겠지만, 모두의 공통점은 있었다. 육지에서 일할 때보다 수입은 줄어도 하고 싶은 것 하면서 삶의 여유를 찾겠다고 제주로 오는 것이다. 느림의 여유를 즐기며 살고 싶어 제주로 온 사람, 또는 바쁜 제주 생활이지만 주 며칠, 하루 몇 시간 약속대로 일하면 그 뒤는 바다, 책, 산책, 자전거 등을 즐길 수 있는 여유 있는 삶을 살기 원하는 사람들이다.

나름 독특한 아이디어로 뭔가 새로운 시도를 하면서 꿈을 이루고 싶은 사람들이 또 하나의 부류이다. 이들은 60년대 스타일의 사진관, 작은 책방, 수제 햄버거, 시간에 맞춰 신선한 빵을 구워내는 베이커리, 온실을 개조하여 만든 카페 등 톡톡 튀는 아이디어와 젊은 감성을 담은 소규모 숍을 운영하고 있다.

그중 몇 사람이 생각난다. 한때 Daum 본사가 제주에 있었다. 지인의 사위가 스스로 낮은 연봉을 받아들이며 Daum 경력사원으로 제주 근무를 자청하였다. 그의 꿈은 가족과 많은 시간을 보내는 것이었다. 꿈은 이루어졌고 두 아이와 같이 출근하여 아이들을 Daum에서 운영하는 어린이집에 보내는 것으로 아침을 시작하였다. 함덕 바다가 아이들 놀이터가 되었고 새까맣게 그을린 아이들은 별을 헤아리다 잠들었다. 직접 설계한 100평가량의 단독주택에 살며 부부는 주말이면 골프를 치는 여유를 즐겼다. 서울에 살았다면 꿈도 꿀 수 없는 호사를 즐긴 것이다. 불행하게 본사가 육지로 옮겨가는 바람에 그의 꿈을 접어야만 하였지만.

육지에서 꿈을 안고 건너온 감귤 농사꾼을 알게 되었다. 그는 우리 감귤 농사에 여러 가지 조언도 해주고 영농조합에서 본인 이름으로 농기계를 대여하여 우리가 쓸 수 있게 도와주곤 하는 이웃이다. 가끔 보지만 볼 때마다 너무 열심히 일하여 안쓰러울 정도였다. 그렇지만 농사가 녹녹할 리 없다. 제주 감귤은 해마다 수입 과일에 밀려 값이 나가지 않고, 콜라비, 버섯 등 특용 작물을 키우고 있지만 별 재미를 보지 못하고 고전하고 있었다. 농사는 근본적으로 수지타산이 맞지 않는 사양산업인 터라 아무리

노력하여도 맴맴 도는 생활에서 벗어나지 못하고 있었다.

그도 자신의 인건비도 안 나오는 감귤 농사를 계속해야 할지 고민하고 있었다. 상주하고 있는 외국인 노동자가 있고, 가지치기할 때와 감귤 수확기에는 많은 품을 사야 하고, 농약, 비료 등등을 고려하면 도저히 앞뒤 계산이 나오지 않았다. 그만두라 할 수도 없고 정말 앞날이 막막한 것 같았다. 그는 무리하게 대출하여 감귤밭을 사고 대출 원리금 갚느라 쩔쩔매고 있었기에 더욱 마음이 쓰였다.

그러다 일이 풀리기 시작하는데 하나의 반전을 보는 것 같았다. 그는

창고 카페

농과대학 다닐 때 배운 용접 기술로 용접 일을 시작하였다. 건설 현장이 널려 있으니 귀하신 몸이 되었다. 용접공 수입이 감귤 농사보다 훨씬 더 좋은 것은 말할 나위 없다. 또 제주가 열풍에 휩쓸리면서 감귤밭 살 때 그냥 딸려온 허름한 창고에 임대 문의가 들어온 것이다. 2010년 중반부터 갑자기 농가 창고를 리모델링한 카페가 인기를 끌기 시작하였다. 큰돈 들이지 않고 공간을 확보할 수 있는 이점이 있었기에 독특한 인테리어로 승부하고 싶은 젊은이들 사이에서 창고 카페가 유행하기 시작하였던 시기였다.

"참 우습죠? 감귤 농사 한번 저(底)농약으로 멋지게 해 보려고 제주 왔는데…… 그냥 혹시 몰라 배운 용접 기술로 돈 벌고, 땅 살 때 딸려있던 창고로 임대 수입 올리고……."

각자 자기만의 여유와 꿈을 이루고 사는 이웃을 여럿 보았다. 제주 알리기 홍보용 잡지 편집장으로 일하며 마음껏 책 읽는 지인, 약국을 차릴 능력이 있지만 월급 약사로 일하며 취미인 목공일 하며 지내는 약사, 제주에서 단란한 가정을 이루고 예쁘게 살면서 글 쓰는 프리랜서 제주댁, 40년 미국 이민 생활을 청산하고 비앤비와 펜션을 운영하는 친구, 골프 실컷 치려고 회사택시에서 일하는 기사, 대형견과 산책하는 애견인, 오토바이로 거침없이 달려보고 싶은 라이더 등등.

이렇게 제주에서 제2의 삶을 사는 사람들은 대부분 바쁜 도시 생활을 벗어나 여유로운 생활을 즐기고자 하는 사람들과 꿈을 이루고자 하는 사람들이 주를 이룬다.

또 하나의 부류는 해외를 전전하다 제주로 오는 사람들이다. 2005년도에 집을 산 후 한동안 이웃이라곤 없었다. 허허벌판에 외로이 우뚝 서 있는 집이니 이웃이 있을 리 없었다. 그런데 그 허허벌판에 갑자기 불도저가 들어오고 포클레인이 왔다 갔다 하면서 소위 말하는 개발 열풍이 불기 시작했다. 2010년대 들어서서 예래로부터 시작된 개발 열풍이 조용한 우리마을까지 온 것이다. 그러다 우리도 담을 공유하는 '이웃'이 생겼다.

이웃은 영국 유학 출신이다. 영국 유학 시절 중국에서 유학 온 여학생과 결혼하게 되었고, 아내의 고향인 상해에서 10년간 레스토랑을 운영하다 제주로 온 독특한 이력을 갖고 있다. 젊었을 때는 모르고 지내다가 결혼하고 자식이 생기면 아빠의 나라가 어떤 나라이고 너의 뿌리는 이곳이라 알려 주고 싶은 마음이 생긴다. 나이 들어가는 증거이다. 그런데 막상 한국에 오면 정착할 곳이 마땅치 않다. 이웃도 고민이 깊어갔다고 한다. 서울은 현실적으로 집값을 감당할 수 없다. 고향이 인천이었지만 이웃은 인천도 내키지 않았다. 여기저기 알아보다 제주에 와본 순간 '여기다!' 하고 외쳤다고 한다. 외국에서 생활하던 사람들은 제주에서 외국과 비슷한 정서를 느낄 수 있다.

앞다투어 고급스럽고 특색 있는 펜션이 들어서는데 이웃은 평범한 펜션을 지었다. 장사 경험이 있는 그는 자신 있게 이렇게 말했다.

"중저가 숙박 시설은 망할 염려가 없죠. 손님 안 들어오면 그냥 쉬면 돼요."

그러나 이웃은 쉬기는커녕 손님이 끊이지 않아 연신 즐거운 비명을 지르고 있었다.

또 한 가족이 있었다. 길 건너에 밭을 사서 일단 조경 나무를 심고 향후 펜션이나 카페를 구상 중인 부부였다. 우리는 그 부부를 '앞밭사장'이라 불렀다. 알고 보니 앞밭사장은 전 세계에 발 도장을 찍은 배낭족 출신이었다. 역마살이 단단히 박힌 부부다. 앞밭사장도 나이 더 들기 전에 어딘가 정착을 해야겠다 하여 한국에 들어와 여기저기 다니다 제주가 가장 맘에 들었다고 한다. 육지에서는 도저히 숨이 막혀 못 살겠다며 그래도 우리나라에 제주 같은 곳이 있어 천만다행이라며 제주를 선택한 이유를 들었다.

하루는 이웃이 운영하는 카페에서 3명이 만났다. 배낭족 앞밭사장을 비롯하여 영국 유학파 이웃도 결혼 전 인도, 남미를 수개월씩 누빈 경력이 있고 나 역시 누구 못지않게 전 세계에 발 도장 찍고 다닌 터라 자연 외국 여행담으로 꽃 피우며 시간 가는 줄 모르고 이웃이 운영하는 카페에서 맥주잔을 기울였다. 꽤 시간이 흘러 이제 파할 시간이 되었을 즈음 내가 무심코 한마디 내뱉었다.

"우리 2005년도 집 사고 여러 가지 리모델링을 하는데 제주 업자들한테 시달린 생각하……."

내 말이 채 끝나기도 전에 이웃이 고함치듯,

"말 마세요. 나는요~."

이웃의 그간 맘고생 한 넋두리가 이어졌다.

"하도 약속 안 지키고 공사가 지연되기에 참다못해 싫은 소리 했지요. 아, 그랬더니 연장 챙겨 뒤도 안 돌아보고 그 자리에서 가버리더라고요. 결국은 찾아가 저녁 대접하면서 화해를 청하고 겨우 달랬지요."

앞밭사장이 이어갔다.

"나는 진입도로가 좁아 조금 더 확보하려고 옆집 어르신과 협의 중인데 좋은 대토(代土) 조건을 제시하면 '그러지' 하곤 그다음 날이면 다른 얘기 하고, 이러기를 여러 차례 반복 중이라……."

"맞아요. 제주 것들은 약속, 계약 아무리 해도 소용없어요."

이웃이 거들었다.

내 한마디가 꺼져가는 불씨에 기름을 부은 격이 되었다. 다시 맥주가 들어오고 각자 당한 서러움을 토하면서 때아닌 제주 것들 성토장이 된 것이다. 우리 모두가 경험한 케이스의 유형은 여러 가지였지만 한 가지 공통점이 있었다. 약속을 지키지 않는다는 것이었다. 그렇다. 제주 사람들은 약속은 꼭 지켜야 한다는 개념이 희박한 것 같았다. 섬이라는 지형적 특징 때문일까? 아니면 집성촌(集姓村)을 이루고 살며 서로서로 잘 아는 사이라 약속 자체가 별로 의미가 없기 때문일까?

앞밭사장이 이런 경험담을 들려주었다.

"중도금을 주어야 하는데 연락이 없는 거예요. 부동산에 재촉해도 부동산에서도 매도자가 전화를 받지 않아 자기들도 애가 탄다는 거예요. 겨우 연락이 되어 무사히(?) 중도금을 건넸지만 반대로 내가 돈 받을 입장이었다면 얼마나 애가 탔겠어요?"

상거래에서는 약속의 중요성은 아무리 강조하여도 지나치지 않는다. 약속을 잘 지키면서 서로 신뢰가 쌓여야 더 큰 거래로 이어지는 법이다. 기본적으로 약속을 잘 지키지 않으면 장사뿐만 아니라 일상생활에서조차 좋은 관계가 형성될 수 없다.

약속으로 인한 피해를 가장 피부로 느끼는 곳은 건설공사 현장일 것이다. 2005년도 제주피아 2층에서 주위를 둘러보면 집이라고는 딱 3채가 눈에 들어왔다. 그러니까 마을에서 조금 벗어난 허허벌판에 우리 집까지 모두 4채가 있었다. 그것도 뚝뚝 떨어져서.

2022년 현재로 500채 정도 들어섰다면 누가 믿겠는가? 그런데 이것은 사실이다. 제주 남서쪽 끝에 있는 안덕면, 우리나라에서 봄이 가장 빨리 온다는 안덕면이 이럴 정도면 제주 전체에 얼마나 건설 광풍이 휘몰아쳤는지 짐작 갈 것이다. 자고 나면 집이 들어서고 서울 갔다 오면 새로운 건설 현장이 보이는 등 참으로 활기가 넘쳤다.

공사 관계로 제주에 처음 온 사람이 공사 경험이 있는 선배에게 자문하면 선배는 신신당부한다. 절대로 제주 사람과 일할 생각 말고 모든 사람 심지어 잡부까지 육지에서 데려오라고 한다. 일정은 빡빡한데 공사 중 어느 한 부분을 제주에서 용역을 주었다가 약속을 지키지 않아 낭패 본

이야기, 제주도민을 고용하였다가 툭 하면 연락 없이 출근하지 않고 싫은 소리 하니까 그만두었다는 이야기까지 원성이 자자하다. 그러니 육지에서 데려오는 것이 결과적으로 싸게 먹힌다는 논리다. 2020년 현재는 거의 모든 업종에 외국인 노동자들이 그 수요를 채워 주고 있다. 외국인 노동자로 내국인을 대신하는 어쩔 수 없는 선택이 제주까지 온 것이다.

제주를 여행하면서는 별로 느낄 수 없다. 그렇지만 제주에 정착하면서 살다 보면 제주 사람들과 거래를 할 수밖에 없고 그러다 보면 약속을 잘 지키지 않는 것 외에도 여러 가지로 부딪치게 된다. 자기 고집이 너무 세다고 할까 아니면 자기 세계에 갇혀 산다고 할까.

Daum에 근무하는 지인 집에 갈 때였다. 택시를 타고 가는데 지인에게서 전화가 왔다. 택시기사에게 제주시로 들어가지 말고 평화로-중산간도로를 거쳐 함덕으로 좌회전하여 가 달라고 꼭 얘기하라는 것이었다. 제주시를 거쳐 함덕으로 가도 주행거리는 같지만 지인이 알려준 대로 가면 복잡한 시내를 피할 수 있기 때문에 일부러 전화까지 한 것이다. 제주기사인데 복잡한 시내로 들어갈 리 있겠나 생각하면서도 기사에게 부탁하자 아무 대답이 없다. 한 번 더 채근하자 "마찬가지입니다"라는 퉁명스런 대답이 돌아왔다. 핸들 잡은 사람이 그렇다니 방법이 없다. 기사는 제 고집대로 갔다. 준(準) 고속도로인 평화로가 끝나자 신호등이 나오고 퇴근 시간대라 차가 많았고 구(舊) 제주로 들어가면서 상황은 더욱 나빠지고 모든 교차로마다 섰다 가기를 반복하는데 슬슬 화가 나기 시작하였다.

한마디 하자 돌아오는 대답은 여전히 "마찬가지입니다"였다. 길거리에서 괜한 시간 허비하고 안 좋은 표정으로 목적지에서 내리자 본인도 쑥스러웠는지 또 한마디 했다.

"마찬가지입니다."

아! 이럴 때는 멀리서 조용히 분을 삭이는 게 건강에 좋다.

우리는 서울 오갈 때면 택시를 이용한다. 제주공항에서 올 때는 목적지를 알려주면 되니까 아무 문제가 없다. 문제는 공항 나갈 때 택시를 전화로 콜하면 잠시 뒤 거의 어김없이 제주피아 위치를 묻는 전화가 온다. 어디에 있는 집이라 알려 주어도 초창기에는 2번씩 전화 온 경우도 종종 있었다. 헤매다 오고는 계면쩍은지 이렇게 입력하면 어떻게 찾느냐고 볼멘소리를 한다. 한두 번 겪는 일이 아니기에 나도 한마디 대꾸를 안 할 수 없다. "여보쇼, 내가 입력한 것 아니요. 난 우리 집을 찾아오기 쉽게 뭐라고 입력되었는지 모르오."

아마도 내가 전화를 걸면 차 배정 담당직원이 우리 집을 기사들이 잘 찾을 수 있도록 도움이 되는 단어를 패스해 주는 것 같았다.

그러자 기사는 자기가 여기를 쉽게 찾을 수 있는 안내 문구를 새로 입력해 놓겠다고 큰 소리 친다. 이 근방 택시기사면 누구나 이 집을 쉽게 찾을 수 있게 할 자신이 있다는 것이다. 그러나 나는 피식 웃음이 나온다. 지난번에 똑같은 상황이 벌어져 이미 동료기사가 바꾼 안내 문구이기 때문이다.

"내비를 사용하면 되지 않습니까?"

"내비요?"

'나보고 그깟 내비를 쓰란 말이냐?' '아니 내가 제주 토박이로 기름밥 몇 십 년인데 내비를…….' 대략 이런 표정으로 대답을 대신한다.

내비? 제주기사는 절대로 내비게이션을 켜는 법이 없다. 요즘은 육지에서 온 택시기사가 많아지며 그들은 내비게이션을 이용한다. 그러나 아직도 많은 제주토박이 기사 특히 개인택시 기사는 마치 내비게이션에 의존하는 것은 자존심이 상하는 듯 내비게이션을 이용하지 않는다. 제주 길은 다 알고 있다고 큰소리친다. 새로 난 길이나 골목으로 들어가면 제아무리 제주토박이 기사도 길을 잘 모른다. 그래도 절대로 내비게이션을 켜지 않고 자기 고집대로 간다.

이 한 예로도 특히 제주 남자들이 얼마나 시대 흐름과 관계없이 자기만의 세계에 갇혀 살고 있는지 알 수 있다.

또 이런 경우도 있었다. 보일러가 말썽부려 A/S를 불렀다. 간단할 줄 알았는데 출장 나온 기사는 이건 보일러 문제가 아닌 배관 문제이니 자기 소관이 아니라며 가 버렸다. 할 수 없이 동네에서 배관업자를 부르자 이건 보일러 업자도 충분히 할 수 있는데 왜 자기를 부르냐며 짜증부터 낸다. 안 그래도 아까 왔던 보일러 기사에게 배관도 모르는 거 아닌데 그냥 해주면 안 되겠냐 말하였다. 그러자 자기는 보일러 기사라서 보일러 고치는 연장만 갖고 다니지 배관 연장은 아예 가지고 다니지 않는다고 하며 가버린 것이었다. 기사는 늘 여러 연장을 챙겨야 하는 게 기본인데 연장 없다고 딱 잡아떼니 할 말 없었다. 그런 전후를 얘기하자 배관업자는 당신이 뭘 모르니 당한 거지 그 양반이 왜 연장이 없겠냐고 힐난한다. 부아가 폭발하여 배관업자에게 무료로 해달라는 게 아닌데 돈 받고 고쳐주면 되지 무슨 말이 많으냐고 언쟁을 벌였다.

그런데 손 보고는 연장 챙겨 그냥 가는 것이다. 이게 무슨 경우인가 하면서 얼마주면 되느냐고 묻자 "되었수다" 하며 뒤도 안 돌아보고 가버렸다. 아직까지 왜 그냥 갔는지 알지 못한다. 육지 것과 언쟁을 벌여 자존심 내세우며 안 받고 간 것인지, 간단한 수리이니 돈 받기 뭐했기에 간 것인지. 아마도 애초 돈 받고 일할 거리가 아니라 여겨 왜 이 간단한 것을 보일러 업자에게 온 김에 손보라하지 자기까지 오라 하냐 하며 짜증을 냈고, 간단히 고쳐지자 그냥 간 것으로 추측할 수밖에 없다. 앞서 보일러 메이커에서 온 기사는 보일러 문제가 아니라는 진단만 내리고 출장비 명목으로 얼마를 받았고 정작 고친 동네에서 온 기사는(짜증은 냈지만) 무료로 고쳐 준 것이다.

내 기분은 약간 찜찜하였다. 제주에 살면서 종종 이런 기분이 들 때가 있다.

제주 것이 운영하는 전통 맛집에 가면 맛도 있고 가격도 좋아 소위 가성비는 높은데 주인을 비롯하여 종업원까지 친절은 기대할 수 없고 뭘 물어보면 통명스런 어조로 짧게 한 마디로 끊는다. 우리가 근 10년을 드나들어도 눈길 한 번 주지 않는다. 이런 집을 갈 것이냐 혹은 맛도 그저 그렇고 가격도 착하지 않지만 친절하고 깨끗하게 차린 식당을 갈 것인가의 결정은 물론 내 몫이긴 하다. 아내는 동네에 새로 오픈한 정육점에 자주 갔었다. 마을 청년들이 직접 키웠고 냉동하지 않은 고기를 판매하는데 맛이 최고라며 좋아하였다. 그러나 요즘은 통 가지 않는다. 그 이유는 말 한마디 없이 거래가 이루어진다는 것이다.

"돼지고기 한 근 주세요."

"……."

"껍질 달린 것으로 비계 적은 것으로 주세요."

"……."

도배, 이층 베란다 방수공사, 정화조 청소, 가압펌프 설치 등 매번 제주 사람과 일할 때마다 부딪힌다. 내가 육지 것이라 그들과 갈등 빚는 것일까? 같은 제주 것들끼리는 아무렇지 않은 일인데 나만 유독 민감하게 반응한 것일까? 뭔가 도움이 필요할 때 부르기가 겁날 정도였다. 서울에서는 아무 일도 아닌데 왜 제주에서는 이렇게 힘들까?

2015년에 제주에 매서운 한파가 몰아쳤다. 폭설이 내려 제주시, 특히 공항이 마비되면서 이틀간 모든 여객기가 운항을 멈췄다. 수천 명 관광객의 발이 묶이고 영하의 추위에 공항에서 밤을 지새울 수밖에 없는 상황이 벌어졌다. 도심이 눈으로 얼어붙어 차가 다닐 수 없어 관광객들이 공항에 고립된 것이다. 모든 제설 장비를 산간도로에 투입하여 막상 제주도 주요 도로는 방치된 어이없는 사건이었다. 제주공항에서 밤새 추위에 시달린 국내외 관광객은 다시는 오지 않겠다며 저주에 가까운 말을 퍼부었다. 몇몇은 제주도를 상대로 소송을 하였다는 얘기가 있었는데 결과는 알지 못한다.

제주피아도 피해갈 수 없었다. 서울에 와 있는 동안 난방 파이프가 동파되면서 집이 물바다가 된 것이다. 제주는 집을 지을 때 동파 대비는 거의 하지 않는다. 겨울에 영하로 내려가는 날이 거의 없기 때문이다. 심지어 제주에서는 집 앞 텃밭에 겨우내 먹을 배추, 무를 뽑지 않은 채 그냥 둔다. 밭이 천연 냉장고인 셈이다. 그러니 동파에 전혀 대비되어 있지 않은 집이 대부분이다. 제주피아도 그렇게 지어진 집이었다. 그러다 지구 온난화로 인한 이상 기후 현상으로 제주도에 한파가 몰아치며 전 제주도가 동파로 난리가 났고 폭설까지 더하여 제주도 전체가 2~3일 마비되었다.

우리도 동파로 인한 피해를 복구하는 일이 급했다. 업자를 제주도에서 알아보는 것이 당연한데 일하기 전부터 스트레스 받을 일이 걱정되었다. 결국 서울에서 공사업자를 불렀다. 견적은 당연히 비쌌지만 맘은 편하다. 제주 것들은 돈 벌 기회를 왜 육지 것들에게 빼앗길까 하고 생각하니 나도 어느덧 준(準) 제주도민이 되었는지 안타까운 마음이 앞섰다.

제주도는 예로부터 삼다(三多)의 섬으로 알려져 왔다. 여자, 돌, 바람이 많다는 의미로 제주도의 또 다른 이름이기도 하다. 이에 걸맞게 제주도는 여자가 씩씩하고 생활력이 강하다. 억센 기질을 유전적으로 타고난 느낌이다. 해녀가 그 좋은 예다. 집안 살림은 물론 애 키우며 힘든 물질하고, 밭일하고 새벽부터 밤중까지 열심히 일하며 살고 있다. 밭일, 바닷일을 가리지 않고 하는 여자에 비하면 남자는 자기 하는 일만 할 뿐 집안일에는 간여하지 않는다.

초창기 제주에서 만난 재미있는 부부가 있었다. 전형적인 제주 부부를 보는 듯하였다. 우리와 만나 대화를 할 때도 주로 여자가 말을 하고 남편은 처음에 악수만 하면 그것으로 끝이다. 어쩌다 저녁에 술좌석이 벌어져도 남편은 술을 전혀 하지 못하고 여자는 메가톤급으로 술을 잘 마신다. 덕분에 음주운전 걱정 없이 잘 돌아다녔다. 여자는 왕년 해녀 출신답게 목소리도 크고 잔을 이리저리 돌려가며 폭탄주도 마다하지 않는 주당이다. 잘은 모르겠지만 임대업을 하는데 남편은 명목상 사장이고 실제 일은 여자가 다 처리하는 것 같았다. 도무지 남편은 하는 일이 없어 보였다. 그러면 부부 사이에 문제가 생길 법한데 별 문제 없이 잘 산다. 문제는커녕 여자는 남편을 하늘처럼 받들고 있었다.

하루는 술 한잔 걸치고 2차로 노래방에 갔다. 여기서 남편의 진가가 드러났다. 노래 실력은 프로급이고 소위 사교댄스의 달인이었다. 남편은 노래를 구성지게 부르는 한편 여자를 이리저리 돌리며 춤을 추면서 1인 2역을 능숙하게 이끌었다.

그때 여자의 표정이 아직도 잊히지 않는다. 행복에 겨워 어쩔 줄 모르는 얼굴로 남편이 리드하는 대로 춤을 추며 가끔 격정적인 환희의 소리를 지르며 좋아한다. 그 장소는 특급호텔 나이트클럽으로 신혼부부가 여럿 있었다. 그 부부가 나가서 무대를 휘어잡기 시작하자 젊은 사람들은 하나 둘 스테이지에서 내려왔다. 부부가 부르는 노래는 트로트 계열로 젊은 사람 취향은 아니기에 나는 내심 신혼부부들에게 미안한 마음이 들어 맘이 편치 않았다. 그런데 부부가 설쳐대는 모습에 불쾌한 표정이 아니라 너무나 재미있게 노는 부부 모습을 보며 같이 호응하며 박수치며 즐기는 것이 아닌가. 그만큼 남편의 노래 솜씨가 뛰어나게 좋고 남편의 리드에 따라

돌하르방과 형제섬, 그림 이윤호

송악산에서 바라본 제주

춤을 추며 행복에 젖은 여자 모습이 보기 좋았다.

'아! 이것이 저 부부의 사는 방법이구나.'

제주 여자들은 남편을 무척 받들며 살고 있다. 힘든 일은 자신이 도맡아 하고 남편은 존재하는 것만으로 족하다는 것이다. 옛날부터 남자는 배를 타고 위험한 일을 하면서 사고가 흔했기에 남편이 옆에만 있어도 행복하다는 것일까? 최근 젊은 남녀 간 이 문제로 갈등이 있다고 한다. 남자는 은근 전통 사고를 선호할지 모르나 젊은 여성들에게는 이런 사고가 통할리 만무하다. 따라서 이혼율이 높고, 결혼하지 않는 여자가 늘고 결혼을 해도 육지 남자를 원하는 여성이 많다는 얘기를 들었다.

아무튼 그날 남편의 노래와 춤 그리고 행복해하는 여자의 모습에 제주 부부의 한 면을 보는 듯하였다. 헤어질 때 여자가 한 말이 인상 깊었다.

"나는 남편이 땀 흘리고 일하는 모습이 보기 싫습니다."

"……."

서귀포치유의숲

나무 많은 집

제주피아는 동네 사람들에게 '나무 많은 집'으로 통한다. 나무뿐만 아니라 꽃도 많은데 담으로 둘러싸여 꽃은 잘 보이지 않았던 것 같다. 어쩌다 동네 사람을 만나 이 얘기 저 얘기하다 우리가 어디에 있는 집에 사는 사람이라 얘기하면 한결같은 반응은 이렇다.

"아! 그 나무 많은 집 말입니까?"

지나다니며 늘 저 집에는 누가 살고 있을까 궁금하였다며 반가워한다. 우리가 반가운 게 아니라 그동안의 궁금증이 풀려 시원한 표정이다. 우리는 장사하는 사람들과 달리 조용히 와서 일하다가 조용히 가니 동네 사람과 접촉할 일이 없다. 그래서 그들은 늘 궁금하였던 모양이다. 가끔 가는 동네 식당, 이장님, 농협 관계자, 안덕면 사무소 직원, 택시기사, 그리고 새로 들어온 이웃 주민 등에게 우리는 나무 많은 집에 사는 사람으로 통한다.

2005년 집을 살 때 막연하게 아늑하다는 느낌이 있었다. 그땐 정확하게 왜 이 집이 맘에 들었는지 잘 기억나지 않는다. 단지 '아늑하다', '보호받고 있다' 이런 느낌이 아련하게 남아있다. 알고 보니 제주피아는 아름드리 소나무로 빵 둘러싸여 있기 때문이었다. 다른 집들은 안 그런가 하고 보니 감귤 농사나 밭작물 재배에 피해를 준다는 이유로 베어버렸다는 것이다. 안덕면은 마늘, 양배추, 감자 등이 주 재배작물이다.

그 이유였나? 어쨌든 내 나이와 비슷한 연배의 아름드리 소나무가 제주피아를 호위하듯 빵 둘러싸고 있다. 안 그래도 소나무가 일품인 제주피아에 우리는 나무를 심고 또 심고 오늘까지 왔으니 동네에서 그런 소문날 만하다는 생각이 든다. 그러나 여기까지 오는데 결코 순탄하기만 하지는 않았다. 집을 중심으로 앞마당, 뒷마당이 있고 동쪽으로 꽤 넓은 땅이 있었다. 우선 앞마당에 꽃밭을 만들며 제주 생활을 시작하였다.

범위가 넓어 동쪽 땅은 아예 잡초밭으로 내깔려 두고 경계선에 소나무 몇 그루 심어 우리와 상관없는 땅이기라도 한 듯이 방치하였다. 우리는 집을 중심으로 앞, 뒷마당만으로도 힘에 벅찼던 초보 전원생활인이었다. 나이 들며 마땅한 대화가 없던 우리 부부에게 얘깃거리가 생겨 우리는 수시로 책 보고, 주위에 자문하고, 인터넷 정보를 활용하며 서로 의견을 주고받았다. 결론으로 감귤나무 30그루 그리고 따뜻한 남쪽에서 잘 자라는 수국을 비롯하여 남국의 정취를 맛볼 수 있는 열대 야자나무를 심기로 하였다.

그리고 본격적인 잡초와 전쟁이 벌어진 것이다. 한마디로 끝도 없는 전쟁에 겁 없이 덤벼든 꼴이 되었다. 앞서 잠깐 언급하였지만, 무한이란 의미를 떠올리게 하는 잡초에 선전포고한 셈이다. 마치 적장(敵將)은 100명 그것도 산전수전 다 겪은 맹장 중 맹장 같은 100종의 잡초가 차례를 기다리고 있는데 우리는 서너 명만 해치우면 쉽게 적의 기세를 꺾을 수 있다고 착각하고 있었다. 감귤나무를 가꾸니 제초제는 쓰기 싫고 새로 심은 어린나무, 꽃들이 많아 예초기를 함부로 들이댈 수 없어 일일이 호미와 손으로 싸우자니 바로 한계가 왔다. 잡초 종류가 이렇게 많다는 사실도 새삼 알게 되었고 무한의 병사를 거느린 100명의 맹장과 몇 년 싸우고 나니 이건 아니구나 싶었다.

해마다 나오는 잡초가 약간씩 다르다. 10종류의 잡초가 초봄에 나온다 치면 대개는 해마다 나오는 놈들이나 1~2종은 온도, 습도, 일조량의 미세한 차이로 그해 유행하는 잡초가 있다. 2021년에는 내가 제일 싫어하는 넝쿨류가 성하다. 잡초가 진화하는 것이 맞는지 아닌지는 모르겠으나 해마다 점점 상대하기 힘든 놈들이 나온다. 100명의 맹장 중 대장군이 있어 나가는 족족 예초기에 희생되니 전략적으로 예초기에 강한 장수를 내보내는 것 같은 느낌이다. 예를 들면 감귤밭에는 절대로 제초제를 쓰지 않는다. 범위가 넓지 않아 예초기로 싸워볼 만하다. 그런데 적군이 예초기 외 제초제 공격이 없다는 것을 알고 예초기에 잘 쓸리지 않는 잡초를 내보낸 것이다.

풀 이름은 모르겠는데 하나는 납작 엎드려 옆으로 둥글게 퍼지는 놈이다. 그냥 휙휙 돌리면 예초기 나일론 줄(제주에는 돌이 많아 프로급 아니고는 쇠 날을 여간해서는 쓰지 않는다)이 닿지 않는다. 퇴치하려면 예초기를 옆으로 돌려 각도를 45도 정도로 공격해야 하니 번거롭다. 또 한 놈은 키는 한두 뼘 정도인데 하늘거리며 예초기를 피한다. 마치 영화 〈매트릭스〉의 유명 장면인 주인공이 총알 피하는 자세로 옆으로 누우며 잘 잘리지 않는다. 게다가 줄기에는 끈적끈적한 액이 있어 잘리더라도 예초기에 달라붙어 끝까지 성가시게 한다.

아프리카에 가보면 끝없는 초원에 가시나무가 많이 자란다. 아프리카 상징 나무 중 하나이다. 그런데 가시나무 높이가 거의 일정하다. 녀석들은 높게 자라지 않고 일정 높이가 되면 옆으로 퍼지기만 한다. 그런데 놀라운 사실은 그 높이는 가시나무를 먹는 기린과 임팔라를 피할 수 있는 높이라는 것이다. 기린이 먹기에는 낮고, 임팔라가 점프해서 먹기에는 높다. 물론 모든 가시나무의 키가 그렇다는 것은 아니다. 지역에 따라 기린이 먹지 못할 정도로 커버린 가시나무도 있다.

기린은 사자도 함부로 덤비지 못하는 동물이다. 키와 덩치가 있어 사자와 마주쳤을 때 앞발로 내리찍는 공격은 제아무리 사자도 피하고 봐야 한다. 사자는 목을 공격해야 하는데 높이 차이로 쉽지 않다. 그런데 기린이 물을 마실 때나 가시나무를 먹을 때는 기린이 앞발을 구부려 몸을 낮출 수밖에 없다. 이때가 위험에 노출될 때다. 이런 얘기를 들으면 식물도

가시나무와 기린 가시나무(thorn tree)를 기린이 먹는다는 이야기를 듣고도 막상 가시나무를 보면 깜짝 놀란다. 설마 이것을 먹으랴 싶게 가시는 날카롭고 뾰족하다. 가시의 빳빳함은 이쑤시개 수준이고 잎도 마치 철솔 같다. 아무튼 가시나무는 기린과 임팔라의 주식이라 한다.

진화하는 것은 틀림없다. 그러나 잡초까지 진화한다는 설은 너무 확대해석한 것 같다. 예초기로 계속 공격하니 자연스럽게 예초기에 살아남은 종이 종족 번식을 하여 많이 나오게 된 것이 정답일 듯하다.

우리는 생각 끝에 나무를 심기로 하였다. 어린나무일 때만 보살펴주면 그 뒤는 알아서 자랄 것이다. 그리고 잡초가 자라지 못하게 할 나무로 수국과 홍가시나무가 선발되었다. 몇 그루 심은 수국에서 봄이 되면 대대적으로 꺾꽂이를 하였다. 10개 꺾꽂이를 하면 1개 살아남을까 말까 한 확률이지만 우리의 의지도 대단해서 몇 년 계속하였더니 수국이 자리 잡았고 얼마 지나자 해마다 5~6월이면 수십 그루 수국에서 수백 송이 꽃이 만개하여 제주피아 명물로 자리 잡았다. 수국은 꽃송이가 크고 화려해서 만개하면 여간 예쁘고 탐스러운 게 아니다. 색깔도 다양해서 자연적으로 조화를 이루어 봄에서 여름으로 넘어가는 시기에 장관을 이룬다. 수국이

수국

절정일 때 서울 갈 일정이 다가오면 아내는 너무 아깝다며 꽃을 잘라 꽃 좋아하는 친구에게 갖다주는 정성을 보이곤 한다. 지금은 연식이 되다 보니 가을엔 가지치기해주어야 하고 오래된 수국에 새 가지가 나올 수 있도록 고목이 된 가지는 잘라내야 하는 등 손은 많이 가지만 1차 목표인 잡초는 많이 잡을 수 있었다.

정원 잘 가꾼 호텔이나 펜션에는 어김없이 키우는 나무가 있었다. 봄이 되면 짙은 빨간색 새순이 나온다. 마치 꽃이 핀 듯 너무나 멋있어 알아보니 이름은 홍가시나무라고 하는데 따뜻한 남부지방과 제주에서 사랑받는 수종이었다. 홍가시나무에 반한 우리 부부는 뒷마당부터 동쪽에 내깔려 두기로 한 땅까지 모두 홍가시나무를 심기로 하고 전문 조경업체에 맡겨 1천 그루를 심었다.

홍가시나무

전문 업체에 맡겨서 그런지 별 실패 없이 거의 다 자리 잡아 무럭무럭 컸다. 봄이 되면 꽃향기가 아니라 자연의 색에 취하고 만다. 수백 그루 홍가시나무 새순이 나올 때면 빨간 물감을 뿌린 듯하다. 여기에 홍가시나무 새순이 절정으로 빨갛게 될 때 감귤꽃이 피는데 나는 그 향을 꽃향기 중 최고로 친다. 어떤 고급향수가 이 향을 따라오랴 싶게 은은한 향이 코를 자극한다. 자극이 아니라 계속 맴도는 향이다. 바람이 살짝 불면 바람 타고 수줍게 전해오는 감귤 꽃향기는 사춘기 때 스쳐 지나간 단발머리 여학생을 떠오르게 하며 아련한 추억을 되살리게 하곤 하였다. 해마다 감귤꽃이 만개할 때는 일부러 일정을 맞추어 제주에 갈 정도다. 그리곤 뒤를 이어 수국이 만개하고…… 아름드리 소나무로 둘러싸여 있는 드넓은 정원에 열대 나무 상징인 워싱토니아, 코코스, 카나리아, 종려, 소철 등과 홍가시나무, 수국이 어우러지면 절로 감탄이 나온다. 그러니 나무 많은 집으로 소문이 날 수밖에 없었고, 도대체 누가 살기에 이렇게 나무를 가꾸는지 궁금해할 만도 하다는 생각이 든다.

이런 아름다운 시절만 있으면 인생은 살 만할 텐데 2017년 대대적으로 홍가시나무 전염병이 유행하였다. 빨간 새순에 점, 점으로 균이 번져 새순이 자라나지 못하고 결국에는 온 나무에 번져 고사하게 되는 점무늬병으로 마치 사람의 암과 같은 병이다. 해마다 새순이 나올 때면 점무늬병이 돌다 말곤 해서 이번에도 알아서 이겨내겠지 하며 대강 보아넘겼다. 미리 알았다 하여도 어쩔 수 없었겠지만, 우리는 영문도 모른 채 말라 죽어가는 홍가시나무를 바라만 보고 있었다. 나중에 단골 농원에 알아보니 전문 농원들도 당했다며 기후변화로 나무 병이 더 심해졌다고 끌탕이었다. 전문 농원들도 당했다는 것이 전혀 위로되지 않았다. 10년 키우며 간벌(間伐)하고 전지도 해주며 전체 모습을 동그랗게 하려고 나름 공들였는데 허무하였다. 1/3은 간벌을 하였고 또 1/3을 점무늬병으로 날리고 남은 약 300그루의 홍가시나무는 정말로 애지중지 키웠다.

그러다 또 한 번의 시련이 왔다. 2018년 사상 최악의 무더위와 함께 가뭄이 덮친 것이다. 무려 40일 동안 비가 오지 않았다. 우리는 꽃과 나무에 물 주기 바빴다. 하늘에서 내리는 비가 얼마나 대단한 것인지는 밭에 물을 뿌리다 보면 바로 알 수 있다. 목이 마른 대지는 스펀지처럼 사방에서 빨아가니 물을 아무리 주어도 살짝 온 이슬비만도 못하다. 더구나 제주 땅은 기본적으로 돌이 많고, 돌도 구멍이 숭숭 뚫린 화산석이라 밑 빠진 독에 물 붓기나 다름없었다.

나무가 많아 새로 심은 나무에만 신경을 썼다. 살아남은 홍가시나무 300그루는 심은 지 10여 년 되었으니 설마 뿌리박은 나무가 쉽게 죽으랴 싶어 물 주는 일에 소홀하였다. 그해 여름은 나무에 물 주는 것이 일과의 전부였다. 얼마나 많은 물을 주었는가 하면 우리가 주로 월 5t 정도의 물을 사용하는데 그해 7월, 8월은 합쳐 약 100t을 사용하였다. 급기야 상수도 관리부서에서 통지가 왔는데 어딘가에서 물이 누수 되는 것 같으니 잘 살펴보라는 안내문이었다. 그해 가을 되어서야 홍가시나무의 이상 징조를 발견하였다. 말라 죽은 것이다. 아! 그래도 꽤 큰 묘목을 사다 심고 10년 넘게 키웠는데 아무리 가뭄이 심하기로 다 큰 나무가 맥없이 말라 죽다니…… 정말 혹독한 기후변화에 전율이 느껴졌다. 지구 온난화로 기온은 상승하지만, 겨울에 북극 찬 공기를 가두어 두었던 제트기류가 약해지며 따뜻한 겨울에 매서운 한파를 경험하였듯 여름 더위와 가뭄도 전 같지 않은 시절이 온 것이다.

2000년 초 스쿠버다이빙을 하면서 제주 드나들 때 갈치는 흔한 생선이었고 한치는 횟집에서 그냥 서비스로 주는 안주로 맘껏 먹었다. 10

년 후인 2010년부터 갈치는 고급 어종으로 바뀌었고 한치는 예전 같지 않다고 한다. 그러다 10년이 더 흐른 2020년대에 들어오면서 비싼 것은 둘째 치고 갈치고 한치고 잡히지조차 않는다고 한다. 모슬포방어는 자리돔을 먹고 자란 방어라 최상품으로 친다. 그런데 요즘은 찬 바다를 찾아 동해로 이동하여 막상 모슬포방어는 잡히는 시기가 무척 짧아졌다. 아마 10년 후면 귀한 것은 둘째 치고 구경조차 할 수 없게 될지도 모르겠다.

기후변화에 의한 생태계의 이상 현상은 이제는 우리에게도 닥친 일이다. 그런데 이번 가뭄에는 전체적으로 볼 때 가운데 심었던 홍가시나무들이 죽었다. 전염병이 돌 때도 가운데 있는 나무들이 많이 당했고 이번에도 가운데 있는 나무가 주로 피해를 보았다. 가장자리에 심은 홍가시나무는 소나무와 여러 잡목과 섞여 있어 늘 치고받고 싸우며 커 왔으니 가뭄에 살아남은 것은 어찌 보면 당연하였다. 오전 오후로 소나무 그늘이 살짝 드리워지며 쉴 수 있는 짬을 준듯하였다. 한마디로 기댈 언덕이 있었다. 병도 서로서로 의지하며 이겨내는 것일까? 싸우면서 강하게 커 면역력이 좋고 투지가 좋아 병을 이겨냈는지도 모르겠다. 1천 그루 심은 홍가시나무는 이제 달랑 100여 그루 남짓 남았다.

가운데 있었던 홍가시나무들이 예쁘게 잘 자랐기 때문에 더욱더 아쉽다. 거추장스러운 나무도 없고 전염병으로 중도 하차한 넓은 공간에서 맘 놓고 자랐기 때문이다. 가장자리는 소나무 그늘에서 해를 잘 못 쬐고 소나무에서 나오는 강한 독인 피톤치드로 늘 생존에 위협을 받으며 제대로 크지를 못하여 생김생김이 그만그만하였다. 우리 인생과 목생(木生)도 비슷하여 앞서 나가는 것이 꼭 좋은 것은 아닌 것 같다.

이런 일은 제주에서 나무 키우다 보면 종종 목격한다. 제주피아 초창기에 굴거리나무 3그루를 앞마당에 나란히 심었다. 해가 다르게 무럭무럭 커서 앞마당 카나리아, 워싱토니아와 더불어 포토존으로 사랑받았다. 3그루 중 맨 왼쪽에 심은 굴거리나무는 옆에 소나무와 워싱토니아와 부딪치며 제대로 크지 못해 한때 잘라버릴까도 생각하였다. 재선충으로 죽어가는 소나무를 보며 소나무 한 그루도 아쉽던 차에 굴거리나무와 싸우면서 크는 어린 소나무가 안쓰러웠기 때문이었다. 그런데 2016년 태풍 차바에 맨 오른쪽 굴거리나무가 나가자빠지는 사태가 벌어졌다. 참 예쁘게 잘 컸는데……. 그리고 2년 후 태풍 솔릭 때 가운데 굴거리나무가 마저 부러져 버렸다. 강풍이 얼마나 셌으면 멀쩡한 나무가 이렇게 맥없이 부러질까? 하나 남은 굴거리나무는 옆에 있는 소나무, 워싱토니아와 싸울 때는 싸우지만 외적인 태풍이 쳐들어오자 서로 의지하며 바람을 이겨 낸 것이다. 마지막 굴거리나무는 2020년 8월, 9월 연이어 온 역대급 강태풍인 바비, 마이삭, 하이선을 이겨내고 지금까지 늠름하게 잘 자라고 있다. 마치 형제끼리 매일 싸우다가도 옆집과 다툼이 있으면 형제가 힘을 합쳐 물리치는 모습을 보는 듯하였다. 사람도 다툼과 갈등은 있어도 모여 사는 이유가 다 이런 때문이 아닐까?

굴거리나무

태풍 이야기를 하지 않을 수 없다. 태풍 바람이 얼마나 센가를 실감한 적이 있었다. 바로 굴거리나무를 쓰러뜨린 2018년은 우리에게 가혹한 해였다. 7~8월에는 최악의 무더위와 40일간의 가뭄이 있었고 8월 말에는 태풍 솔릭이 제주를 덮쳤다. 우리는 제주 생활을 일기로 남긴다. 제주피아를 방문한 사람들이 글을 남기기도 하고 자동차 수리, 보일러 기름 넣은 날, 세탁기 A/S 받은 날도 기록하지만 주로 나무, 꽃 가꾼 여러 가지 이야기를 정리해두곤 한다. 방명록이라 부르는 제주피아 일지를 보면,

2018년 8월 21일(화)

무지 센 태풍 솔릭이 온다니 걱정되어 집 단속하러 혼자 내려왔다. 제주방송에서는 가뭄이 해갈되고 무더위를 식혀줄 수 있다며 처음에는 반기는 듯 보도하였으나 갈수록 걱정스러운 보도로 바뀌고 있다. 당초에는 제주 동쪽을 스쳐 지나가며 동해로 빠져나가는 전형적인 태풍 경로가 예상되었으나 시간이 흐를수록 태풍의 경로는 점점 서쪽으로 이동하였다. 이러다 제주에 상륙하는 건지 모르겠다.

8월 24일(금)

다행히 집은 피해가 거의 없다. 그런데 마당은 초토화되어 부러진 가지가 수없이 널려 있고 내가 그렇게 예뻐하던 굴거리나무가 통째로 부러지고 말았다. 그리고 감귤나무 1그루가 뿌리째 뽑히고 거의 모든 나무가 크고 작은 상처를 입었다. 역시 태풍은 비 피해보다 바람 피해가 크다는 것을 실감할 수 있었다.

이렇게 당초 예상 경로보다 크게 방향을 서쪽으로 틀게 된 원인은 그 뒤를 이어 또 하나의 태풍 시마론이 빠른 속도로 북상하면서 태풍 솔릭을 서쪽으로, 서쪽으로 밀어내었기 때문이었다. 솔릭은 결국 제주 서쪽 해안을 지나가면서 제주가 가장 위험하다는 태풍 이동 방향 오른쪽에 놓이게 되었다. 더구나 시마론은 솔릭의 2시 방향에서 북동쪽으로 전진하며 솔릭의 진행을 방해하였다. 북반구의 모든 태풍은 지구 자전의 효과로 시계 반대 방향으로 회전을 한다. 따라서 2시 방향에 있는 시마론이 솔릭을 내리찍는 형상이 된 것이다.

그 결과 솔릭은 제주 서쪽 해안에서 시속 4km의 느린 속도로 진행하며 제주에 엄청난 피해를 입혔다. 이때 일본 기상청은 2개의 태풍이 서로 영향을 주고받는 '후지사와 효과'로 분석하였는데 미국, 일본, 우리나라 기상청의 예상 태풍진로가 전혀 달라서 국민적 관심사가 되었다. 결과적으로 일본의 승리였고 미국은 중간, 우리나라는 참패하면서 이때부터 우리나라 기상청의 예보를 신뢰하지 않고 외국 기상청의 자료를 다운받는 현상까지 생기게 되었다. 당초 우리나라 예보는 중부지방에 엄청난 피해가 우려된다고 하였으나 제주에서 발목 잡혀 장시간 머문 솔릭은 막상 육지에 상륙한 후에는 에너지를 잃어 중부지방에 많은 비가 예상되었던 날 푸른 하늘까지 보게 된 웃픈 일이 벌어졌다.

홍가시나무가 이런저런 이유로 피해를 보고 있는 동안 엎친 데 덮친다고 그 자랑스럽던 소나무가 2010년대부터 불어 닥친 재선충의 습격을 받았다. 세어보기도 싫지만 대략 20그루는 날아갔다. 소나무의 에이즈라는 재선충 때문에 제주 전역의 소나무는 초토화되었다. 육지에도 경상도를 중심으로 강원 남부까지 심각한 피해를 주었는데 일단 재선충에 감염되면 나무를 잘라내어 정해진 장소로 옮긴 후 몽땅 불태우는 방법 외에는 사람이 할 수 있는 것이 없다고 한다. 그러니까 예방 방법은 전무하다는 것이다. 링거 같은 주사를 주입하는 방법이 있긴 하지만 올해 죽을 나무를 내년까지 살리는 것일 뿐 별 효과 없다는 중론이다. 그러다 보니 해마다 나무만 쳐다보고 있을 수밖에 없다. 재선충 벌레가 옮겨붙으면 소나무 잎이 누렇게 변한다. 일단 어느 부분이 누렇게 변하면 그때부터는 시간문

디아스포라 유대인의 생존 철학을 모방하여 다양한 종류의 나무를 일부러 퍼트려 심었다.

제다. 옆 나무에 재선충이 옮겨붙지 않도록 할 방법도 없다. 그저 서귀포시에 빨리 신고하여 베어내는 것이 최상일 뿐이다. 다행히 재선충 피해가 2~3년 주춤한 상태인데 언제 다시 유행할지 모르고 하루하루 한해 한해 보내는 실정이다. 우울하지만 제주의 소나무가 언젠가는 전멸할 것이라는 전문가 의견이 있다고 한다.

우리는 다시 시작하였다. 위험과 수익을 분산 투자하듯이 달걀을 한 바구니에 담지 말라는 유명한 격언을 나무 심기에 적용하였다. 앞으로의 기후변화는 아무도 예측하지 못하고 그저 모든 상황이 더욱 나빠질 것이라는 가정 아래 여러 종류의 나무를 가운데 텅 빈 홍가시나무 자리에 심기 시작하였다. 열거하면 앵두, 복숭아, 망고, 오디, 아보카도, 블루베리, 초코베리, 무화과 등 과실수와 워싱토니아, 코코스, 카나리아 등 열대 상징 나무들 그리고 목수국, 조팝나무, 목백일홍, 종류가 다른 감귤나무, 라일락, 소철, 종려, 목련, 홍매화, 단풍나무, 소나무, 측백나무, 삼나무, 벚나무 등 그간 참으로 다양하게 심었다. 한 종류를 3~4그루 많게는 10그루 정도로 그것도 일부러 여기저기 같은 종의 나무를 떨어뜨려 심었다. 우리도 잡초 전략을 모방하여 어디가 무너져도 다른 한쪽은 살아남고, 어느 나무가 잘못되어도 옆에 있는 나무는 건재할 수 있도록 작전을 짠 것이다.

디아스포라(diaspora)!

전문가 도움 없이 순전히 우리 부부가 예측할 수 없는 기후변화에 대비하고자 한 작전인데 성공할지 모르겠다.

그런데 바람막이 역할을 하던 소나무가 없어진 구멍이 생각보다 컸다. 태풍이나 가끔 강풍 주의보가 발령될 때 새로 심은 어린나무들이 쓰러지는 상황이 생긴 것이다. 발등의 불이었다. 강풍에 견디도록 균형 맞추어져 있었던 제주피아에 소나무가 군데군데 사라지자 바람 방향이 바뀐 것이다. 전에도 강한 태풍이 지나가면 어린나무 한두 그루 희생되었지만 이젠 한두 그루가 아닌 10여 그루가 부러지거나 쓰러지니 할 일이 또 생겼다. 장기적인 계획으로는 구멍 난 방풍림 벽을 메꾸어줄 나무를 심었다. 가장 빨리 자라고 튼튼하다는 벚나무를 북쪽 담 따라 한 줄로 죽 심었다. 늦었지만 시간이 걸리더라도 언젠가 효자노릇 하겠지 하는 기대로 심었다. 말은 이렇게 하지만 심을 때는 한심한 생각이 들었다. 이 호리호리한 나무가 언제 자라 바람을 막아주어 우리 뜰을 지켜줄까? 지켜주기는 커녕 지금은 자신부터 태풍에 쓰러지지 않아야 할 텐데 말이다.

단기적으로는 심은 나무 나무마다 지지대를 세워 묶어 주었다. 한 그루 한 그루는 힘들지 않지만, 단위가 100을 넘어가면 얘기가 달라진다. 그래도 하다 보니 사람의 노력도 얼마나 대단한지 그 수많은 나무를 다 묶어 주었다. 2020년에 한 해 동안 역대급 태풍이 3개가 연달아 우리나라에 온 적이 있다. 겨우 뿌리 내려 자리 잡은 나무가 쓰러질까 걱정되어 뭔가를 보강해주어야 할 것 같아 지지대를 하나씩 추가로, 어떤 나무는 2~3개씩 더 박아 묶어 주었다. 이러니 제주피아 가면 할 일은 끝이 없을 수밖에.

사이프러스 영화 〈글래디에이터〉의 막시무스 장군 집 앞 길목.

이제 그만 심어야지 하면서 나무사랑에 중독되었는지 농원에 들리면 새 품종을 볼 때마다 괜히 또 심고 싶어

진다. 그러다 필(feel)이 딱 꽂히는 수종을 그것도 2종류나 발견하였다. 하나는 에메랄드그린, 또 하나는 삼색버드나무였다. 에메랄드그린은 이탈리아 여행을 하면 가로수나 전원마을 입구에 한 줄로 죽 심은 사이프러스 나무와 비슷한 종이다. 끝이 뾰족하고 원추형 모습을 하고 있는데 저절로 그렇게 자란다고 한다. 영화 <글래디에이터>의 막시무스 장군 집 앞에 양쪽으로 길게 심은 나무가 사이프러스이다. 삼색버드나무는 최근 정원수로 각광받는 나무로 글자 그대로 잎이 3가지 색, 즉 핑크, 흰색, 고유의 초록색으로 자란다. 특히 봄에 새순이 나올 때는 3가지 색이 확연히 구별될 정도 뚜렷하여 우리를 즐겁게 한다. 나무 욕심에 각각을 2자리 숫자로 나무를 사고 말았다.

에메랄드그린

삼색버드나무

꽃 이야기를 하지 않을 수 없다. 꽃은 내 담당이 아니고 아내 몫이다. 솔직히 나는 꽃에 대해서는 잘 모른다. 아내가 전문가 뺨치는 내공을 가

졌기에 자연스럽게 아내는 꽃, 나는 나무로 각자 분야가 정해졌다. 나는 꽃보다 오히려 잡초를 더 잘 아는 듯하다. 앞서 100명의 맹장이 무한의 군사를 거느리고 공격한다 표현하였는데 결코 과장이나 엄살이 아닌 현실이다. 잡초를 잡겠다고 나는 나무를 심었고 아내는 잡초와 싸워 이길 번식력 강한 화초로 맞불작전을 펼쳤다. 괜찮은 작전이라 생각되었다.

화단에서 잡초와 싸울 첫 번째 주자로 자란과 둥굴레가 선발되었다. 예상대로 자란은 무서운 속도로 번져가며 잡초밭을 자란밭으로 만들었다. 봄에 그 귀하다는 색인 자색으로 봄을 알려주고 꽃도 꽤 오랫동안 피고 현재까지 사방으로 번져 우리 화원의 감초 같은 역할을 하고 있다. 둥굴레 역시 키는 작지만, 꽃, 잎사귀 모두 예쁘게 퍼지며 자란과 어울려 잡초자리를 메워주고 있었다. 또 하나의 잡초 잡는 우리 쪽 장수로 맥문동이 등장하였다. 그리고 가평군 코스모피아 출신이 몇 등장하였다. 자주달개비, 꽃범의꼬리, 미국미역취, 매발톱 등 몇 종이 이주 왔다. 이 중 매발톱은 제주가 싫었는지 정착하지 못했는데 나머지는 추운 육지 산속 깊은 곳에서 따뜻한 남쪽 나라 제주에 오니 살만하였던 모양이다. 마구 번지기 시작하는데 잡초밭을 2~3년 사이에 이들 세상으로 만들었다.

나는 튤립, 제라늄, 접시꽃, 버베나, 아이리스, 아마릴리스 정도만 아는데 꽃밭에는 내가 모르는 여러 종의 꽃을 심어 놓았다. 주로 아내가 직접 심은 꽃이 많지만, 우리가 단골로 가는 정원이 예쁜 흑돼지구이 집에서 분양받은 것도 있고 코스모피아 출신 꽃도 꽤 많다. 코스모피아에 계시는 아주머니는 꽃, 야생화, 허브를 무려 400여 종 키우고 있다. 코스모

코스모피아 꽃밭 꽃 사이로 코스모피아 천문 돔이 보인다.

피아 부근에서는 꽤 유명하다. 멀리서 분양받겠다고 오기도 하고 부근에 단골로 찾아오는 손님이 많은데 그 중 꽃동네 수녀님들이 자주 오신다. 희귀종을 몇 종 보유하고 있고, 광릉국립수목원에 기증한 이력도 갖고 있을 정도이다. 겨울이면 화분에 옮겨 집안으로 들여와 겨울나고 봄 되면 다시 꽃밭으로 나가고……. 정성이 보통이 아니다. 꽃 이름을 거의 다 알 뿐 아니라 일년초, 다년초 그리고 언제 꽃 피며 어떤 특징이 있다는 것을 줄줄 꿰고 있다. 한 가지 너무나 신기한 것은 어린 떡잎만 보고도 구별한다는 점이다.

직접 심기도 하고 여기저기에서 분양도 받아 제주피아 꽃밭은 점점 화려해지고 종도 다양해지며 철 따라 피는 형형색색의 꽃을 보며 우리는 즐거워하였다. 그런데 잠시 한눈팔다 돌아보니 맞불 작전으로 투입된 우리 편이 번져도 너무 번져 있었다. 잡초를 잡으려고 심은 대표선수이니 잘 번지면 좋은 것인데 문제는 아내의 꽃밭까지 넘보기 시작한 것이다. 침범하는 속도가 여간 빠른 게 아니다. 문득 '어떤 녀석이 제일 셀까?' 하는 의문이 생긴다. 우리 편 장수를 열거하면, 자란, 둥굴레, 맥문동, 자주달개비, 꽃범의꼬리, 미국미역취 등이다. 자주달개비는 심은 곳에만 퍼지는 게 아니라 도깨비같이 여기저기에서 모습을 드러낸다. 바람에 꽃씨가 날아가 새로운 곳에 정착한 것이다. 나는 맥문동, 아내는 뭐니 뭐니 해도 둥굴레가 최고로 잘 번진다고 서로 주장한다. 아무튼 우열을 가리기 힘들 정도로 우리 편 맞불 작전에 투입된 장수들도 잘 싸운다.

잡초와의 전쟁

여기에 '칸나' 하나 더 추가된다. 경기도 일동에서 몇 뿌리 캐서 심었는데 2~3년 사이 위에 열거한 모든 것을 제압하기 시작하였다. 무엇보다 키가 커서 다른 식물이 해를 볼 수 없게 가리며 뿌리가 구근으로 연쇄적으로 뻗어 나가 밑에서 어떤 싹도 나오지 못하게 틈새를 주지 않고 번식한다. 이주 온 첫해부터 칸나가 번지기 시작하는데 봄부터 가을까지 상상을 초월할 정도이다. 남쪽 돌담에 붙여 칸나 몇 그루를 심었다. 그 옆에는 몇 년 전 심은 벚나무가 자리 잡고 있었다. 해마다 가을에는 월동 준비로 칸나 대를 잘라 주어야 한다. 겨울이 되면 성장을 멈추고 대가 누렇게 마르기 때문에 보기 흉하다. 코스모피아에서는 대를 자르고 칸나 구근을 캐냈다가 다음 해 새로 심어야 하지만 제주피아에서는 그럴 필요 없이 땅속에서 월동한다. 대만 잘라주면 된다.

칸나

그날따라 예초기에 나일론 줄을 칼날로 바꾸고 칸나 대를 자르는데 중간에 칼날이 탁탁하며 튄다. 순간적으로 '이건 나무다!' 하고 알았을 때는 이미 늦었다. 몇 년 키운 벚나무가 희생된 것이다. 어쩌다 벚나무가 칸나 사이에 있나 하고 생각해 보니 칸나 심을 때 벚나무 옆 적어도 50cm는 떨어뜨려 칸나를 심었는데 한 해 여름 지나며 칸나가 번진 것이었다.

벚나무가 거의 칸나 중앙에 있을 정도로 번진 것이다. 경악할 수준의 번식이다.

내 손으로 심은 나무를 내 손으로 잘랐을 때 심정은 말할 수 없이 참담하다. 새로 심은 개나리도 칸나에 섞여 예초기에 희생되었다. 이른 봄에 새로 심을 때는 잡초도 없고 칸나도 뿌리만 있고 평화로운 땅에 나무를 심는다. 평화롭다는 표현은 여기에 벚나무 심고 약간 옆에 개나리, 그 옆에 레몬, 미향 귤나무, 또 그 옆에는 코스모피아에서 캐온 이름 모를 나무…… 척 보면 한눈에 들어온다. 이런 평화 시기는 잠깐이고 잡초가 무릎 높이로 무성해지고 칸나가 덮으면 어린나무 심은 곳을 기억할 수 없다. 애써 심은 어린나무들은 잡초와 칸나에 치어 뿌리 박지 못하고 죽거나 살아남아도 결국 예초기에 희생되었다.

그 후로 나는 칸나와 적이 되었다. 예초기를 돌릴 때 돌 경계선을 넘어온 칸나는 가차 없이 자르기 시작하였다. 나는 꽃밭과 나무 심는 땅을 구별하기 위해 돌을 모아 꽃밭에 돌로 경계선을 그어 놓는다. 그래야 예초기로 꽃을 자르는 실수를 범하지 않는다. 어쩌다 꽃들이 넘어오곤 하는데 차마 벨 수 없어 옮겨 심거나 예초기를 대지 않았는데 칸나에게는 관용을 베풀지 않았다.

봄, 여름 내내 잡초에 시달리고 가뭄에 물 걱정하다 보면 가을이 온다. 모든 식물이 성장을 멈추고 겨울 날 채비를 한다. 꽃들은 겨울 채비를 하는데 잡초와 우리 편은 늦가을, 심지어 초겨울까지 활동하니 당할 재간이 없다. 그것뿐만 아니라 이른 봄 화초는 이제 기지개 켜고 있는데 잡초와 우리 편은 이미 나갈 채비가 끝나 날 따뜻해지기만 기다리고 있다. 자란, 둥굴레가 제일 먼저 나온다. 호랑이 피하려다 담비 만난다는 속담처럼 잡초 잡겠다고 맞불을 놓았는데 불이 우리 쪽으로 오고 있는 느낌이다. 로마제국 멸망의 한 원인이 된 게르만 용병처럼 용병이 안방을 노리는 격이다.

칸나 이주한 지 5년 후 대대적인 칸나 제거작업에 들어가고 말았다. 칸나를 제거하기로 마음먹게 된 또 하나의 이유는 칸나를 타고 번지는 넝쿨 종류의 번식 때문이다. 정말로 당해 낼 자 아무도 없는 적군의 히든카드가 넝쿨인 듯하다. 안 가는 곳 없이 번지는데 제거할 방법이 없다. 그냥 보는 대로 뜯는 수밖에 없다. 뜯어도 뿌리는 그대로 있으니 또 나온다. 마치 적의 게릴라 작전을 보는 것 같다. 게다가 예초기를 갖다 대면 넝쿨이 예초기 날을 휘감아 멈추게 만드는 등 여간 성가신 게 아니다. 이런 넝쿨이 키 큰 칸나를 만났으니 신나게 휘감고 뻗어 나갔다. 이런저런 이유로 우리 편 제거 대상 1호가 칸나가 된 것이다.

그리고 이번 기회에 잡초 잡는 우리 편도 다시 생각하는 계기가 되었다. 둥굴레, 맥문동, 꽃범의꼬리, 미국미역취 등 너무 많이 번졌거나 꽃밭을 넘어오는 우리 편을 제거하기로 하였다. 마치 전엔 같은 편이었던 동지를 숙청하는 기분이고 그 녀석들에게는 팽(烹)당하는 기분일 것이다. 문득 의문이 생긴다. 우리 편과 잡초는 무엇이 다른가? 잡초, 야생화, 꽃

인큐베이터

신생아실

다 같은 것 아닌가? 구별하는 기준이 무엇인가? 갑자기 철학적인 생각이 들며 왜 모든 식물이 다 같이 공존하며 살지 못하고 서로 침범하며 죽이고 자기만 살겠다는 것일까?

정원 사랑이 유난한 영국에서 출판된 정원 관련 책을 보면 '새가 많이 찾아오는 정원을 만들라'는 이야기가 나온다. 제주피아는 수많은 새가 찾아와 쉬어간다. 먹을 게 많은 모양이다. 그렇다면 제주피아는 성공한 정원이다. 농약과 제초제를 거의 안 치니 수많은 벌레와 공존하는 환경이 만들어진 것이다. 그러니 새뿐만 아니라 벌, 나비 그리고 땅속에는 지렁이, 굼벵이, 끔찍하게 생긴 지네, 가끔 등장하여 우리를 혼비백산하게 만드는 뱀, 구렁이 등과 다 같이 어우러져 살고 있다. 꽃과 새와 나비 그리고 지렁이, 굼벵이, 지네, 뱀 등과도 함께 사는 이 상황이 정리될 기미가 보이지 않는다. 현재도 잡초, 우리 편, 어린나무, 야자수, 소나무, 최근 데뷔한 에메랄드그린, 삼색버드나무 등과 어울려 한해, 한해 살아가고 있을 뿐이다.

잡초의 5대전략

① 다양한 종을 내보낸다.

② 무조건 많이 나간다.

③ 가급적 꽃, 어린나무 사이를 파고들어 예초기, 제초제를 피한다.

④ 도마뱀 꼬리 자르기 전법으로 뽑힐 때 일부가 희생되더라도 뿌리는 살아 다음을 기다린다.

⑤ 게릴라전에 익숙한 특수부대 넝쿨과 연합작전을 펼친다.

우리 전략

① 잡초는 무섭다. 그러나 우리도 무섭다

② 내 앞에 잡초가 있을지언정 내 뒤에는 없다.

별

코스모피아

코스모피아 천문대는 1997년 국내 민간천문대 1호로 문을 열었다. 민간천문대라는 특별한 사전적 정의가 있는 것은 아니고 한마디로 개인이 투자하여 천문대를 세우고 돈을 받고 별을 보여주는 사업을 위한 시설이라는 뜻이다. 그러니까 코스모피아가 오픈하기 전에는 일반인들이 별을 보고 싶어도 별을 볼 수 있는 시설이 전혀 없었다. 국립천문대도 그 당시에는 소백산천문대와 1996년 문을 연 보현산천문대 달랑 2곳이었고, 지금은 여러 이벤트를 제공하고 있지만, 그 당시는 굳게 문을 걸어 잠그고 일반인 출입을 통제하였으니 그냥 그림의 떡이었다. 많은 사람이 별을 가슴에 묻은 채 천체망원경으로 별을 보면 어떻게 보일까 하는 궁금증을 평생 안고 살고 있었다.

드디어 코스모피아가 문을 열자 예약만 하면 누구나 별을 볼 수 있게 되었다. 각 매스컴에 국내 최초의 이색적인 체험을 할 수 있는 천문대로 보도되었고 그해 1997년 2월에 헤일-밥이라는 보름달만 한 혜성이 오면서 천문 붐이 일어난 것도 한몫하면서 코스모피아는 호랑이에 날개를 단 듯 한껏 날아올랐다. 빗발치는 전화 문의에 즐거운 비명을 올리며 이렇게 별을 보고 싶어 하는 사람들이 많았나 하고 놀랄 정도로 코스모피아 인기는 하늘을 찔렀다.

아이디어가 참 좋았다는 생각이 든다. 봉이 김선달이 대동강 물을 팔아먹었듯 나는 하늘에 있는 별을 보여주고 돈을 받은 것이다. 1997년 여름은 사람들이 구름처럼 몰려온다는 말을 실감하였다. 단 하루를 쉬지 못하고 40여 일 대장정을 끝냈을 때는 이런 인기가 영원하리라 믿고 있었다. 그러나 이미 혹독한 IMF가 소리 없이 다가오고 있었다.

코스모피아는 1997년 초 이렇게 시작하였다.

30년 전인 1990년대는 아날로그 시대에서 디지털 시대로의 전환이 시작된 시기로 많은 변화가 있었다. 너무나 많은 변화가 있어 일일이 열거할 수 없을 정도이다. 그중 하나가 '고령화 시대'의 도래이다. 그런데 그 당시는 고령화 시대가 올 것을 전혀 의식하지 못하였다. 일부 미래학자를 제외하고는 일반인에게는 너무나 생소한 단어였다.

막연하게 55세 정년퇴임 후 한 5년 놀고, 환갑 넘으면 육체적으로 정신적으로 한풀 꺾이고 그 후 그럭저럭 10년 살다 간다고 보았다. 실제로 우리 부모 세대는 그런 삶을 살아왔다. 그러니 40 넘으면 자신이 나이를 꽤 먹었다고 생각했다. 체력적으로 아직은 젊은 사람 못지않았지만, 정신적으로 위축되었던 것 같다. 우리 세대보다 10여 년 선배들 그러니까 1940년 전후에 태어난 선배들은 아무런 준비 없이 고령화 시대를 맞이한 첫 세대였다. 그 선배들 입에 붙은 말이 있다.

"이렇게 왕성하게 노년을 보내게 될 줄 알았다면 60세부터 새로운 일을 시작할 것을……."

환갑은 평생 하고 싶었던 취미, 공부를 비롯하여 새로운 일을 시작하기에 충분한 나이인 것을 미처 몰랐다. 내가 생각해 보아도 이제 내 나이가 칠순인데 아직도 젊었을 때 삶을 그대로 유지하고 있다. 젊었을 때와 비교하면 약간 모자란 듯하게 그리고 천천히. 그 정도의 차이뿐이다. 코로나 직전까지 해마다 여러 차례 외국 여행, 봄가을로 10km 러닝을 하는 한편, 제주에서 왕성하게 일하고 책을 써내는 등 활기찬 생활을 즐기고 있다. 내가 40대에는 30년 후 이런 생활을 하리라고는 상상하지 못하였다.

40세를 넘기자 이대로 살 수는 없지 않은가 자문하며 뭔가를 해야 할 시기에 하루하루 덧없이 보내고 있다는 생각이 들었다. 후에 코스모피아 부지로 활용한 산과 집 한 채 있는 가평에 뭔가를 하고 싶은 생각이 굴뚝같았다. 본격적으로 별을 보며 같은 동아리 회원들과 이 얘기 저 얘기 나누다가 우리나라에서 아무도 시도하지 않았던 별을 볼 수 있는 천문대 건설계획을 구체화하기 시작했다. 그렇게 방향을 정하고 생각에 생각을 거듭하자, 하지 않고는 못 견딜 정도로 안달이 나기 시작하였다. 나중에는 국내 최초의 민간천문대를 세울 운명을 타고 태어났다고 믿게까지 되었다. 그렇지만 수중에 돈이 없으니 부모님을 설득하는 수밖에 없었다.

산속에 대규모 토목공사를 벌여 별을 보는 천문대를 짓겠다는 발상은 누가 생각하여도 선뜻 찬성하기 쉬운 사업 아이템은 아니다. 무엇보다 내가 생각해도 수익성이 없어 보였다. 공익사업에 가까운 아이템일 뿐 아니라 성공한 부호가 부(富)의 일부를 사회 환원하는 차원에서 해야 할 사업이다. 나 자신도 그렇게 생각하고 있으니 부모님 반대는 물론 주위의 반대는 예견된 일이다. 아내가 불안해하자 뭔가 느낌을 받은 두 아들이 내게 편지를 보내는 등 주위에 우군(友軍) 하나 없이 고군분투하였다.

수익성은 둘째 치고 아무도 가 보지 않은 전인미답(前人未踏)의 길인 '돈을 받고 별을 보여주는 사업'이 너무나 생소했고, 국내는 물론 전 세계 어디에도 없는 새로운 테마파크 개념의 소규모 리조트를 짓겠다는 구상은 나부터 머릿속에 확실하게 정립되어 있지 않았다. 모델로 삼을 시설(hardware)도 없었고, 별 프로그램 운영(software) 경험도 없이 일단 산속에 천문대부터 짓겠다고 고집을 피운 것이다. 가장 근본적인 의문은 과연 얼마나 많은 사람의 호응이 있을까 하는 것이었다. 수요가 얼마나 될지 모르는데 산속에 거대한 천문 돔과 먹고 자는 편의 시설을 짓는다는 사업계획을 밀어붙인 것이다. 이런 무모함이 있었던 것을 생각하면 나의 40대는 젊은 나이였음이 틀림없다.

우선 나부터 코스모피아 천문대가 성공은 못 해도 실패는 하지 않는다는 철저한 논리를 세울 필요가 있었다. 그래야 완고한 아버님을 설득시킬 것이 아닌가?

복잡할 때는 쉽게 생각해야 한다고 믿고 있었기에 첫 번째로 3박자 논리를 폈다. 돈을 대 주면 우리 가족소유의 산에 천문대를 세우고 내가 직접 천문대장을 하면 망할 리는 없지 않겠느냐고 했다. 예를 들면 빵집을 차리는데 자기 건물에서 대출 없이 본인이 직접 빵을 만들면 크게 비용 나가지 않으니 해볼 만하지 않으냐는 3박자 논리로 설득하기 시작하였다.

두 번째로 사업을 하면 당연히 수익성과 투자회수를 생각한다. 역(逆) 논리를 폈다. 당연히 수익성은 없고 흑자를 기대할 수 없을 것이다. 그러니 투자회수는 꿈도 못 꾼다. 그러나 내 인건비 빼고 똔똔은 맞출 자신이 있고 나는 돈이 아닌 다른 것으로 돌아오리라 기대한다고 주장하였다. 무엇보다 내가 하고 싶은 것을 하며 사는 내 인생을 찾을 수 있고, 당장은 확실하게 무엇이라 얘기하지 못하지만 여러 가지를 얻을 수 있다고 큰소리쳤다. 그리고 투자회수는 먼 미래에 이 땅을 팔게 된다면 개발로 인한 지가 상승으로 돌아오리라고 설득하였다. 실제로 천문대로 개발한 부지는 무엇이든지 원하는 대로 제약 없이 건설할 수 있는 대지에 준(準)하는 땅으로 이미 전환된 상태이다.

그런데 마지막으로 가장 많이 받은 질문은

“별 보러 올 사람이 많이 있는가?”

아! 할 말이 없었다. 별을 좋아하고 별을 보는 아마추어 천문인이 과연 몇이나 될까? 나도 정확히는 모르겠고, 있다 하여도 손으로 꼽을 정도라 추측되니 수요는 거의 없는 거나 다름없었기에 할 말이 없었다. 그러나 다시 생각해 보면 아마추어 천문인은 애초에 코스모피아의 고객이 아니다. 그들은 독자적으로 별을 볼 수 있는 장비와 별, 천문에 대한 기본지식을 충분히 갖춘 상태이니 구태여 유료로 운영하는 민간 천문대를 찾아올 필요는 없다.

이렇게 보면 코스모피아 잠재고객은 자명해진다. 바로 일반 사람들이다. 일반 사람들이 별을 보려면 3가지가 필요하다는 것을 경험상 알고 있었다. 별 안내자, 천체망원경을 비롯한 몇 가지 도구 그리고 깜깜한 밤중에 별을 보려면 안전하고 쾌적한 환경이 갖추어져야 한다. 이런 시설을 갖추면 별을 보고 싶다는 마음이 생기지 않을까?

그것보다 먼저 가평 명지산 기슭에 코스모피아 천문대가 있다는 사실을 어떻게 알릴 수 있을까? 일단 이런 곳이 있다는 사실이 알려져야 마음속에 잠재되어 있던 별 보고 싶은 감성이 자극되어 오든 말든 할 게 아닌가? 그 당시는 지금처럼 인터넷이 활발하지 못한 시대라 자체 홍보는 불가능하였다. 아무리 역산을 해보아도 어느 것 하나 속 시원하게 손에 잡히는 것이 없었다.

결국 정도(正道)를 걷는 수밖에 없었다. 입소문이 날 때까지 최선을 다해 방문객에게 감동을 주어 소문이 꼬리에 꼬리를 물게 하여 코스모피아를 알리기로 했다. 따라서 잠재 수요가 어느 정도인지 감을 잡을 때까지 아주 소규모로 시작한다는 원칙을 세웠다. 이런저런 논리로 부모님과 가족을 설득하여 80명 정도 숙박 가능한 규모로 조심스럽게 코스모피아를 시작할 수 있었다.

그런데 생각지도 못한 매스컴의 주목을 받았다. 개장은 하였지만 여러 가지 후속 공사로 분주한 중 유력일간지 기자의 방문이 있었는데 여러 질문을 하며 관심을 보이던 기자 눈이 반짝였다. 기사화하기에 충분하다고 느낀 모양이다. 그 후 장시간에 걸쳐 인터뷰는 진행되었고 그 주말 문화부문 섹션지에 대문짝만한 기사가 실렸다. 주말에는 딱딱한 정치, 사회 기사보다 문화, 스포츠, 연예 등 섹션지가 더 인기 있게 마련이다.

코스모피아를 배경으로 서 있는 내 사진과 함께 한 페이지 전체에 코스모피아를 소개하는 기사가 실렸다. 한 마디로 대문짝만하게 지면을 할애한 것이다. 파격적이었다. 새로 생긴 가볼 만한 장소로 숲과 어우러진 아담한 숙박 시설, 이색적인 체험을 할 수 있는 천문대시설 등을 집중 보도하였고 특히 가족 중심 캠프가 상설로 열린다는 점을 강조하였다. 특히 천문대장인 나의 여러 배경이 뉴스성이 있다고 판단한 듯하다. 미국 유학 출신에 잘 나가던 금융회사 임원을 그만두고 자기 인생을 찾겠다고 전 재산을 들고 산속으로 온 사람으로 포장되었다.

과대 포장된 면은 있었지만, 기사는 이미 나간 후다. 기사 제목이 멋있었다.

'별에 취해 우주로 간 남자'

파급력은 상상 이상이었다. 전화기에 불이 날 정도로 울려대는 것이다. 받고 안내하고 끊으면 바로 울리고 화장실 갈 시간조차 없었다. 전화하는 사람마다 한결같이 30분째 전화에 매달렸다고 툴툴댄다. 아날로그 시대 신문의 홍보력은 상상을 초월한다는 사실을 알게 되었다. TV, 라디오는 순간적으로 지나가 버릴 뿐 아니라 해당 업체 전화번호를 알려줄 수 없어, 방송국에 전화하여 조금 전 방송에 나간 업체 전화번호를 물어보는 수고를 해야 한다. 신문은 이런 점이 자유로워 코스모피아 예약번호를 활자로 찍어주니 두고두고 전화할 수 있어 최고의 홍보 효과가 있었다. 그 뒤로 모든 신문이 앞다투어 코스모피아 기사를 다루어 주어 첫해 가장 걱정하였던 홍보 문제는 생각지도 않게 해결되었다.

그다음은 코스모피아를 방문하였던 사람들이 스스로 홍보요원을 자처하며 주위에 입소문을 내주었다. 특히 엄마들이 앞장서 주었다. 이벤트를 주관하는 단체에서 여행, 캠프를 기획할 때 기피인물 1호가 엄마들이다. 말이 많으며 까탈스럽고 만족시키기 어려운 층이기 때문에 피하고 싶은 그룹이다. 나도 접해보니 소문대로 각각 다른 취향을 맞추기가 여간 어려운 것이 아니었다. 그런데 최선을 다하면 어느덧 엄마들은 나와 같은 편이 되어 코스모피아 앞날을 걱정하며 코스모피아 알리기에 힘을 써 준다. 아이들이 좋아하는 모습을 보면서 필요한 시설이라는 생각은 드는데 주먹구구로 계산을 해보아도 운영이 어려울 것 같은지 스스로 홍보요원이 되어 주었다. 우리나라에서 가장 막강하다는 엄마부대가 내 편이 되어 주었으니 천군만마를 얻은 기분이었다.

매스컴과 엄마들 덕분에 일단 이런 곳이 있다는 사실을 알리는 데는 연착륙하였다. 별을 볼 수 있는 시설이 생겼다는 것을 안다면 얼마나 많은 사람이 그동안 잊고 살았던 별을 보러 올까? 두 번째 궁금증에 대한 답도 저절로 풀렸다.

별을 망원경으로 보면 어떻게 보일까? 밤에 수많은 별을 보며 북극성은 어느 별일까? 달 없는 날도 있나? 은하수는 여름에만 보이나? 저 밝은 별은 인공위성이라고 들었는데 정말 그런가? 별자리가 어떻게 만들어진 걸까? 북두칠성은 어디 있지? 카시오페이아는?

많은 사람이 이렇게 수도 없는 궁금증을 가슴에 안고 평생을 살았다.

별밤의 매력은 또 있었다. 하루가 다르게 커가는 아들, 부쩍 성숙한 사춘기 딸내미와 오랜만에 이 얘기 저 얘기 나누다 보면 하루 사이에 친구같이 친해지기도 하고, 엄마는 꿈 많은 여고 시절로 돌아가고 아빠는 혼자만의 시간을 가져보는 등 별로 인해 감성이 되살아난다. 언젠가 스쳐 지나가듯 보았던 쏟아지는 별밤을 그리워하며 살았기에 별을 보고 있는 그 자체가 행복이었다. 별밤이 가져다준 묘한 매력에 빠져 시간 가는 줄 모르고 별을 헤아릴 때 저 멀리서 들리는 소쩍새 울음 소리가 분위기를 한껏 고조시킨다. 문득 쳐다본 밤하늘! 쏟아지는 별, 별, 별. 아! 이렇게 아름다운 밤을 이제야 찾았단 말인가?

그런데 느닷없이 IMF 외환위기가 왔다. 개장 첫해 구름처럼 몰려오던 방문객은 뚝 끊어지고 적막에 싸였을 때의 기분은 묘했다. 그렇게 울려대던 전화가 하루에 단 1통 오지 않는 길고 추운 겨울을 맞이하였다. 봄이 되자 전화 문의가 들어오기 시작하였다. 우리나라 부모들은 절대로 자녀의 미래를 위한 비용은 아끼지 않는다는 것을 증명하듯 조금씩 예약이 들어왔다. 별을 보고 좋아하는 아이들과 함께 하룻밤 보내며 잠시나마 고단한 삶을 잊고 웃는 모습이 보기 좋았다. 그렇지만 1년 전보다 방문객 수는 많이 줄었다.

그러다 뜻하지 않게 또 한 번의 도약이 있었다. IMF 특집으로 IMF를 극복한 사례를 각 매스컴에서 다루기 시작한 것이다. 명예퇴직을 당하고 이참에 하고 싶었던 일을 하며 자리 잡은 평범하였던 전(前) 직장인, 취직이 되지 않아 할 수 없이 창업하여 열심히 사는 청년, 특히 IMF에 틈새시장을 노려 새로운 일에 도전한 사례 등을 주로 다루었다.

내가 픽업되었다. 그런데 시기적으로 맞지 않았다. 코스모피아를 기획한 것은 1995년부터이니 1997년에 터진 IMF를 극복하기 위해 새로운 사업을 하였다는 이야기는 앞뒤가 맞지 않는다. 실망한 기자 표정이 아직도 잊히지 않는다. 코스모피아라는 '참신한 아이디어'와

'IMF 극복'은 너무 잘 맞는 시나리오라 생각했던 모양이다. 결국, 신문에 IMF를 미리 예견하고 자기 삶을 찾아 산에 들어온 사람으로 슬쩍 둔갑시켜 기사화하였다.

또 한 번의 과대포장이었지만 어쨌거나 파급효과는 컸다. 다시 전화가 빗발치듯 왔고 각종 매스컴의 조명을 받기 시작하였다. '별에 취해 우주로 간 남자'에서 'IMF를 멋지게 극복하고 자기 삶을 사는 사람'까지 더해져 각종 매스컴에서 화제성이 충분한 취재 대상으로 꼽힌 것이다. 덕분에 코스모피아 인기는 상승세를 탔다.

"교육과 레저를 넘나드는 아이템입니다."

이 말은 KBS-TV 저녁 6시 방영 프로그램의 PD 소감이었다. 교육과 레저는 상반된 개념인데 배움과 즐거움을 동시에 만족시킬 수 있는 프로그램을 드디어 코스모피아에서 보았다며 감탄을 연발하였다. 잘 운영하여 오랫동안 아이들에게 꿈을 심어주라는 당부의 말까지 하였다.

그 후 15년을 굳건하게 버텼다. 중간에 경영이 어려워 2년을 쉬었지만 15년은 결코 짧은 기간이 아니다. 코스모피아가 불을 댕기며 생겨난 크고 작은 천문대가 100개가 넘는다. 그 정글 같은 경쟁에서 15년이란 짧지 않은 시간을 버티었다는 점은 나 자신도 자랑스럽고, 새로운 놀거리 문화인 **'별 보는 여유'**를 창조하였다는 자부심은 내가 코스모피아를 그만두고도 지금까지 살아오는 데 큰 힘이 되고 있다.

시작 전 가족을 설득할 때 코스모피아를 하면 나에게 돈으로는 돌아오지 않지만 뭔가를 얻을 수 있다고 막연히 생각하였는데 실제 많은 것으로 돌려받았다.

첫째는 직전에 언급한 대로 명예와 자부심을 얻었다. 둘째는 건강이었다. 산속에서 스트레스 없이 생활해서 그런지 모든 건강 수치가 좋아졌을 뿐만 아니라 허리가 고질병이었는데 코스모피아 시작 이후 현재까지 거의 잊고 산다. 한 마디로 건강한 정신과 건강한 몸을 선물 받은 것이다. 셋째는 책으로 돌아왔다. 코스모피아는 역사 속으로 사라지고 있지만, 다음에 소개할 책들로 코스모피아는 재탄생하여 나에게는 평생 버킷리스트 중 하나를 달성한 것 그 이상이었다. 예상한 대로 돈으로는 돌아오지 않았지만 돈 주고도 살 수 없는 귀중한 것들을 얻었다.

코스모피아를 운영하면서 나의 호칭은 천문대장을 줄인 '대장'으로 굳혀졌고 '이세영'과 '별'은 따로 떼려 하여도 뗄 수 없는 사이가 되었다. 이런 코스모피아 천문대를 하겠다는 상당히 엉뚱한 결정을 40대 초반에 하였는데 그 계기를 생각하면 지금도 절로 웃음이 나온다. 이 책의 주제가 나이 들어 잘한 결정 3가지에 대한 이야기인데 코스모피아 역시 그 당시는 나이 들어 내린 첫 결정이라 생각하였기 때문이다.

15년을 운영하고 문을 닫아야만 하였던 사연을 언급하면 30년 전 고령화 시대를 예측하지 못하였듯 '저출산'이란 이슈를 전혀 생각하지 못한 결과였다. 방 1개를 쓰는 4인 가족이 3인 가족으로 줄고 한 학년 전체가 오면 140명 정도이던 학생 수가 100명으로 줄었다. 그렇다

고 남는 방에 따로 예약받을 수는 없으니 공간 효율이 해마다 떨어지기 시작하였다. 100군데가 넘는 천문대가 생겼으니 마냥 가격을 올릴 수도 없었다. 예약은 차지만 1회 당 방문객 수가 줄면서 매출이 떨어지기 시작하였다. 인건비가 대부분인 고정비는 해마다 늘어나는데 매출은 줄고, 매출이 줄어

플레이아데스성단

드는 주요인이 저출산이라면 탈출 방법이 없다고 생각되어 결국 문을 닫은 것이다. 개인적으로 저출산 이슈는 지금 우리나라가 당면한 가장 큰 문제라 생각하고 있다.

* 코스모피아 생활을 재미있게 묘사한 기사 하나 소개합니다.

잡지명: 월간《사과나무》2006년, 9월호

글: 박진희

경기도 가평 현리에서 1시간 간격으로 있는 상판리행 버스를 단 몇 분 차로 놓쳤다. 평상시 같으면 발을 동동 구르며 짜증 냈을 텐데 마음의 여유는 도심과 멀어진 거리만큼 커지나 보다. 좁은 복도에 벤치 하나가 전부인 터미널에서 느긋하게 버스를 기다렸다. 오랜 기다림 끝에 탄 버스 안에서 우리만 이방인이었다. 버스 기사는 정류장 표지판이 없어도 승객 하나하나의 집 앞에 정확히 세워 주었고 행여 길 건너편에 집에 있으면 조심해서 길 건너라는 당부까지 했다. 쌀 한 포대를 들고 탄 할머니가 내릴 때 집 앞까지 쌀을 배달해 주던 버스 기사는 이방인인 우리에게도 하차 장소를 미리 가르쳐 주며 아낌없이 친절을 베풀었다.

버스에서 내려 10분 정도 코스모스 길을 따라 올라가면 코스모피아가 있다. 천문대 마당에 들어서기도 전에 시끌시끌한 소리가 먼저 들렸다. 저녁 식사 시간을 기다리며 식당 앞에서 떠들고 있는 20명 남짓한 개일초등학교 과학반 아이들이었다. 그 뒤로 필리핀에서 방금 돌아왔다는, 너무 피곤한 나머지 인터뷰를 깜빡하고 서울 집으로 가다가 돌아왔다는 이세영 선생님의 얼굴이 보였다. 사과나무라는 잡지 이름이 예쁘다는 이유만으로 인터뷰 요청을 흔쾌히 받아들인 별지기와의 1박 2일 대화는 그렇게 시작되었다. 식사를 막 끝낸 푸르스름한 저녁, 곧 서산으로 진다는 목성을 보기 위해 아이들이 망원경 앞으로 모여들었다. 6억 km가 넘는 거리에 있는 목성이 눈앞에 동그랗게 나타났다. 오늘은 날이 좋아서 육안으로 볼 수 없는 여러 가지 별들을 접하게 될 것이니 벌써부터 놀라지 말라며 이세영 선생님이 우스갯소리를 했다. 이제 곧 과학반 아이들을 데리고 강의를 한단다. 우리도 아이들 속에 묻혀 강당으로 들어갔다.

스크린 영상을 보여 주며 시작된 그의 강의에 넋을 잃었다. 1시간 반이 어떻게 지나갔는지 모를 정도였다. 강의가 끝나고 불이 켜진 뒤에는 손바닥과 메모장에 나도 모르게 휘갈겨 쓴 강의 내용이 적혀있었다. 강의 도중 그가 질문하면 곧잘 대답하는 녀석들도 있었다. 별에 대한 내 지식이 초등학교 5학년에도 못 미치는 것 같아 나는 자괴감에 빠졌다. 과학시간, 성단, 은하수, 몇 광년 등 지리멸렬하기만 했던 단어들이 나이가 든 지금에서야 재미있어지는 것은 어떤 이유일까?

별 보는 시간이 한 차례 더 이어졌다. 간간이 하늘에서 선을 그으며 사라지는 별똥별과 큰길을 내며 뻗어 있는 은하수는 망원경의 눈을 갖다 대지 않아도 볼 수 있었다. 보는 동안 내 마음을 사로잡은 별이 있었는데 백조자리에서 백조의 눈에 해당하는 '알비레오'와 가장 밝게 빛나는 '직녀성'이다. 알비레오는 망원경을 통해서 보면 두 개의 별로 이루어져 있는데 하나는 오렌지빛이고 또 하나는 초록빛이다. 직녀는 육안으로 보기에도 밝은 별인데 망원경으로 보면 눈이 부셨다. 나는 보석처럼 반짝반짝 빛나는 직녀성에 한동안 매료되어 있었다.

땀을 뻘뻘 흘리면서 천문대에 도착했는데 밤이 깊어지니 날이 무척 차가워졌다. 내가 아이들과 함께 별에 푹 빠져 있는 동안 그는 눈을 잠깐 붙이고 왔는지 머리에 까치집을 짓고 마당으로 나왔다. 밤 11시, 와글와글했던 과학반 아이들이 숙소로 사라지고 나서 그를 마주할 수 있었다. 미리 얼려놓은 맥주 한 짝과 함께.

"천문학을 전공하신 건가요?"라는 물음에 그는 손을 휘휘 저었다. 10년 전, 그는 별을 좋아하는 평범한 샐러리맨이었다.

"아까 우리 식당 아줌마들이 가꾸어 놓은 꽃밭 봤죠? 100가지가 넘는 꽃 종류들이 있지만 아줌마가 식물학자는 아니에요. 그거랑 똑같아요. 별을 좋아하지만 천문학자는 아니지요. 천문학자는 이름 모를 별 하나만 평생을 붙들고 살아야 되는 사람들이죠. 나는 그들이 발견한 것들을 하나하나 익히는 것을 취미로 삼을 뿐이에요."

그는 '그냥' '좋아서'라는 말을 많이 쓰긴 했지만 얼마나 오랫동안 준비하고 기획을 했는지는 '그냥' '좋아서' 뒤에 흘러나오는 말들을 통해 알 수 있었다. 좋은 직장을 그만두기부터가 어려운 결정이었다. 그만두려고 생각하면 직장에서 제일 좋은 점수를 받곤 하는 것이었다. 몸담고 있던 별 관측 동호회인 '별부스러기'에서 배운 많은 별자리와 별의 이름을 남들에게도 보여주고 싶다는 생각이 커져만 갔다. 마침 그의 아버지가 소유하고 있던 땅은 별 보기에 최적의 장소였다. 그는 치밀하게 계획을 세웠다. 그 계획대로 1997년에 우리나라에서는 최초라고 할 수 있는 사설 천문대가 세워졌다. 천체관측을 할 수 있는 돔을 세우고 천체 투영실도 지었다. 가족 단위로 별을 보고 쉬어 가면 좋을 것 같아서 작은 숙소도 마련했다. 숙소의 벽지조차도 하나하나 신경 썼다. 벽면마다 다른 색깔의 벽지를, 천장은 야광별 벽지를 썼다. 10년이 된 건물이 지금도 새것처럼 깨끗하다. 이제는 우리나라에 50개가 넘는 천문대가 생겼지만, 여전히 규모 있고 알찬 프로그램을 자랑하는 것은 그가 지은 코스모피아가 최강이다. 가족 단위에서 더 발전해 학교 단체가 이곳을 찾게 된 이유도 엄마들의 까다로운 눈에 들었기 때문이다.

"대형버스를 대절에서 울산 학부형들이 몰려온 적이 있었어요. 그중 단연 눈에 띄는 한 엄마가 있었는데 내리는 순간부터 초지일관 굳은 표정으로 경관들을 훑어보았죠. 아니, 째려본다는 편이 더 맞으려나? 아무튼 자신의 딸아이가 견학 차 이곳에 왔다가 정말 좋았다고 말했나 봐요. 아이를 데리고 유럽 곳곳을 다녔는데도 한 번도 딸의 입에서 좋다는 소리를 못 들어봐서 '얼마나 좋기에?' 하고 잔뜩 기대하고 왔다가 엄청 실망한 거죠. 하지만 딸은 거창하고 화려한 것을 좋아하는 게 아니라 그냥 흙장난하고 별 보고 꽃밭에서 노는 걸 좋아한 거죠. 그걸 깨닫고 그동안 딸아이가 뭘 좋아하는지도 몰랐다며 고맙다는 말을 하고 떠난 학부형도 있어요."

10년 동안 웬만한 아이들은 코스모피아를 거쳐 갔다. 천체 돔의 하늘 문이 열릴 때나 천체 투영실 별들이 뱅글뱅글 움직일 때 그리고 망원경을 통해 반짝거림을 발견할 때 "우와!" 하며 터지는 아이들의 감탄 소리가 좋아서 몇 번씩 아이의 손을 잡고 다시 찾아오는 아빠들도 있었다. 초등학생 때 이곳을 찾았다가 이제는 아이들을 인솔하는 교사가 되어 찾아오기도 한다. 무엇보다 기쁜 것은 그의 어릴 적 모습을 아이들에게서 찾을 때이다.

"오늘 온 애들이야 과학관 아이들이니 다들 관심이 있어서 잘 듣기도 하지만 가끔 100명 200명씩 단체로 여기가 뭐 하는 곳인지도 모르고 얼결에 오는 애들도 있어요. 그런데 꼭 100명 중에 한 명 반짝이는 애가 있어요. 아무것도 모르다가 강의를 듣거나 망원경을 통해 별을 보고 뿅 가버리는 거죠. 그럼 그 애들은 집에 갈 때까지 내 뒤를 졸졸 따라다니면서 이것저것 물어요. 그러면 나는 속으로 생각하죠. 아! 또 한 녀석이 춥고 배고픈 세계로 뛰어들었구나 하고요. 하하하!"

술이 동나고 자리에서 일어섰을 때는 새벽 세 시였다. 오리온자리의 별들이 동쪽 하늘에 나타났다. 그는 다시 차갑고 맑은 하늘에 망원경의 초점을 조절했다. 반짝이는 저 별빛은 몇백, 몇천 심지어 몇백만 년 전의 빛이란다. 말로 표현할 수 없는 먼 거리에서 지구를 향해 빛을 뿜어대는 별, 또 말로 표현할 수 없을 숫자의 별이 채워져 있는 우주라는 공간, 또 우주에 깔려있는 작디작은 별의 불과한 지구에서 또 다른 별을 보고 있는 우리. 신묘막측한 우주를 계산하느라 잔뜩 어지러워진 머리를 흔들어댔지만, 사람을 얻고 별을 얻은 내 마음은 우주와 한층 더 가까워진 듯했다.

다음 날 아침 아이들과 함께 뒷산을 올랐다. 이번엔 산 아저씨를 통해 산과 나무에 대한 지식을 잔뜩 얻었다. 비교적 말을 잘 들었다는 개일초등학교 과학반 아이들을 보내고 곧 들이닥칠 220명의 단체 손님을 앞둔 4명의 별지기들은 마음을 고르고 있는 중이었다.

우리는 이튿날 점심까지 얻어먹고서야 폭풍 전 고요함 가운데 놓인 이 사람들과 작별을 고했다. 편집실에서 다시 들은 녹음테이프에는 뭐가 그렇게 신나는지 키들키들 온통 내 웃음소리밖에 없었다.

밤하늘의 문을 열다

나의 자랑스러운 첫 번째 책 제목이다. 책을 써 보겠다며 노트북을 장만하고 독수리 타법으로 달라붙었다. 워드 프로세서가 익숙하지 않았지만, 투지는 좋았다. 책 내용은 아마추어 천문 영역인 별자리, 태양계 이야기, 그리고 우주 맛보기 정도로 꾸며보았다. 별은 '아마추어 천문'과 '과학자들의 우주'로 크게 둘로 나눌 수 있다. 마치 동전의 양면과 같다는 표현을 쓰곤 한다.

내가 속한 건 당연히 별의 아름다움을 추구하는 아마추어 천문 분야이다. 우주를 논하려면 전문 교육을 받아야 하지만 별을 좋아하는 데는 아무것도 필요치 않다. 그저 별을 즐기면서 별밤의 낭만에 푹 빠질 마음만 있으면 된다. 그렇지만 약간의 도구, 즉 쌍안경이나 천체망원경 그리고 별자리를 잘 아는 안내자가 있다면 더 알차게 별을 관측할 수 있다. 맥주 한잔을 곁들일 수 있으면 금상첨화이다.

40년 전으로 거슬러 올라가면 혼자 별밤을 즐기며 책을 통해 독학하던 시절이 있었다. 책에는 쉽게 찾을 수 있다고 하면서 찾는 방법까지 친절하게 쓰여 있지만 결코 쉽지 않았다. 더구나 훤한 방에서 책으로 별자리를 보고 밖으로 나오면 눈이 밤하늘에 적응되지 않은 상태라 어리어리하면서 막상 하늘에 가득한 별을 보면 그게 그거 같기도 하고 아닌 것도 같고. 밤새 들락날락하면서 별자리를 찾다 보면 눈에 들어오기는 하는데 이번엔 확신이 서지 않는다. 맞나? 제대로 찾은 건가? 자전으로 별이 일주운동을 하면서 자리를 이동하면 아까 애써 찾았던 별자리가 방향이 바뀌면서 혼동이 오기 시작한다. 어디로 갔지?

'이렇게는 안 되겠다. 별자리를 잘 아는 사람에게 배우자.'

'별 부스러기'. 별자리 안내자를 찾아 헤매다 만난 팀 이름이다. 아마추어 천문 동호인 모임 그것도 직장인 중심의 모임치고는 촌스럽기까지 하지만 아무튼 우리는 매주 돌아가며 발표회를 하고 짬이 있는 별 선배 강의 듣고 한 달에 한 번은 야외 관측을 하였다. 병아리가 모이를 쪼듯 강의 한 마디 놓치지 않고 열심히 들었다. 야외 관측 행사 통해 내가 그렇게 배우고 싶었던 별자리를 익히고 확인하였으며 망원경을 통해 본 우주 모습은 내 마음 깊숙한 곳에 각인되었다. 좋아하는 별에 관하여 공부하니 이렇게 재미있을 수가 없었다.

직장인 모임답게 적당한 시간이 되면 술 한 잔이 곁들여진다. 우연히 술자리에서 이 별 부스러기 모임을 찾아 헤맨 얘기가 나왔다. 나 역시 여러 천문 동아리에 가입하였다 모임이 잘 안되어 깨지고 또 다른 곳을 찾았는데 몇 번 모이다 주동하던 멤버가 해외로 전근 가면서 그냥 와르르 무너지는 등 여러 사연이 있었다. 별 보는 취미가 사치였던 1980~90년대이다 보니 동아리 형성이 어려웠다.

멤버 하나하나가 이 모임을 찾기까지 헤맸던 고생담을 털어놓으며 다 같이 웃었던 기억이 있다. 고생하면서 어렵게 만들어진 모임이라 동아리 멤버 모두 열정 하나는 대단하였다. 어떠한 일이 있어도 매주 모임에 참석하였고 매달 야외 관측은 모든 약속의 최우선 순위로 두었다. 한 가지 재미있는 사실은 그때 별 부스러기 멤버가 현재 거의 다 별, 천문 분야에서 일하고 있다는 것이다. '우리가 즐기는 취미가 직업으로도 괜찮겠구나' 하는 생각을 하였던 것 같다. 나도 그중 하나로 몇 년 후 아예 팔 걷어붙이고 산속에 들어가 코스모피아 천문대를 운영하였으니 말이다.

코스모피아 천문대를 10여 년간 운영하면서 마음 한구석에 내 손으로 쓴 책 한 권 없다는 사실이 늘 아쉬웠다. 한번 그런 생각이 들자 아무도 말하는 사람 없는데 나중엔 열등감으로 다가왔다. 내 이름 석 자가 박혀있는 내 책이 있다면 얼마나 멋있을까 하는 쓸데없는 공상만 하고 세월을 보냈다.

그러다 어느 날 책을 쓰기 시작하였다. 어떤 계기로 시작하였는지 생각나지 않는다. 특별한 계기가 있었던 것은 아닌데 내가 10년 넘게 해왔던 실내강의를 그대로 글로 기록하였다. 그러다 보니 의외로 진도가 빨리

나갔다. 이미 머릿속에 정리가 되어있는 내용을 옆에서 말하던 대로 써나갔다. 6개월 정도 걸려 초고를 끝내고 출판사를 찾기 시작하였다.

별 생각 없이 첫 출판사와 계약하였다. 소개로 만났기에 거절하기 곤란한 것도 있었고 내 나름 출판사를 정하는 기준이 없던 터라 어디나 다 같겠지 하는 생각으로 계약하였다. 소위 1인 출판사였는데 외주로 편집장을 선정하고 편집장은 또 그림 작가를 섭외하였다. 이 과정은 전혀 문제 될 게 없었다.

그런데 문제는 출판사 사장, 편집장, 그림 작가 그 누구도 내 책에 관심이 없었다. 출판사는 책 한 권 출판에 의미를 두었고 책을 출판하고 있는, 즉 활동하고 있는 출판사로 알리고 싶었을 뿐 애초 내 책은 관심 밖이었던 것 같다. 비공식 통계로 1년에 책 한 권 출판하지 못하는 출판사가 전체의 90%라고 한다. 편집장과 그림 작가는 내 책을 빨리 출판하여 받을 돈 받고 일 하나 끝내고 싶었을 뿐 처음부터 책을 잘 만드는 데는 관심이 없었다.

살면서 흔히 겪는 실수가 있다. 가장 좋은 예는 변호사에게 나의 억울함을 토로하면 변호사는 나를 위해 정의의 사자처럼 온 힘을 다해 싸워줄 것으로 착각하는 것이다. 나이 예순 되고 내 책 출판에 또 실수한 것이다. 아무도 탓할 수는 없다. 처음부터 책 내는 비용이 생각보다 저렴하다는 생각은 하였다. 나는 출판사와 계약을 했으니 출판사와 편집장 그리고 그림 작가와의 정산은 내가 관여할 바는 아니지만, 이 정도 금액을 받고는 나 같아도 성의 없이 적당히 일하겠다는 생각이 뒤늦게 들었다. 결국 계약을 파기하고 처음부터 다시 시작하려니 맥이 쭉 빠지고 책을 내겠다는 의지도 많이 꺾였다.

그 뒤로 밑져야 본전 식으로 이름이 꽤 알려진 출판사 몇 군데를 노크해 보았다. 원고를 주었는데 대답이 없었다. 답답한 마음에 전화하면 검토 중이라는 퉁명스러운 답만 돌아왔다. 하긴 급한 건 그쪽이 아니니 지나가는 사람과 다름없는 내 원고를 뭐 그리 애정을 갖고 읽어 주겠는가? 몇 주가 지나 미팅을 하자는 연락이 왔다. 출판 미팅을 하고 난 소감은 한마디로 기(氣) 싸움인 듯싶었다. 출판사 측의 이야기는 당신은 별 전문가인지 모르겠지만 우리는 책 전문가이다. 그러니 책 내고 싶으면 우리말을 따라야 한다는 것이었다. 적게는 30%, 많게는 50%를 새로 쓸 각오로 우리와 일을 해야 한다. 아니면 우린 당신 책 출판을 맡을 수 없다고 했다.

나는 100% 자비 출판인데 내가 하고 싶은 이야기를 되도록 많이 살려 주어야 하는 거 아니냐고 항의를 해도 대답은 한결같았다. 책 전문가는 나름 관점이 있으니 자신들의 말을 따르라는 것이다. 그리고 덧붙이기를, 출판사 이름을 걸고 나가는 책인 만큼 아무리 자비 출판이라도 저자 마음대로 책을 낼 수는 없다고 했다.

다른 곳을 알아보려고 자리를 떠나기 직전 마지막으로 질문을 하였다. 특히 어느 부분이 문제인지 어느 방향으로 새로 써야 하는지 물어보았다. 대답은 너무나 엉뚱하였다. 별에 관심 없고, 별자리도 모르고 따라서 당연히 별 관측을 해본 적도 없는 사람만이 생각하는 대답이 돌아왔다.

아! 이것이었구나. 그렇지만 이건 아니다. 별, 우주에 조금이라도 관심이 있다면, 그리고 밤새워가며 별을 헤아리고 그 아름다움에 취해본 적이 있다면 그런 대답이 돌아오지 않았을 것이다. 출판사에서 제시하는 방향은 나의 의도와는 거리가 있었다.

한 마디로 영화를 한 번도 본 적 없는 사람이 영화에 관한 책의 방향과 콘텐츠를 논하는 격이었다. 별에 대해 일반 사람들이 무엇을 궁금해 하는지, 어떤 내용을 잘못 알고 있는지 또 이런 것들을 어떻게 설명해주어야 하는지 전혀 아이디어가 없었다.

별은 독특한 주제이다. 관측해 본 적도 없고, 별자리를 잘 모르고, 더구나 평소 관심 없이 살았다고 해도 이상할 것이 없는 분야이다. 문제는 왜 멋대로 추측하여 내용을 건드리려 했는지 지금 생각해 보아도 의도적인 주도권 싸움이란 생각만 든다.

많은 사람이 은퇴 후 본인 책 출판을 한번은 생각해 본다. 본인이 평생을 바쳐 일한 분야에서 자기만 하고 싶은 이야기가 분명 있기 마련이다. 자기 책을 내겠다고 도전하였다가 결국 빛을 보지 못한 경우가 많다. 여러 이유가 있겠지만 조금 전 언급한 것과 같은 출판사와 갈등이 적지 않다고 한다. 책을 출판하여도 원래 본인이 말하고자 했던 내용이 축소되어 독특한 컬러가 없는 평범한 책이 되고 만다.

이 이슈를 조금 더 언급하면, 그 후 10여 년에 걸쳐 꾸준히 책을 내면서 출판업계 여러 사람을 만날 기회가 있었다. 출판사 대표를 만날 기회가 있어 위에 언급한 이슈에 관해 물어보았다. 출판사 대표가 흥분하며 하는 대답은 자기는 회의 때마다 직원들에게 작가의 전문성을 살린 책을 만들라고 강조한다는 것이다. 그래도 직원들은 바뀌지 않고 자기 고집대로 늘 하던 방식으로 책을 만든다는 것이었다.

"이 출판업계 뿌리 깊은 고질병입니다. 고집 하나는 셉니다."

어느 날 출판업계에서 일하는 실무자급 직원과 얘기 나눌 기회가 있어 또다시 이 이슈를 언급해보았다. 이번엔 정 반대되는 말이 나오는 것이 아닌가.

"기회 있을 때마다 건의해도 묵살당하기 일쑤여서 포기했어요. 윗사람은요, 절대 안 바뀝니다."

결국 조직의 소통 문제인가? 윗선이나 실무자 모두 전문성이 있는 저자 의견을 존중해야 한다고 하면서 현실은 전에 나온 책과 별다른 내용이 없는 그 나물에 그 밥 같은 책이 나오는 이유에 대하여 서로 탓하고 있다.

나는 아직도 콘텐츠(contents)는 그 분야 전문가, 즉 저자에게 맡기는 것이 옳다고 생각한다. 책 만드는 전문가라는 이유로 자기네가 모르는 분야에 대해 이런 내용을 추가해라, 저 내용을 빼라 하는 것은 조심해야 할 부분이라는 생각이다.

상심하고 있던 어느 날 대학교 같은 동아리 활동을 하였던 친구를 만났다. 소위 여사친 사이이다. 출판사에서 파트타임으로 일하고 있으며 평소 글 쓰는 거 좋아하고, 책 출판 경험이 있는 친구였다. 거의 포기 상태에서 건네준 내 초고를 보며 무척 반응이 뜨거웠다. 아주 재미있고 흥미를 유발할 다양한 소재가 있어 충분히 좋은 책이 될 수 있다고 했다. 책은 우선 재미있어야 하는데 이 원고는 무엇보다 재미있다고 했다. 오히려 내가 반문하였다. 몇 출판사 다니면서 퇴짜 맞은 이유 중 하나가 일관성이 없다, 혹은 어떤 종류의 책인지 모르겠다는 것이었다. 감상문도 아니고 수필도 아니고 전문 과학 서적도 아닌 한마디로 뚜렷한 방향이 없어 독자층(target market)을 정할 수 없다는 것이었다.

"아무렴 어때? 재미있으면 그만 아냐?"

게다가 처음 써보는 글이라 잘 나가다 자꾸 샛길로 빠지기 일쑤였다. 제목과 다소 동떨어진 곁가지 이야기로 한참 가다 다시 돌아오곤 하는 버릇이 있다는 것을 나도 쓰면서 알게 되었다. 전에 갔던 출판사 측 의견은 말로 설명할 때는 그런가 하고 넘어갈 수 있지만 그대로 글자화 하면 곤란하다고 했다. 그러나 여사친은 그래서 더 재미있다는 것이다.

죽이 맞은 우리는 일사천리로 나가기 시작하였다. 소소하지만 중요한 여러 가지를 짚으며 하나하나 정리해 나갔다. 내 초고 내용을 거의 건드리지 않고 조금씩 보강하는 형태로 책을 완성하였다. 편집 미팅 날을 기다리며 점점 완성되어 가는 과정을 무척 즐겼던 기억이 있다.

흔히 80:20 법칙이 있다. 80%의 부(富)를 20%가 갖고 20%의 부(富)를

80%가 나누어 갖는다는 논리가 사회 여러 현상에 또 대략 맞아떨어지는 듯하다. 그런데 책을 내는 데에도 이 논리가 적용되었다. 초고 80%에 20의 시간이 걸렸다면 나머지 20% 추가하여 완성품이 나오는데 80의 시간이 걸린 것이다.

2012년 6월 27일 드디어 기다리고 기다리던 책이 나왔다. 인쇄소 가는 발걸음이 무척 가벼웠고 처음 겪는 경험이라 모든 게 신기하였다. 인상 좋은 인쇄소 사장이 들려준 인쇄 관련 뒷얘기도 재미있었다. 흑백이 아니라 원색으로 하고 종이 질도 고급으로 택하여도 비용이 아깝다는 생각이 들지 않았다. 완성된 책을 손에 넣었을 때 기쁨은 아직도 생생하다.

'아, 해냈다!'

전국 서점에 책이 배포되자 거의 매일 서점에 들러 평대에 누워있는 내 책을 몰래 훔쳐보고 즐거워하였다.

"대단하다. 난 네가 그냥 취미로 하는 줄 알고 있었어. 너 진짜로 천문대 운영하는구나."

읽어 본 친구들의 평이다. 책에 대한 느낌보다 나에 대한 소감이다. 이 소감으로 나에 대한 평소 생각이 어떠하였는지 알 수 있었다. 책을 내지 않았다면 그냥 여유 있는 친구가 산에서 소일거리 겸하여 운영하는 줄 알고 있을 뻔한 게 아닌가.

어느 날 출판사 측에서 올해 우수도서 신청을 제안하였다. 우수도서?

어떤 기준으로 선정되는지는 모르지만 설마 내 책이 채택되겠나 싶었다. 순수과학으로 분류하여 출판한 책이긴 하지만 코스모피아 운영하면서 기억에 남는 일화, 설립 당시 고생담, 정통 과학과 동떨어진 블루문(blue Moon), 명왕성 퇴출에 관한 소문, 출처를 알 수 없는 미확인 야사(野史), 심지어 개인 넋두리까지 곁가지 친 이야기가 많았다. 그래도 4계절 별자리는 기본으로 소개하였고 태양계 소개, 연주시차, 빛 속도 측정 원리, 금성의 동방최대이각, 달(Moon)이 행성을 가리는 원리를 비롯하여 우주에 관해서는 적색이동(red shift), 우주팽창론, 변광성 등 전문적인 내용이 충분한 정통 과학책이라는 자부심은 있었다.

하루에 평균 300~400권의 신간이 나오고 각 부문을 나누어 총 400권 정도를 채택하는 그해의 우수도서 선정을 기대하기에는 부족하지 않나 싶어 참가에 의미를 두었다. 우수도서 후보로 신청할 정도로 완성도가 높다는 출판사 측 판단만으로 만족스러웠다. 그리고는 바로 잊었다.

그해 11월 정말 믿어지지 않는 소식이 날아왔다. 2012년 우수도서로 선정되었다는 것이다. 그것도 우리나라에서 가장 권위 있는 문화체육관광부가 선정한 순수과학 부문 우수도서였다. 충격적인 일을 당하면 머리가 하얗게 된다는 얘기는 들었지만 내가 그 상태였다. 구름 위를 떠다니는 기분이 이런 거구나! 대형서점에선 평대에 누워있던 책이 구매자에게 잘 보이도록 세워 진열한 곳도 있었고, 월간 베스트셀러에 뽑히는 영광도 맛보았다. 초판은 2천 부를 인쇄하였지만 수

정·보완하여 바로 2쇄 인쇄로 들어갔다.

인상 좋은 인쇄소 사장을 다시 만나니 축하 인사와 함께 덕담을 건넨다.

"집에서 읽어보고 우수도서 선정 직감했습니다."

"그래요? 난 사장님 지난번에 뵙고 또 만날 분 같다고 생각했는데 2번째 책이 아니라 2쇄로 만나 뵙게 되네요."

금전적인 부상으로 문화체육관광부에서 5백만 원 상당 책을 구매하여 전국 도서관에 뿌렸고, e-book 만드는 비용을 전액 부담해 주었다. 뭐니 뭐니 해도 가장 큰 힘이 된 것은 **'2012, 문화체육관광부, 우수교양도서'**라는 마크를 사용할 수 있게 된 점이다. 눈에 잘 띄어 일반 독자의 주목을 받을 뿐 아니라 많은 도서관에서 책을 구매할 때 우수교양도서를 가장 많이 참고하기 때문이다.

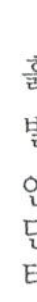

그 뒤로 《밤하늘의 문을 열다》는 스테디셀러로 자리 잡았다. 국내 최대 서점 중 하나인 영풍문고의 '우주' 특별 전시 평대에 무려 6년간 자리 잡고 있었다. 때로는 칼 세이건 이후 최고의 천문도서 작가로 꼽히는 브라이언 그린의 《멀티 유니버스-HIDDEN REALITY》, 《우주의 구조-THE FABRIC OF THE COSMOS》 등과 나란히 진열되기도 하였다. 그 2권의 책은 2번째 책인 《우주의 문을 열다》를 쓸 때 가장 많이 참고한 책이었다. 세계적인 작가 책과 어깨를 나란히 하다니 가문의 영광이었다.

메이저 출판업계에서 출판하기에는 여러 가지가 부족하다는 평을 받았지만, 나만의 스타일로 쓴 책을 우리나라 최고 권위의 심사위원들에게 인정받았다는 사실이 무엇보다 기뻤다. 이때 이미 내 마음은 두 번째 책 《우주의 문을 열다》로 향하고 있었다.

화성, 목성, 토성(오른쪽 위부터 시계반대방향)

안드로메다은하

우주의 문을 열다

첫 번째 책《밤하늘의 문을 열다》에 이어 바로 두 번째 책에 도전하였다. 주제는 '우주'.

천문을 학문적으로 공부한 적이 전혀 없는 나로서는 대단한 모험이자 도전이었다. 방법은 간단하였다. 공부하면서 쓰는 것이었다. 그러나 말이 쉽지 그것이 어디 말처럼 간단하겠는가? 이 간단한 방법이 정도(正道)라는 것을 깨닫는데 무려 2년이 걸렸다.

그동안 '별 부스러기' 회원들과 수많은 밤을 지새우며 간간이 우주에 대해 서로 아는 대로 얘기를 주고받았다. 그리고 코스모피아 천문대 운영하는 동안 다양한 사람들을 접하면서 우주 이야기를 나누었다. 그렇지만 이 모두 별 도움이 되지를 않을뿐더러 단편적이고 심지어는 미확인 정보이니 함부로 인용할 수 없었다. 개인적으로 우주에 호기심은 많아 간간이 책도 보고 월간지도 구독하였지만, 단편적인 지식에 불과할 뿐 논리적으로 글을 쓴다는 것은 또 다른 차원의 문제이다.

가장 큰 걸림돌은 내 자세였다. 첫 번째 책이 우수도서로 선정되자 이미 두 번째 책도 우수도서를 겨냥하고 있었다. 쓰기도 전에 우수도서로 선정되는 망상을 하고 있었으니 차분하게 원고 정리가 될 턱이 없다. 여러 번 시도하였으나 조금 쓰다 막히고 막히면 다른 주제로 가고 또 막히고 그렇게 하며 각 주제를 한 바퀴 돈 적 있다.

무엇보다 큰 얼개 잡기가 막막하였다. 별자리 책은 4계절 별자리, 태양계인 태양과 8행성 및 비운의 명왕성, 그리고 달, 우주의 기본적인 내용 등으로 처음부터 책 내용이 거의 정해진 상태나 다름없었다. 그렇지만 우주는 너무 범위가 넓어 어떤 내용을 책에 담아야 할지 전혀 아이디어가 없었다.

완전히 포기 상태에서 산티아고로 떠났다. 책을 쓰겠다는 반전을 꾀하려고 간 것은 물론 아니다. 산티아고 일정을 미리 정하였기에 책 작업은 일단 뒤로 미루고 떠난 것이다. 순례길에서 책에 관한 생각을 한 적은 한 번도 없었던 것 같다. 하루하루 버티며 아무 생각 없이 걷기만 하였다.

산티아고 여행 후 어느 날 문득 노트북을 펼치고 그간 정리한 원고를 읽어보았다. 원고 작업에서 한 발 떨어져 있다가 다시 읽어보니 빨리 출판하여 또 주위의 찬사를 받으며 자랑하고 싶은 마음이 앞서 전문 서적과 인터넷을 인용한 내용이지 내가 정말로 이해하고 쓴 원고가 아니라는 것이 한눈에 들어왔다. 조금은 안다고 생각하였으나 그 정도 지식으로 우주 이론에 관한 책을 시도한다는 것은 무모한 도전이라는 것도 깨달았다.

'처음부터 다시 시작해야겠구나. 공부부터 하고 책을 쓰자.'

이때부터 때아닌 소위 '열공 모드'로 들어갔다. 책을 읽고 밑줄 치고 색색가지 마커로 주요 부분을 표시하고 환갑 넘어 난리도 아니었다. 아내가 놀리면서 하는 말이 걸작이었다.

"사람이 태어날 때 평생 공부해야 하는 양을 갖고 태어나는데 당신은 학생 때 뺀질거리고 공부 안 하더니 나이 들어 열을 내는구려."

그때 느낀 것이지만 우리나라는 참 좋은 게 대형서점에 가면 냉난방이 잘되어있을 뿐만 아니라 마음대로 책을 꺼내 볼 수 있다. 심지어 책상까지 마련해 준 서점도 있다. 일과가 간단하다. 오전에 운동하고 잠깐 일 보고 점심 후에는 도서관보다 더 좋은 서점에서 시간 보냈다. 카페도 있어 출출하면 커피와 간단한 주전부리도 먹을 수 있고 너무나 좋다.

'학이시습지 불역역호(學而時習之 不亦說乎)-배우고 때때로 그것을 익히면 또한 기쁘지 아니한가?'

오후에는 서점에서 책 보고 저녁에는 일찍 자고 아침에 일찍 깨어 커피 한잔과 좋아하는 쇼팽 음악을 잔잔하게 틀어놓고 조용히 자판을 두드리던 시간을 지금도 잊을 수 없다. 모두 깊이 잠들어 있는 동안 나만의 시간을 즐긴 것이다. 너무나 행복한 시간이었다. 이런 시간을 즐기려고 수필 써보겠다고 다시 노트북을 꺼낸 것이 아닌가 할 정도다.

천문학을 본격적으로 공부하지 않은 내가 우주에 관한 책을 내겠다고 무모하게 다시 덤벼들면서 초심으로 돌아가 원칙 몇 가지를 세웠다.

첫째, 내가 이해하지 못한 내용은 절대로 그대로 옮겨 쓰지 않겠다.

둘째, 이해되지 않는 부분은 모르겠다고 솔직히 얘기하고, 나는 이렇게 이해하였다고 설명하겠다.

셋째, 내가 이해하지 못한 부분은 일반 사람도 이해하지 못할 것이라는 가정하에 같이 생각하며 읽는 책을 만들겠다.

몇 가지 예를 들어보겠다.

편평한 우주 설명을 마치고,

'우주밀도 계산 결과, 우주가 편평하다는 것을 알아낸 것인지, 인플레이션으로 우주가 편평하다는 가설을 세우고 우주밀도를 계산하니 밀도계수가 1(곡률 제로)로 나와 우주가 편평하다는 것이 확실한 이론으로 자리 잡은 것인지 정확하게 알 수 없었다.' (우주의 문을 열다 P 229)

이 글을 옮기는 지금까지도 궁금한 내용이다. 우주급팽창인 인플레이션(inflation) 이론으로 우주 형태가 편평(flat)하다는 가설을 세워놓고 수리적인 접근(Quantitative analysis)으로 확인하고 증명한 것인지 아니면, 먼저 수리적으로 접근해 보니 우주 모습이 편평하다는 결론이 나와서 인플레이션 이론으로 뒷받침을 한 것인지 알 수 없었다.

브라이언 그린(B. Greene, 1963~)의 《멀티 유니버스》(원제: THE HIDDEN REALITY)란 책이 있다. 내가 《우주의 문을 열다》를 쓰면서 항상 옆에 끼고 다녔던 책이다. 브라이언 그린은 하버드 출신 우주 물리학자이며 코스모스(COSMOS) 저자인 칼 세이건(C. Sagan, 1934~1996) 이후 가장 인기 있는 천문도서 작가다. 그의 책 《멀티 유니버스》를 읽어보아도 시원스러운 답을 찾을 수 없어 애를 태웠던 기억이 있다.

책에는 다음과 같이 서술한 부분이 있다.

'정작 놀라운 것은, 관측 결과를 설명하려면 암흑에너지가 임계밀도의 약 73%를 차지해야 한다는 점이다. 여기에 이미 관측된 27%를 더하면 물질과 에너지의 평균밀도가 임계밀도와 정확하게 일치하고, 우주공간은 곡률이 0인 편평한 공간이 된다.'*

이 문장에서 나를 괴롭힌 것은 '차지해야 한다'는 대목이었다. 차지하지 않으면 안 된다는 의미로 받아들여지는 것이다. 우주는 편평한 공간이라는 결론을 이미 내려놓고 관측 결과가 73+27=100이 되어야 한다는 의미로 해석될 수 있기 때문이다.

'그래! 원서를 구해서 이 대목을 확인해 보자. 브라이언 그린은 어떻게 표현했는지 직접 확인하고 판단을 해보자.'

원서를 구하려니 갑갑하였다. 늘 다니던 메이저 서점에도 없었고 구하려면 주문을 해야 하는 데 시간은 얼마나 걸릴지 모르겠다는 답이 돌아

* 출처: 멀티 유니버스-우리의 우주는 유일한가?
2장 끝없이 늘어선 도플갱어들-누벼 이은 다중우주
브라이언 그린, 박병철 옮김

왔다. 외국 서적 도매업을 하는 친구에게 물어보아도 알아보기는 하겠지만 자기가 취급하는 분야가 아니라 기대는 말라고 했다. 이 대목이 발목을 잡아 앞으로 나아가지를 못하고 끌탕을 하고 있었다.

집에 다니러 온 아들에게 지나가는 말로 하소연을 하였더니 킨들 북(kindle book) 다운받으면 될 거란다. 그러더니 30분도 안 걸려 아마존에서 전자책으로 내가 원하던 책을 샀다.

'아! 이런 세상이구나. 이것을 나는 책으로 살 생각만 했으니……'

요즘 말로 실로 신박하였다. 인터넷의 편리함을 다시 한번 느꼈고 나는 이제 더는 이 시대 사람이 아니구나 하는 씁쓸함도 동시에 느낀 순간이었다.

킨들 책을 통해 보니 브라이언 그린은 다음과 같이 서술하였다.

'That's not surprising. Instead, what's remarkable is that the measurements have concluded that the dark energy filling space contributes approximately 73 percent of the critical density. When added to the 27 percent of critically astronomers had already measured, this brings the total right up to 100 percent of the critical density, just the right amount of matter and energy for a universe with zero spatial curvature.'*

---

* Source
Hidden Reality-Parallel Universe and The Deep Laws of The Cosmos
Quilted Multiverse in Chapter 2: Endless Doppelgangers
Brian Greene

저자는 분명히

'놀라운 것은 관측으로 암흑에너지는 임계밀도의 73%를 차지한다고 결론 내렸다는 것이다.(have concluded)'라고 하였다. 그러므로 '차지해야 한다'보다 '차지한다고 결론 내렸다'고 해야 맞지 않을까?

또 하나는 'the measurements'를 왜 '관측결과를 설명하려면'이라고 번역하였을까 하는 점이다. 마치 73%가 되지 않으면 그동안 연구 결과가 달라지므로 73%가 되기를 바라는 듯한 인상을 준다. 번역자 또한 과학자이므로 원문과 약간 다르게 번역을 하였다면 분명 이유가 있을 듯하였다. 원문을 보아도 속 시원한 답을 얻을 수 없고 더욱 혼란스러웠다.

현재는 우주의 형태가 전체적으로 편평하다는 이론이 정설이다. 일반적인 상식으로는 3차원 공간을 먼저 생각하게 되고, 더구나 대폭발인 빅뱅에 의하여 우주가 시작되었다면 폭발 느낌 그대로 공간이 사방으로 퍼져 나갔다고 연상되므로 공간을 떠올린다.

그런데 우주의 생김새가 편평하다는 결론을 받아들이기 쉽지 않았다. 우주가 편평한 모습이라는 것이 무척 놀라웠다. 새로운 사실을 알아내었다는 기쁨보다 내가 이런 사실조차 모르고 있었나 하여 속이 편하지 않았다. 그래서 더욱더 편평하다는 사실을 어떻게 알아내었나를 집중적으로 파헤치기 시작했다. 누구에게 자문해보아도, 또 어느 문헌을 찾아보아도 시원스러운 해답을 얻지 못하였다. 결론적으로 어느 것이 먼저인지 잘 모르겠다고 적당히 넘어갔다. 인플레이션(inflation) 이론과 수리적 접근이 동시에 이루어졌다고 보고 어느 쪽이 앞섰느냐는 크게 중요하지 않다고 결론 내리고 끝냈다.

'프랑크의 상수'를 설명할 때였다.

'여기서 중요한 것은 빛이 입자라는 점이다. 입자이기에 셀 수 있고 에너지가 되려면 정수 배의 파장이어야 한다. 아무튼 플랑크의 흑체 실험에서 얻은 '불연속성'과 '정수 배'라는 결론만 알고 있어도 충분하다.' (우주의 문을 열다 P 121)

왜 정수 배로 떨어져야 빛이 에너지로 변한다는 것인지 알 수 없었다. 파장이 딱딱 맞아떨어질 때만 에너지로 변할 수 있다는 설명이 이해는 안 되지만 그렇다고 하니 그냥 받아들일 수밖에 없었다. 문제는 빛은 파동 진행을 하지만 동시에 입자이기에 불연속성의 성질을 지녔다. 그러니 그 자체가 정수개념이 아닌가 하는 의구심을 떨칠 수가 없었다. 입자면 하나, 둘하고 셀 수 있으니 그 자체가 정수인데 왜 정수배로 떨어질 때가 있다는 것인지 답답하였다.

이것은 빛의 이중성으로 설명할 수 있겠다고 나름 이해하였다. 빛은 이해할 수 없는 이중성을 원초적으로 갖고 있다. 토마스 영의 이중슬릿 실험에서는 빛은 파동 운동하는 물질임이 증명되고, 아인슈타인(A. Einstein, 1879~1955)의 광양자 이론(light quantum theory)에서는 완벽하게 입자임이 증명된다.

문제는 파동 진행은 아날로그를 의미하고 입자는 디지털을 뜻하므로 동시 존재가 불가능하다. 그런데 빛은 대립하는 2가지를 모두 지니고 있다. 이 대립은 무려 150년간 지속하였고 치열한 논쟁 끝에 두 이론 모두 인정하고 '빛은 원래 그렇다'라고 결론 내렸다. 20세기 중반에 이런 결론을 내리고 논쟁을 끝낸 것이다.

빛이 원래 그렇다고 하니 '불연속성'과 '정수 배'가 조금은 이해될 듯하였다. 확신은 없고 계속 전진은 해야겠고 생각하다 못해 '잘 이해할 수 없더라도 2가지, 즉 입자의 불연속성과 정수배가 되어야 에너지로 변한다는 것만 이해하고 다음으로 넘어가도 지장 없습니다'라고 끝낸 장면이다.

책을 읽은 주위 사람들이 재미있는 결론이라며 웃었다. 무슨 얘기인지 전혀 이해하지 못하고 있는데 불연속성과 정수 배라는 것만 알고 다음으로 넘어가자 하니 속이 편했다는 것이다. 지금 생각해도 잘 넘긴 대목 같다.

하나 더 언급하면 우주급팽창인 인플레이션 이론을 소개할 때였다.

'일반 사람들은 복잡한 미분방정식이 동원되어 나온 10^{-35}초를 수식으로 이해할 필요는 없다. 그러나 어떤 요소들이 고려되어 이런 계산이 나왔는지 알려 주었더라면 하는 아쉬움이 있다.' (우주의 문을 열다 P201)

우주 물리학자가 아니고서는 10^{-35}초는 받아들일 수 없는 숫자이다. 은근히 부아가 치민다. 계산 수식을 이해할 필요는 없어도 어떤, 어떤 요소로 계산을 하니 이런 결과가 나왔다고는 알려 줘야 할 것 아닌가. 이 역시 누구에게 자문해보아도 또 책을 뒤져 보아도 결론만 말할 뿐이다. 혹 과학자들도 모르고 있는 것 아닐까?

우주급팽창인 인플레이션이라는 황당무계한 이론이 있다. 빅뱅 후 10^{-35}초~10^{-32}초 사이에 완두콩만 한 우주가 오늘날의 우주 크기로 급팽창했다는 이론이다. 현재까지 밝혀진 우주의 크기는 실로 어마어마하게 크다. 그런데 오늘날의 우주 크기가 되기까지 걸린 시간은 $999/10^{-35}$초, 즉 동양에서 얘기하는 찰나에 불과한 시간에 뻥튀기 같이 커졌다는 것인데 이것이 정설로 되어있으나 믿기 힘든 이론이다.

빅뱅 후 10^{-35}초~10^{-32}초 사이에 우주급팽창이 끝나고 계속해서 우주는 팽창하고 있다. 게다가 최근에는 우주가 가속팽창을 한다고 알려졌다. 과학자들 연구 결과는 빅뱅 후 70억 년부터 가속팽창을 하였다고 한다. 가속팽창이론이 나오기 전 허블의 우주팽창론에 의하면 3억 광년 떨어진 은하의 팽창 속도는 쉽게 얘기하면 1초당 약 7천km이다. 후에 나온 가속팽창 정도는 우주 끝으로 갈수록 더 빨리 멀어지므로 팽창 정도가 이보다 훨씬 클 것이다. 그렇게 10^{-32}초~138억 년을 팽창하였는데 그 팽창 정도는 전체 우주 크기에서 차지하는 부분이 미미하고 우주 팽창(inflation) 때 찰나에 불과한 시간에 오늘날의 우주로 팽창하였다는 것을 믿으라는 것부터 무리가 아닌가? 우주는 신비하고 인간이 이해하는 데에는 한계가 있다고 하지만 도저히 받아들이기 힘들다.

이렇게 이해하기 힘든 수치를 제시하고 아무런 설명을 뒷받침해주지 않는 과학자들을 원망했다. 저자가 전문 과학자라면 자신은 10^{-35}초를 이해하고 있지만 설명하기가 난해하므로 그냥 넘어갔을 수도 있다. 그러나 학문적

인 배경이 없는 나는 그럴 수 없었다. 왜 과학자들은 이 수치에 대하여 아무런 설명조차 하지 않는 것인지 불만스러웠다. 이런 식으로 책을 내면 무책임하지 않은가 하는 생각이 있었지만, 우주에 관심 있는 사람으로 과학자와 일반 사람 사이에서 일반 사람 눈높이에서 복잡한 우주 이론을 쉽게 정리했다는 데에 의미를 두었다. 때로는 전문가의 설명보다 일반 사람의 눈높이에서 먼저 이해한 사람의 설명이 와 닿을 때가 있지 않은가.

2012년 첫 책 출판 후 4년 만에 《우주의 문을 열다》의 원고를 완성하였다. 책 출판이 다가오자 처음의 건방은 없어지고 겸손해져 있었다. 우수도서 선정은 전혀 기대하지 않았고 그저 포기하지 않고 완성했다는 뿌듯함이 몰려왔다. 별의 양면인 '별의 아름다움'과 '우주의 신비' 모두를 섭렵하며 나의 별 인생의 마침표를 멋있게 찍은 느낌이었다. 판매와 상관없이 지금 생각해도 가장 자부심을 느끼는 책이다. 산티아고에서 몸으로 터득한 대로 한 글자, 한 글자, 한 문장, 한 문장씩 쓰다 보니 책이 완성된 것이다.

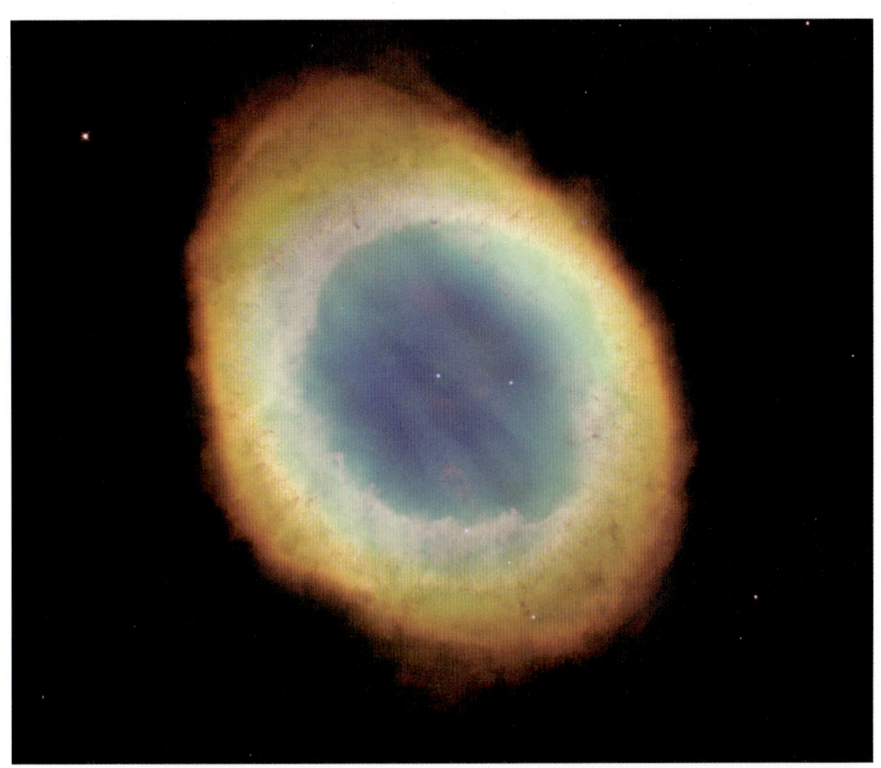

거문고자리에 있는 M57 성운

페르세우스 이중성단

스토리가 있는 은하이야기 스토리가 있는 우주이야기

《우주의 문을 열다》를 쓸 때였다. 어려운 주제에 접근할 때 전문 서적보다 쉽게 풀어쓴 책을 읽으면 쉽게 접근할 수 있었다. 가장 기본적인 내용을 파악하고 그 내용을 바탕으로 접근해가면 어려운 주제를 이해하는데 도움이 된다.

아이들이 읽을 수 있는 책에는 암흑물질을 어떻게 설명하였을까? 암흑에너지와 가속팽창을 어떻게 연결했을까? 우주급팽창과 편평한 우주를 관련 있다고 하였을까? 상대성이론 핵심인 '시공간이 휘었다'를 어떻게 묘사하였을까? 궁금한 것이 너무나 많았다.

그런데 아이들을 위한, 아이들이 읽을 수 있는 우주에 관한 책을 아무리 찾아도 발견할 수 없었다. 그림책 몇 권이 있는 정도이고 아니면 과학잡지가 전부였다. 게다가 체계적으로 설명하기보다는 거의 용어 설명 위주로 되어있었다.

아이들에게 우주를 설명한 단행본이 왜 없을까? 생각해 보니 별자리 책 저자는 우주 이론을 논리적으로 접근하기가 쉽지 않다. 별자리 책을 비롯하여 기초적인 우주를 소개한 책은 꽤 많이 눈에 띈다. 그러나 본격적으로 우주를 소개하며 여러 우주 이론을 체계적으로 연결하는 것은 별자리 이야기와는 사뭇 다른 분야이다. 과학자들이 담당할 몫이지만 과학자들은 아이들을 위한 책을 안 쓰고 못 쓴다. 아동도서는 또 하나의 전문 분야이기 때문이다.

암흑물질(상상도)

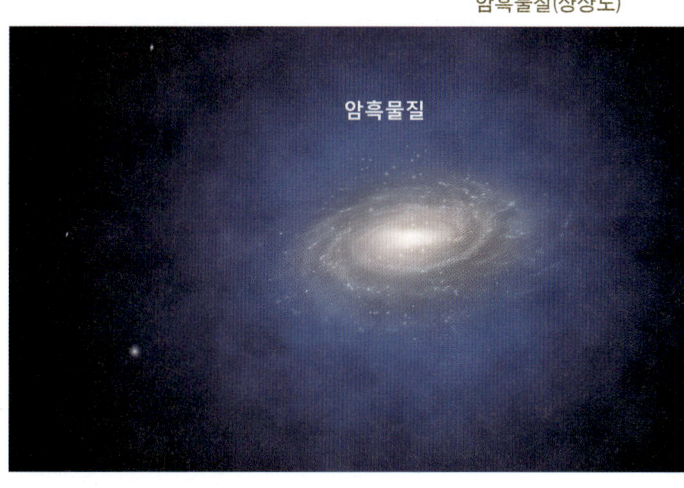

우주의 여러 현상은 서로 연결되어 있다. 그리고 하나의 현상이 발견되면 이것을 기초로 다음 현상을 발견하고 그 이론은 후대 과학자에 의해 또 한 단계 더 나아가고 이렇게 발전해 왔는데 여러 현상을 각각 따로 떼어 설명하면 전체 흐름을 이해할 수 없다. 그런데 아이들이 읽을 수 있는 잡지나 전집 중 우주 편에서는 각각의 주제에 대한 설명과 그림만 나열하였을 뿐, 주제가 연결되어 있지 않았다.

요즘 우주 뉴스 중 핫한 암흑물질, 암흑에너지로 예를 들어 보겠다.

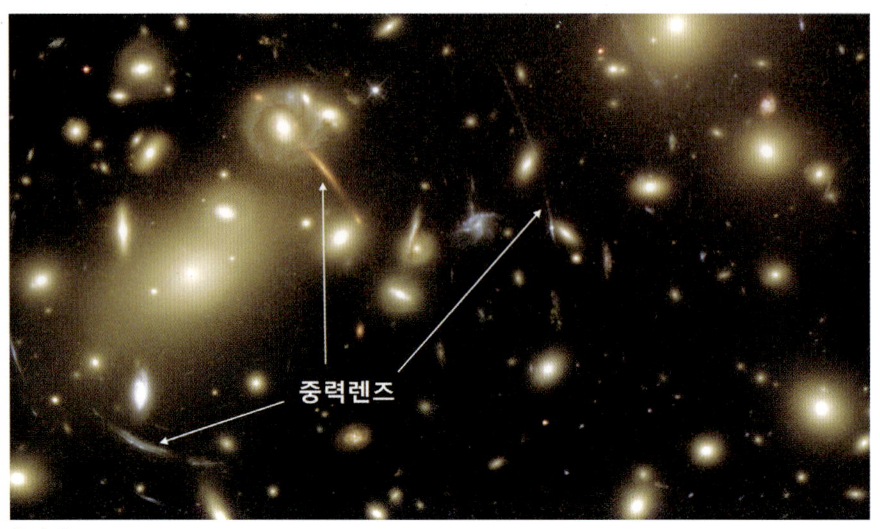

중력렌즈

1. 암흑물질

암흑물질을 설명하려면 17세기 과학자 케플러부터 시작해야한다. 케플러의 제3 법칙은 태양계 행성의 공전주기와 공전반경(태양으로부터 떨어져 있는 거리)에 관한 법칙이다. 태양으로부터 멀리 떨어질수록 공전주기가 길다. 공전주기라는 용어보다 우리가 이해하기 쉬운 표현은 공전 속도이다. 다시 말하면 멀리 떨어져 있는 행성은 천천히 돌고 가까이 있는 행성은 빠르게 움직인다.

그런데 은하를 관측하다 이상한 현상을 발견하였다. 케플러 법칙에 어긋나게 은하 중심에서 멀리 떨어져 있는 별들의 움직임이 예상보다 빨랐다. 과학자들은 뭔지 모르는 힘이 밀어주고 있을 것이라고 가정하고 그 힘의 이름을 '암흑물질'이라 명명하였다.

또 하나의 증거는 아인슈타인의 상대성이론에서 나오는 '공간이 휘었다'는 이론과 연결된다. 허블 우주망원경이 찍은 먼 우주의 사진을 보면 사진을 잘못 찍은 것 같은 허상이 보인다. 허상이 아니라 먼 곳의 은하가 어떤 강한 힘에 의해 빛이 휘어 마치 허상같이 사진에 나온 것이다. 이것을 '중력렌즈'라고 하며 이 강한 힘을 암흑물질이 있다는 또 하나의 증거로 제시한다.

압축하여 설명하면 암흑물질은 케플러의 법칙-케플러의 법칙과 어긋나는 은하의 움직임-상대성이론의 공간이 휘었다-중력렌즈로 연결되어 얽혀 있음을 알 수 있다.

2. 암흑에너지

20세기 초부터 허블의 우주팽창론이 등장하였다. 그 유명한 적색이동(red shift) 이론으로 우주가 팽창하고 있다는 것을 증명한 것이다. 그전까지는 여러 학설 중 우주는 유한하다는 이론이 정설이었고 더구나 그 당시 최고의 우주물리학자인 아인슈타인 역시 유한한 우주를 가정하고 있었다.

그런데 별의 죽음을 신성 그리고 요란한 죽음을 초신성이라 하는데 초신성을 연구하던 과학자들이 이상한 현상을 발견하였다. 가까운 거리의 은하에서 발견된 초신성과 먼 곳에 있는 은하에서 발생한 초신성 빛이 어두워지며 사라져 가는 과정이 서로 달랐다.

이를 토대로 우주가속팽창 이론이 나오게 되었다. 빅뱅 후 빅뱅 에너지는 당연히 감소하리라 예상하였다. 역(逆) 제곱법칙을 거론하지 않아도

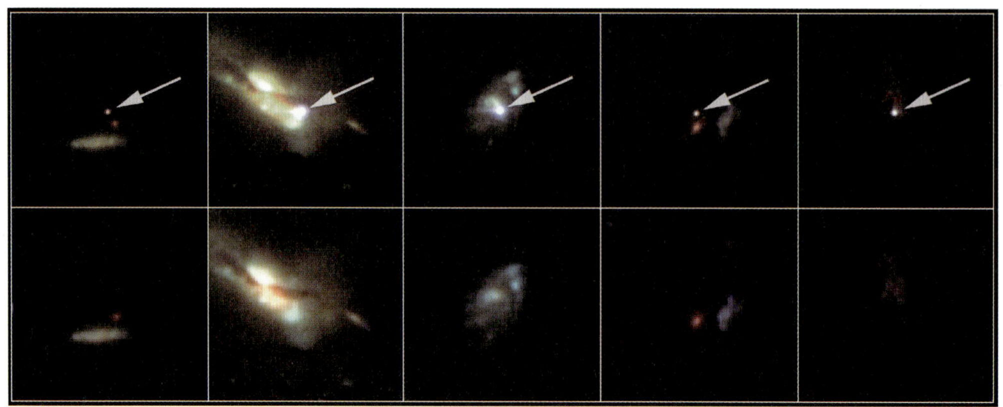

초신성

일정한 빅뱅 에너지는 공간이 커지며 점점 소모되어 어느 시점부터는 우주팽창에 한계가 올 것이라 자연스럽게 받아들였다. 가속팽창이론 발표되기 전까지는 우주 크기가 줄어드는 단계는 아니고 팽창률은 떨어지나 전체적으로는 팽창하고 있으리라 예측하였다. 20세기 초 허블의 우주팽창론이 그 누구도 이의를 달지 않는 정설로 자리 잡고 있었다. 그러다 뜻밖에 가속팽창이론이 나온 것이다. 이 이론의 파장은 충격이었다.

우리가 종래 이론을 뒤집는 획기적인 아이디어나 이론이 나오면 '이것이 사실이라면 천동설과 지동설에 비유될 정도로 큰 사건이다'라는 표현을 자주 하는데 이 경우가 그런 것이었다. 극단적으로 비유하면 하늘로 던진 공이 떨어지다 말고 다시 하늘로 치솟은 정도의 충격적이었다. 이 가속팽창이론은 21세기로 넘어오기 직전인 1998년, 1999년 연달아 발표되었다.

가속팽창 하게 하는 어떤 힘이 있다고 가정할 수밖에 없었다. 이해되

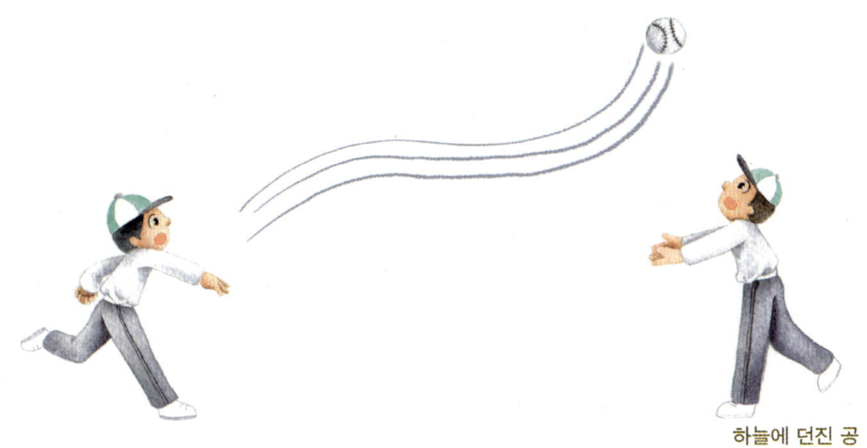

하늘에 던진 공

지 않는 이 힘의 명칭을 일단 '암흑에너지'라 부르기로 하였다. 이 암흑에너지 정체가 아인슈타인의 상대성이론에서 가정한 '우주상수'가 아닐까 하여 지금도 연구 중이다. 암흑물질, 암흑에너지는 우주의 구성과 우주의 형태를 밝히는 열쇠로 발전하며 앞으로 연구할 방향을 제시하는 중요한 과제이기도 하다.

암흑에너지는 우주팽창론-초신성-가속팽창-우주상수가 서로 얽혀 있음을 알 수 있다.

앞서 언급한 대로 어느 한 이론이 독립적으로 인정받는 경우는 거의 없다. 모든 우주 이론은 서로 얽혀 있다. 선대 과학자들이 정립해놓은 이론을 바탕으로 여러 후대 과학자가 조금씩 보완해 가는 중에 뜻밖에 큰 성과를 남기기도 한다. 그런데 이러한 상호 연결 관계가 있는 우주 이론을 아이들이 읽기 쉽게 설명한 단행본이 거의 없는 실정이다.

아동용 도서는 또 다른 전문분야이지만 코스모피아를 15년 운영하면서 아이들과 어울려 지낸 경험을 바탕으로 한 번 써 보기로 하였다. 그런데 의욕과는 달리 아이들이 읽기 쉽게 우주 이론을 설명하는 것은 정말 어려운 작업이었다. 복잡하게 설명하면 이해하기 쉽지 않고 간단하게 하면 그 이론이 왜곡될 수도 있다. 아이들 책을 쓰면서 편집팀과 단어 하나 또는 한 문장을 놓고 고심한 적이 한두 번이 아니었다.

우주가 한 점으로부터 시작하였다는 빅뱅 이론을 설명할 때는 빅뱅과 함께 시간과 공간이 시작되었다는 이론을 어떻게 아이들에게 이해시켜야 할지 난감하였다. 빅뱅 전 우주는 아무도 모른다며 그것까지는 알 필요 없다고 하는 편이 좋은 것인지 아니면 빅뱅 전에는 시간, 공간 자체가 없었으니까 우주, 즉 이 세계가 없었다는 과학자 주장을 인용하여 설명하는 편이 좋은지 판단하기 어려웠다. 시간과 공간 당연히 빛도 없는 세계!

팽창이란 용어가 나를 괴롭혔다. 우주가 팽창하는데 그것도 최신 학설에 의하면 가속팽창을 하는데 이 내용을 이해하기 쉽도록 설명하기 어려웠다. 나도 정확하게는 이해하지 못하고 있다. 우주는 팽창하고 우리는 그대로인가? 아니면 같이 팽창하는 것일까? 북두칠성이 있는 큰곰자리 M81 은하의 거리가 1,000만 광년 떨어져 있다고 한다. 다시 말하면 우리는 M81의 1,000만 년 전의 빛을 지금 보고 있다. 인류의 조상인 호모 사피엔스의 등장보다 훨씬 이전에 M81을 출발한 빛을 보는 것이다. 그러면 1,000만 광년이란 거리는 현재 우리와 현재 M81 은하와 거리인가? 아니면 현재 우리와 1,000만 년 전 M81 은하와 거리인가? 아니면 현재 우리와 1,000만 년 동안 팽창하여 멀어진 은하의 거리인가? 이런 생각을 하다 보면 끝도 없는 미로에 갇힌 기분이 들곤 하였다.

풍선이 부풀면(팽창) 우리는 풍선 바깥에 있으니 팽창을 한 눈으로 볼 수 있다. 그런데 우리는 우주 안에 살고 있으니 팽창을 볼 수 없다. 팽창하고 있는 끝부분의 밖에는 무엇이 있을까? 동양에서는 무(無)의 세계가 있다고 얘기하는데 아무튼 팽창이란 단어 때문에 머리가 쥐가 날 것 같았던 기억이 있다. 나 자신도 명확하게 파악하지 못한 우주팽창론을 아이들에게 설명하기는 처음부터 무리였는지 모르겠다. 현재까지 과학자들이 정립한 우주 이론을 소개하는 수밖에 없는 한계를 느꼈다.

우주 이론을 '은하'와 '우주', 둘로 나누어 《스토리가 있는 은하이야기》와 《스토리가 있는 우주이야기》 2권으로 출판하였다.

2017년, 2018년 연이어 책을 출판하였다. 2016년 《우주의 문을 열다》

스토리가 있는 은하이야기

스토리가 있는 우주이야기

를 출판하고 바로 아동용 책 2권을 2년 연속 해마다 한권씩 출판하게 된 연유에는 재미있는 사연이 있었다. 정부로부터 창작지원금을 받은 것이다. 2017년 한국출판문화산업진흥원(진흥원)에서 도서출판을 장려하기 위하여 최근 도서출판 실적 및 향후 출판할 책의 콘텐츠를 검토하여 출판사에 창작지원금을 주겠다는 캠페인을 벌인 것이었다. 거래 출판사에서는 2012년 우수도서로 선정된 《밤하늘의 문을 열다》 외 몇 권의 책 출판 실적과 현재 아이들이 읽을 수 있도록 쉽게 풀어 쓴 우주 책을 단행본으로 준비하고 있다는 내용으로 신청을 하였다. 이번에도 내 마음은 시큰둥하였다. 상금은 생각보다 많은 5백만 원이나 책정되어 있었다. 그러니 아무리 메이저 출판사는 제외라지만 수많은 출판사에서 모두 신청할 텐데 내가 거래하는 출판사의 최근 실적과 준비 중인 출판 계획으로는 부족하다는 생각이 들었기 때문이었다.

또다시 믿기지 않는 일이 벌어졌다. 준비 중인 아동용 우주 책이 선정되어 5백만 원의 창작지원금이 나온 것이다. 이때가 2월이었는데 그해 말까지 출판을 하는 조건이었다. 갑자기 발등의 불이 떨어졌다.

그런데 아무리 생각을 해보아도 무리였다. 큰 얼개를 잡았기에 구체적인 콘텐츠 내용을 요구하는 진흥원심사를 통과할 수 있었지만 아직 그림, 사진 등이 준비 안 된 상태였다. 더구나 아동용 책은 첫 경험이라 모든 게 서투를 테고, 무거운 주제 '우주'를 아이들에게 설명하자면 생각을 할 것이 많을 텐데 연말까지 출판은 자신이 없었다. 무엇보다 창작지원금을 받아 출판한 책답게 완성도 높은 책을 만들고 싶었다. 또 그래야 내 마음도 편하고 지원해준 진흥원에 대한 도리라는 생각이 들었다.

생각 끝에 '은하'와 '우주' 2권으로 나누기로 하였다. 물론 진흥원에 사전양해를 구했다. 은하와 우주 두 주제를 한권으로 출판하겠다는 계획서를 제출하였지만 완성도 높은 책을 만들기 위해 어쩔 수 없이 두 권으로 나누겠다고 협의를 하였다. 덧붙이길 아이들은 책이 두꺼우면 잘 안 읽는다는 현실적인 이유도 갖다 붙였다. 첫 번째 책 은하는 그해 말까지 출판하기로 하고, 다음 해 두 번째 책 우주를 출판하겠다는 우리 제안이 받아들여져 2017년, 2018년 2권의 책을 마치 시리즈처럼 출판할 수 있었다.

거래 출판사에서도 창작지원금을 모두 출판비용으로 흔쾌히 지원하여주어 《스토리가 있는 은하이야기》와 《스토리가 있는 우주이야기》 2권의 책 모두 아주 완성도 높은 책이 만들어졌다. 나는 본의 아니게 3권의 책이 아닌 4권의 책을 출판한 저자가 되었다.

지인들은 "뭔 책을 1년에 하나씩 뚝딱 만들어 내냐?" 하며 부러워한다. 비결은 간단하다. 내 뒤를 든든하게 받쳐주는 편집팀이 있기에 가능하다. 전폭적인 지원을 아끼지 않는 출판사를 비롯하여 전체를 조율하는 편집장이 중심에 있고 출판 경험이 풍부한 실무담당자가 책의 흐름은 물론 세세한 부분까지 잡아준다. 여기에 우리나라 최고 천문사진작가라 믿어 의심치 않는 사진작가, 여러 아이디어를 제안하는 성실한 그림 작가, 멀리 캐나다에 있지만, 재치 있고 우리와 손발이 잘 맞는 디자이너, 그리고 나와는 50년 지기이며 글솜씨가 뛰어난 친구를 고문으로 영입하였다.

편집팀

이 정도 막강한 진용이 이미 갖추어져 있으니 나는 초고만 만들어 휙 던지면 알아서 책이 나온다. 고마운 친구들이다. 이 팀이 있기에 지금 수필을 준비하면서 즐거운 마음으로 다음 편집 미팅 날을 기다리고 있다. 이런 재미도 없었으면 어떻게 이 지루한 코로나를 견딜 수 있었을까?

어려운 주제를 다룰 때 은하이야기는 둘째 손주인 손녀딸과 대화 형식으로, 우주이야기는 큰 손자와 대화 형식으로 군데군데 넣었다. 잘 알아듣지 못한 부분은 한 번 더 다정한 말투로 바꾸어 설명하는 설정으로 꾸며보았다. 이 부분이 꽤 호응이 있었다. 손주에게 설명해야 하니까 전문용어를 피하여 일상용어로 설명할 수밖에 없는 상황을 설정한 것이다. 한번은 본문에서 딱딱한 문어체 서술형으로 설명하고 질문을 받으면 쉬운 구어체로 설명하여 이해를 도운 것이다. 또 사진과 그림을 많이 삽입하였다. 사진은 쉬어가는 페이지로 멋있는 우주 사진을 삽입하였고 그림은 상상을 돕기 위한 것인데 걸작품이 몇 있었다.

그중 하나를 소개하면, 찰나의 시간에 우주가 뻥튀기로 커졌다는 우주 급팽창(inflation)을 쉽게 설명을 해주고 싶은데 도무지 아이디어가 떠오르지 않았다. 그때 편집팀 그림 작가가 팝콘 그림을 그려왔다. 나도 모르게 '그렇지!' 하고 무릎을 쳤다. 읽는 아이들이 어떻게 받아들였는지는 알 수 없지만, 우리 주변에서 한순간 확 커지는 예로 팝콘이 튀겨지는 장면으로 설명한 것은 지금 생각해도 반짝이는 아이디어였다. 웜홀(wormhole)을 설명하는 그림도 꽤 괜찮은 아이디어였다고 자부하고 있다.

주위 친구와 지인들은 글자도 큼직하고 그림, 사진도 충분해 아주 좋다고 아이들이 아니라 자기들을 위한 책이라며 반겼다. 별의 양면을 한번 훑은 터라 꽤 완성도 있는 책이 나와 나 자신도 흐뭇하였다. 어느 주요 일간지 신간 서적 소개 면에 비중 있게 실려 그런대로 반짝인기를 누리기도 하였다. 물론 판매는 그것으로 끝났지만.

손주가 모두 3명인데 이 두 권의 책은 큰아들 손주가 대상이었다. 책을 출

웜홀

판할 때는 아직 유아티를 벗지 못한 아이들이었는데 어느덧 커서 한글을 깨우쳐 자신이 등장하는 책을 읽고 질문도 한다. 녀석들이 할아버지 선물의 고마움을 알아주는 듯하여 흐뭇하다. 그러다 작은아들 손주가 태어났다. 이 손주에게도 뭔가를 해주고 싶은 마음이 들어 유아용 별 사진 책을 준비하였다. 코로나가 덮쳐 비대면 편집회의를 하자니 진행이 더디고 답답하였지만, 드디어 2021년 8월에 책이 나왔다. 할아버지로서 손주들에게 골고루 책 한 권씩 선물하였다는 뿌듯함이 몰려왔다.

책 내는 작업은 쉽지 않은 여정을 거쳐야 한다. 머리에 있는 생각이 글로 표현되어 한 권의 책이 되기까지는 거쳐야 할 관문이 참으로 많다. 단어 선택도 한 번 더 생각해봐야 하고, 가장 기본인 주어에 맞는 동사가 제대로 연결되었나, 토씨는 정확한지 교정을 여러 번 보아야 한다. 그리고 사진, 그림이 적당하게 배치되었나 검토하고 제목 정하고, 표지 선택하고……. 출구가 보이지 않는 긴 터널에 들어간 느낌을 종종 받는다. 지루하지만 한 걸음 한 걸음 내딛다 보면 저 멀리 출구가 보이고 어느새 목적지에 다다른다.

다호와 함께한 가을 밤하늘 여행

나의 10년에 걸친 책 여정을 무사히 마친 것 역시 산티아고 부스러기라고 굳게 믿고 있다. 그러다 지금은 수필에까지 도전하고 있으니…… 인생은 늦었다 하는 시점이 없다는 것을 새삼 깨닫는다.

남십자자리

오리온대성운

양자역학

뉴턴(I. Newton, 1643~1727)은 근대 물리를 체계적으로 정립한 과학자이다. 우리가 일상에서 보고 느끼는 모든 힘의 법칙을 수학적으로 그리고 체계적으로 정리한 과학자이다. 뉴턴의 가장 큰 업적은 중력의 발견이며 사과가 떨어지는 모습을 보며 중력을 발견하였다는 일화는 교과서에 실릴 정도로 유명하다.

우리 일상에서 보는 모든 움직임은 일차적으로 중력의 지배를 받고 있다. 그 힘은 무척 크지만 우리는 그 힘이 작용하는 환경에서 살 수 있도록 유전적으로 진화하여 전혀 느끼지 못하고 있다. UFO(unidentified flying object 원뜻은 미확인 비행물체지만 통상 외계인이라는 뜻으로 통용되기도 한다)를 믿는 사람들은 외계인이 계속 지구를 염탐만 하고 영화에서 보듯 지구 점령을 시도하지 않는 이유를 중력의 차이 때문이라고 설명한다. 외계인은 지구를 점령해 보았자 중력이 맞지 않아 지구에서 살 수 없다는 것이다.

스쿠버다이빙을 해보면 바로 느낀다. 지구 중력은 1기압이다. 정확하게 말하면 '지구 중력을 1기압으로 정한 것이다' 물속으로 10m 내려갈 때마다 1기압이 추가된다. 심해 다이빙 깊이인 30m로 내려가면 4기압으로 지상보다 4배의 힘으로 물이 우리를 짓누른다. 길어야 1시간 정도 다이빙을 하고 충분한 휴식을 취하면 정상을 회복할 수 있다.

그러나 비록 충분한 휴식을 취해도 몇십 년 다이빙을 계속하면 나이 들어 신경통을 비롯하여 여러 후유증에 시달린다. 제주 해녀들이 노후에 물질 후유증으로 고생이 심하다. 과학적인 물질이 아닌 경험적인 감각에 의존하는 물질이라 더욱더 그렇다. 그 후유증을 예방하고자 과학을 바탕으로 한 올바른 물질 습관을 교육하는 캠페인을 벌이곤 한다. 하여간 압(壓)이 다른 곳에서의 생활은 위험하다.

그런데 이렇게 우리가 일상에서 영향을 받는 중력이 작용하지 않는 새로운 세계가 있다. 바로 미시세계이다. 미시세계의 대표 격인 전자는 중력과 관계없이 독특하게 움직이고 있다. 이런 움직임을 파헤치는 분야를 양자역학(quantum mechanics)이라 부른다. 여기서 '양자(量子)'는 입자를 통칭하는 용어로 전자, 원자, 원자핵, 중성자와 같은 어떤 특정한 입자의 이름이 아니다.

20세기 들어와 과학자들은 우리 주변의 작은 세계를 들여다보기 시작했다. 아인슈타인이 거시세계(巨視世界) 우주를 연구한 대표 과학자인 것처럼 미시세계(微視世界)를 연구한 여러 출중한 과학자들이 있었다. 코펜하겐 학파로 분류되는 과학자들로 닐스 보어(N. Bohr, 1885~1962)와 하이젠베르크(W. Heisenberg, 1901~1976)가 주축을 이루었고 코펜하겐 학파는 아니지만, 또 한 명의 걸출한 과학자 슈뢰딩거(E. Schrodinger, 1887~1961)도 미시세계의 대표 과학자이다.

미시세계란 물질을 이루는 최소단위를 하나하나 파헤쳐 모든 물질을 이루는 근본 물질은 무엇인가를 연구하는 분야이다. 옛날부터 물질은 무엇으로 이루어졌는가는 뜨거운 논쟁거리였다. 물이 모든 만물의 근원이라 주장한 철학자가 있었으며 물, 불, 공기, 흙이 물질의 기본이라 주장한 사람도 있었다. 과학적인 접근이라기보다 철학자의 직관에 의한 것이었다.

그러다 20세기 들어서면서 드디어 오늘날 미시세계 기본 구조인 원자가 있고 전자가 원자 주위를 돌고 있다는 개념이 정립되었다. 여러 과학자의 연구를 토대로 닐스 보어가 기본 개념을 정립하였는데 처음에는 마치 지구가 태양 주위를 돌고 있듯 전자가 원자 주위를 돌고 있다고 생각하였다. 지구가 우주의 중심이 아니고 지구와 이웃 행성들이 태양 주위를 공전(revolution)하고 있다는 사실이 이미 증명되었기에 이렇게 결론 내린 것은 무리가 아니었다. 닐스 보어도 별 의심 없이 그렇게 믿었다.

그러나 닐스 보어는 한 가지가 마음에 걸렸다. 실험을 통하여 알게 된 사실은 전자의 궤도가 일정치 않다는 것이다. 마치 지구가 일정한 궤도로 공전하는 것이 아니라 화성 궤도로 갔다가 다시 태양과 가까이 돌았다 느닷없이 저 멀리 해왕성 궤도에 나타났다 하는 이상한 현상을 발견하였다. 닐스 보어는 거시세계인 우주와 미시세계의 기본 구조가 서로 같다는 데 흥분하여 전자가 궤도를 넘나드는 것을 처음에는 간과하였다고 전해진다. 거시세계와 미시세계가 공존한 것은 이때까지이다.

전자가 궤도를 넘나드는 현상을 보고 미시세계의 역학적인 움직임을 알아내려는 양자역학이란 새로운 학문이 시작되었다. 뉴턴의 물리법칙이 지배하는 이 세계와 또 다른 세계가 발견된 것이다. 미시세계에서의 움직임은 우리가 아는 상식적인 물리법칙과 전혀 달랐다. 이해할 수 없는 현상이 미시세계에서 벌어지고 있는 것을 실험을 통하여 알게 되었다. 전자의 움직임은 한마디로 제멋대로여서 일정한 법칙이 없다는 사실을 알고 나니 전자가 궤도를 넘나드는 것은 이해가 되었지만 왜 그렇게 움직이는지는 알지 못했다. 지금도 알지 못한다. 결론은 의외로 간단하였다.

'전자는 원래 그렇다.'

나는 두 번째 책 《우주의 문을 열다》를 쓰면서 양자역학에서 콱 막혀버렸다. 도무지 이해할 수 없었다. 내가 이해하지 못하는 것을 아는 척하며 쓰지 않겠다고 했으니 함부로 쓸 수 없어 양자역학 편을 빼기로 하였다. 우주를 설명하는데 양자역학이 꼭 있어야만 하는 것은 아니라며 스스로 위안하였지만 아쉬움이 남았다.

빛은 파동 운동을 하는 물질이지만 동시에 입자임이 증명되었기에 입자 이야기를 넣었으면 하는 미련이 계속 남았다. 또 최초의 우주는 빅뱅이론이 현재까지 정설인데 한 점, 즉 한 입자에서 탄생하였기에 입자에 관한, 입자의 움직임에 관한 양자역학을 다루면 좋겠다고 생각했다. 게다가 양자역학을 빼고 나니 전체 논리 전개가 나 스스로 편치 않았다.

전혀 진전을 보지 못하고 있다가 책에서 알아낸 사실이 바로 '전자는 원래 그렇다'라는 것이다.

'그렇구나! 전자는 원래 그렇다고 하니 내가 전자의 독특한 움직임을 논리적으로 설명할 필요가 없네.'

세계적인 과학자도 알아내지 못한 미스터리한 현상이 미시세계에서 벌어지고 있다. 우리 시대 최고 과학자 중 하나인 리처드 파인만(R.P. Feynman, 1918~1988)은 양자역학을 진정 이해한 사람은 아무도 없다고 단언하였다. 나로서는 반가운 얘기였다. 노벨 물리학상까지 받은 20세기 최고 양자역학 전문가가 이해하지 못하였다면 어차피 나는 이해 근처도 못 갈 것이니 마음이 편해졌다. 부담감 없이 내가 이해한 대로 또는 당대 최고 과학자들이 알아낸 그대로 전달해야겠다는 생각으로 다시 양자역학 편을 써나갔다. 그러다 다음 사실이 나를 양자역학에 빠져들게 하였다.

전자총으로 전자를 쏘면 위로 아래로 제멋대로 가고, 심지어 하나가 둘로 갈라지기도 하고 한마디로 일정한 패턴을 찾을 수가 없다. 과학자들은 이해할 수 없는 이 현상을 직접 보기 위해 카메라를 설치하였다. 그리고 전자의 움직임을 관찰하자 더욱더 놀라운 현상이 벌어졌다. 전자는 얌전하게 똑바로 움직이기 시작하였다. 과학자들은 멘붕에 빠질 수밖에 없었다. 전자는 쳐다보면 얌전하게, 안 보면 제멋대로 움직인다는 것은 전자가 의식이 있는 생명체가 아니고는 있을 수 없기 때문이다. 과학자들은 관찰의 의미를 다시 생각하게 되었다. 눈으로 보는 것이 관찰인가? 카메라? 아니면……. 심지어 전파로 전자의 움직임을 추적하기도 하였지만,

모든 방법의 결과는 마찬가지였다. 이 대목이 나를 양자역학에 빠져들게 하였다.

책 쓰는 것은 뒤로하고 양자역학에 관련된 책을 읽기 시작하였다. 도대체 이해할 수 없는 이 현상에 어떤 단서가 있을까 하여 닥치는 대로 읽어 나갔다. 중도에 너무 어려워 포기한 책이 대부분이지만 읽어도 더 정보는 없었다. 결론은 '전자는 원래 그렇다' 이었다.

시와 양자, 종교와 양자역학 등 전혀 어울리지 않는 두 주제로 출판된 책을 발견한 적이 있어 잠깐 읽어보았는데 이해하기는 힘들었던 기억이 있다.

여기서부터 닐스 보어의 '상보성이론(Complementarity theory)', 슈뢰딩거의 '파동방정식(Schrodinger's wave equation)', 하이라이트로 하이젠베르크의 '불확정성원리(Uncertainty principle)' 그리고 막스 보른(M. Born, 1882~1970)의 '어느 위치에서나 전자는 단지 확률로 존재한다'는 확률적 해석(probability interpretation)까지 이어진다.

이해할 수 없는 전자의 움직임을 규명하고자 여러 이론이 나왔고 불꽃 튀는 논쟁이 벌어졌다. 특히 흥미를 끌었던 대목은 거시세계 과학자의 선봉장이었던 아인슈타인은 이 모든 양자역학이론에 동의하지 않았다는 점이다. 1927년 제5차 솔베이회의에 참석한 아인슈타인과 닐스 보어와의 학문적인 논쟁은 두고두고 회자하고 있다. 크게는 거시세계 우주와 미시세계, 구체적으로는 아인슈타인의 상대성이론과 닐스 보어의 상보성이론의 대결이었다고 전해진다.

1920년대 최고의 이슈인 불확정성원리와 상보성이론 그리고 슈뢰딩거의 고양이는 수학적으로 이해도 설명도 불가능하다. 그런데 인문 사회학적으로는 해석이 가능하기에 양자역학의 주류를 이루는 이론과 유명한 일화를 나름대로 해석하고 이해한 점을 소개하겠다. 순수과학을 지향한《우주의 문을 열다》에는 넣을 수 없었지만 버리기엔 아까운 내용이라 생각하였기 때문이다.

1. 하이젠베르크의 불확정성원리

하이젠베르크는 전자의 위치와 운동성, 즉 운동 방향과 운동량에 대해 실험을 하고 있었다. 파장이 짧은 파를 쏘면 전자의 위치는 알 수 있는데 운동성을 알 수 없다. 반대로 파장이 긴 파를 이용하면 운동성은 파악되는데 이번엔 전자의 위치를 알 수 없다. 파장이 짧은 파와 긴 파의 간극을 좁혀도 영원히 평행선을 그을 뿐 결코 전자의 위치와 운동성 모두를 만족시키는 답을 찾을 수 없었다. 나는 입자 위치는 디지털, 운동량은 아날로그 개념으로 이해하였다. 빛과 마찬가지로 전자 역시 입자이면서 파동 운동하는 성질을 가진 물질이기 때문이다.

쉽게 설명하자면 노출을 짧게 주어 나비 사진을 찍으면 나비의 모습이 선명하게 찍힌다. 날개, 더듬이, 발 등을 파악할 수 있다. 그러나 정지 상태이므로 나비의 움직임을 알 수 없다. 이번엔 노출 시간을 길게 하면 나비가 흐르는 듯 찍히며 어느 방향으로 어떤 속도로 날고 있는지 추측할 수 있는데 나비의 모습은 알 수 없다. 불확정성원리는 오차의 한계를 인정한 이론으로 알려지며 여러 사회인문학적인 사고에 응용된다.

양자역학의 최고 논문으로 꼽히는 이 이론은 무엇보다 '이론'이라 하지 않고 '원리'라고 하는 점이 흥미롭다. 이론은 하나의 의견으로 여러 반대 의견이 있을 수 있는 완벽을 향한 진행형을 의미한다. 그러나 원리, 정리, 법칙이라고 하면 더는 반론의 여지가 없는 완벽한 이론이라는 뜻이다. 피타고라스의 정리, 만유인력의 법칙, 케플러의 법칙 등이 그 예이다. 과학발전에 지대한 영향을 끼친 아인슈타인의 상대성이론은 아직도 원리가 아니고 이론으로 분류되고 있다.

하이젠베르크의 불확정성원리는 한마디로 처음부터 양립할 수 없는 모순을 안고 있어 영원히 평행선을 그을 수밖에 없음을 의미한다. 인문사회적인 예로는 여성의 육아와 커리어, 법원판결의 신속과 정확, 고속도로의 스피드와 안전 등을 꼽는다. 고속도로의 제한 속도 시속 100km는 통계적인 해결책이다. 즉, 양쪽 모두를 만족시키는 해(解)가 아니고 통계적 연구 결과 시속 100km면 고속도로 건설의 원래 취지도, 그리고 안전도 어느 정도 만족시킬 수 있다는 의미일 뿐이다.

2. 닐스 보어의 상보성이론

상보성이론은 전자의 위치와 운동성 동시 파악이 불가능하다면 위치를 파악하고 싶을 때는 운동성을 배제하여 알아내고 운동성을 알아볼 때는 위치는 배제하라는 이론이다. 서로 보완하므로 어느 한쪽을 배제하여도 괜찮다는 것이다. 이런 생각이 하이젠베르크와 정면으로 부딪치며 격렬한 토론을 벌였다고 한다. 같은 코펜하겐 학파의 중심인물이며 가까운 동료였음에도 사이가 서먹해져 퇴근할 때 시차를 두고 연구소를 떠났을 정도라고 한다.

빛을 정의하는데 상보성이론으로 풀어보았다. 빛이 입자라는 것을 입증하는 실험을 하면 100% 입자임이 증명된다. 이때는 빛의 파동 진행 성질은 배제해야 한다. 반대로 빛의 파동 진행 성질을 규명하면 완벽하게 파동임이 증명이 된다. 이때는 빛이 입자임을 배제해야 한다. 2가지를 동시에 증명하는 것은 불가능하기 때문이다. 빛은 양립할 수 없는 두 가지 성질을 가진 특수 물질로 정의하고 있다. 이런 특수한 성질이 후에 양자역학의 하이라이트인 중첩(superposition)과 연결된다.

나는 상보성이론을 다음과 같은 예로 생각해 보았다. 신의 존재와 과학은 하이젠베르크의 불확정성원리로 해석할 수 있는 문제는 아니라고 생각된다. 영원히 양립할 수 없는 두 개 사안이 아니고 오히려 상호 보완하는 관계라는 생각이 든다. 우주 물리학자가 평생을 연구하여도 한계를 느껴 마지막에는 신에게 기대었다는 얘기를 종종 듣는다.

과학과 하느님 존재가 서로 반대 개념이 아니라 양립할 수 있다는 전제하에 하나의 예를 들어보자. 독실한 종교인인 어느 우주 물리학자가 생명의 기원을 찾는 프로젝트 일원으로 합류할 생각이 없느냐는 제안을 받는다. 이 경우 두 가지로 생각할 수 있다.

하나는 일언지하에 거절한다. 하느님을 믿고 창조론을 믿기에 생명의 기원에는 관심이 없는 것이다. 이 결정이 올바르냐 아니냐는 여러 이견이 있을 수 있지만 적어도 과학도 자세로는 생각해 볼 여지가 있다고 생각한다.

또 하나는 기꺼이 합류한다. 그리고 주중에는 열심히 생명의 기원 연구에 몰두하고 일요일에는 단정한 옷으로 갈아입고 하느님께 무릎을 꿇는다. 이 경우를 상보성이론의 인문학적 해석으로 풀어보면, 주중에 생명의 기원을 연구할 때는 신의 존재를 배제하고 일요일에 하느님께 기도할 때는 생명의 기원에 대한 생각을 잠시 배제하여도 좋다는 의미로 받아들일 수 있지 않을까? 창조론을 믿으면서 반대되는 생명의 기원을 연구한다고 손가락질받을 이유 없고 하느님을 배신하는 행위는 더더욱 아니기 때문이다. 미국에서도 미션스쿨 중 많은 학교에서 전에는 금기시되었던 다윈의 진화론을 가르친다는 얘기가 있다. 창조론만을 고집할 것이 아니라 진화론을 배우게 함으로 오히려 창조주 하느님께 다가갈 수 있다고 방향 전환한 것이다. 이것도 상보성이론으로 설명될 수 있을까?

3. 슈뢰딩거의 고양이

가장 재미있는 스토리이며 양자역학의 하이라이트가 아닌가 싶다. 1935년 슈뢰딩거가 양자역학의 불완전함을 예를 들어 설명한 실험이다. 양자역학의 모순을 설명하기 위해 고안한 가상 실험이다. 슈뢰딩거는 양자역학 과학자 대다수가 합류한 코펜하겐 학파에 속하지 않았다. 말하자면 프리랜서였다. 일화가 무수히 많은 과학자로 연인과 호젓한 바닷가에 놀러 갔을 때 그의 대표이론인 전자의 움직임을 추적할 수 있는 파동이론과 방정식을 완성하였다는 전설 같은 이야기가 전해온다. 이때 완성한 파동방정식은 오늘날까지 유용하게 사용되고 있으며 그는 파동방정식을 전개할 때 'ψ'(그리스 문자로 '프사이'라고 읽는다)를 사용하였고 슈뢰딩거의 상징 기호가 되었다.

솔베이회의 기념사진을 보면 나비넥타이에 밝은 색 상의를 입고 맨 윗줄 한가운데 당당히 서 있는 사람이 슈뢰딩거이다. 사진으로도 잘 생기고 범상치 않음을 알 수 있다. 1927년 솔베이회의는 두고두고 많은 사람에게 기억되는 회의로 유명하다. 회의에 참석한 27명의 과학자 중 17명

1927년 제5차 솔베이회의

이 노벨상을 받았거나 나중에 받았고 실제로 우리에게 낯익은 얼굴이 여럿 있다. 요즘 인터넷에서 이 사진에 자신의 얼굴을 슬쩍 합성하여 SNS에 올리곤 하는 그 사진이다.

슈뢰딩거는 다재다능한 과학자로 여러 언어에 능통하여 문학과 철학에 깊은 조예가 깊었다고 한다. 인생 후반기에는 과학자라기보다 철학자로 살았고 철학 관련 저서도 여러 권 남겼다. 한가지 덧붙이면 양자역학 관련 과학자가 난해한 미시세계에 철학적인 접근을 시도하였다는 점이 무척 흥미로웠다. 코펜하겐 학파 좌장인 닐스 보어도 대학 시절 전공이 철학이었다. 옛날에는 철학자가 수학자이며 동시에 과학자이기도 했지만 근·현대 와서는 분야별로 갈라졌으나 신비스러운 미시세계를 파헤치는 데에는 과학적인 접근으로는 한계가 있었던 모양이다.

수많은 일화가 있는 슈뢰딩거의 고양이 내용은 간단하다. 상자 속에 고양이를 가두고 안에 독가스 장치를 한다. 독가스가 터져 가스가 나올 확률을 50%로 설정한다. 그러면 일정 시간이 지나고 상자를 열어보면 고양이가 살아있을 확률 50%, 죽어있을 확률 50%이다. 이 내용이 '슈뢰딩거의 고양이'의 전부이다.

여기서부터 양자역학의 이해할 수 없는 이야기가 전개된다. 현실 세계에서는 다시 말하면 뉴턴 물리학이 지배하는 우리가 사는 현실 세계에서는 도중에 독가스가 터져 고양이가 죽었거나 아니면 터지지 않아 고양이가 살았는지를 일정 시간이 흐른 후 '확인하는 절차'를 거친다. 그런데 미시세계에서는 확인하기 전, 즉 관찰하기 전까지 고양이 생사가 결정되어 있지 않다. 고양이는 생사는 바로 문을 열고 보는 순간 결정되며 문을 열기 전까지는 **'삶, 죽음, 그리고 삶과 죽음을 넘나드는 중첩 상태'**가 혼재되어 있다는 것이다.

살아있는 고양이로 예를 드니 '삶과 죽음을 넘나드는 중첩 상태'가 억지라는 생각이 든다. 다른 예로 상자 안의 공으로 설명하면 긴 상자에 공을 넣고 좌우로 흔들다 가운데를 막는다. 그러면 공이 있을 확률은 오른쪽 50%, 왼쪽 50%이다. 내기를 걸었다면 상자를 열고 공의 위치를 확인했을 때 바로 판가름 난다. 공의 위치는 이미 정해진 상태에서 눈으로 확인하는 것이다. 그런데 양자세계에서는 가운데를 막아도 공이 오른쪽으로, 왼쪽으로 왔다 갔다 하며 심지어 2개로 되기도 하는 중첩상태가 존재한다는 것이다. 그리고 상자를 여는 순간 현실 세계로 오면서 오른쪽 아니면 왼쪽에 하나 있는 공이 확정된다는 논리이다.

슈뢰딩거는 양자역학의 모순을 꼬집기 위해 고양이의 예를 들었지만, 결과적으로 신비스러운 양자세계를 가장 잘 표현한 예로 꼽는다. 슈뢰딩거의 고양이를 들어본 적 없이 위 내용을 처음 접한다면 이게 무슨 황당무계한 얘기냐 할 것이다. 그런데 이 내용이 미시세계의 움직임인 양자역학의 모든 것을 대변하고 있다. 미스터리한 내용이 두 가지 포함되어 있는데 하나는 중첩(superposition)이고, 보는 순간 우리 세계로 돌아오는 관찰(observation)이 다른 하나이다.

4. 중첩과 관찰

우리 주위에서 쉽게 발견할 수 있는 중첩의 예는 한옥 구조에서 찾을 수 있다. 대문 뒤에 또 하나의 문을 통해보는 정겨운 모습이다. 직접 보는 것보다 문을 통해 보면 은은한 멋이 있다. 우리 조상의 멋이다. 지금도 덕수궁에 가보면 정문을 통과하면 또 하나의 문이 나온다. 또 하나의 문은 안으로 들어가는데 아무 의미가 없다. 그냥 서 있을 뿐이다. 문을 통과하여 안으로 들어갈 수 있지만, 옆으로 돌아가도 안으로 들어설 수 있기 때문이다. 마치 어떤 상징성이 있는 것 아닌가 하고 자꾸 쳐다보게 된다. 원래 설계가 그렇게 되어있었는지 아니면 또 하나의 문도 옛날에는 옆으로

중첩

담이 연결되어 있어 안으로 들어가려면 꼭 그 문을 통과하지 않으면 안 되었는지는 모르겠다. 어쨌든 정겹다.

현대에 들어서면서 중첩이론은 전기, 미분 방정식, 선형 방정식의 해를 구할 때 사용되었고 특히 건축 분야에서 여러 힘이 동시에 작용할 때 각 구조물에 미치는 영향 계산에 널리 응용되고 있다.

그렇지만 양자역학에서의 중첩이론은 근본적으로 다르다. 바로 관찰과 연결되기 때문이다. 관찰하면 얌전히, 관찰하지 않으면 멋대로 움직이는 전자의 행동을 설명할 길이 없었다. 보름달에 대하여 양자역학에 심취한 과학자들은 달(Moon)로 예를 들어 설명하곤 하였다. 내가 쳐다보고 있지 않으면 있을 수도 있고, 없을 수도 있고, 심지어 2개가 떠 있을 수 있다고 말한다. 단지 내가 쳐다볼 때는 저기에 있을 뿐이라는 논리이다. 뉴턴은 달을 보며 저 달은 왜 떨어지지 않을까 생각하였는데 양자역학 과학자들은 더 엉뚱한 생각을 한 것이다.

이런 주장에 대하여 반(反)양자역학 과학자들은 내가 달을 쳐다보나, 쳐다보지 않으나 달은 그 자리에 있다고 하였다. 또 축구 경기 승패는 관중이 결정하는 것은 아니라는 말로 불쾌감을 표현하였다고 한다.

양자역학 과학자들은 두 가지로 접근을 시도하였다. 하나는 통계적인 접근이었다. 끊임없는 실험을 통해 어떤 패턴을 찾으려고 시도하였다. 또 하나는 몰래 엿보는 방법을 연구하였다. 전자에게 들키지 않고 몰래 볼 수 있다면 이해할 수 없는 전자 행동의 비밀을 풀 수 있지 않을까 해서였다.

통계적으로 접근한 결과 어떠한 일정 패턴을 찾을 수 없어 '어느 위치에서나 전자는 단지 확률로 존재한다'라는 모호한 결론을 내렸다. 부수적인 결론은 '확률 파동을 보려고 시도할 때마다 관측행위 자체가 그것을 방해한다'는 것이다. 막스 보른의 전자 확률이론의 핵심이기도 하다. 확률적인 패턴은 없다는 것을 증명한 셈이다. 그리고 관측과 양자 행동은 밀접한 관계가 있다는 것을 더욱 확실하게 알아낸 것이다.

이 확률론은 아인슈타인의 심기를 불편하게 하였다고 전해진다. **'신은 주사위를 던지지 않는다'**는 유명한 말로 양자역학의 확률론뿐만 아니라 양자역학 자체를 탐탁지 않게 생각하였다. 양자의 이해할 수 없는 움직임에 대해서는 그는 우리 과학이 아직 그 수준에 미치지 못하므로 알아내지 못한 것뿐이라는 주장을 폈다.

이때가 1920년대였다. 확률론도 의미 있는 결론을 내리지 못하였고 몰래 보는 방법은 더 진전이 없자 양자역학 역시 시들해졌다. 그 뒤 제2차 세계대전이 발발하고 1960년대부터 다시 거시세계 우주로 눈을 돌렸다. 미소 대립체제에서 우주로 향한 뜨거운 경쟁이 벌어지며 양자역학은 주목받지 못하였다.

코펜하겐학파에 의한 뜨거운 논쟁 이후 거의 100년이 지난 21세기 들어와 드디어 몰래 엿볼 수 있는 이론이 나왔다. 몰래 엿볼 수 있는 단계까지 온 것은 아니었고, 양자역학의 질서를 무너뜨리지 않은 채 '포획' 그리고 '잡아 가두는' 방법으로 연구하였다고 한다. 2012년 노벨물리학상을 받은 미국의 데이비드 와인랜드(D. J. Wineland, 1944~)와 프랑스의 서지 아로쉬(S. Haroche, 1944~)는 양자역학 컴퓨터의 기초이론을 최초로 시도한 공로가 인정되어 노벨상의 영광을 안았다. 노벨상 소식은 '고양이를 몰래 엿보다'라는 호기심을 유발하는 헤드라인으로 외신에 소개되었다.

이때 살짝 들여다본 양자 세계를 '양자 얽힘(quantum entanglement)'으로 표현하였다. 양자 얽힘은 양자역학의 최신이론이다. 양자 얽힘이 양자 컴퓨터의 기초가 된다고 한다. 노벨물리학상 수상 이유에서도 양자컴퓨터 기초이론 방향을 제기한 공로가 인정되었다는 점을 강조하였다. 이론적으로 양자 컴퓨터는 기존 컴퓨터와 사뭇 다르다. 근본적으로 2진법을 기반으로 하는 기존 컴퓨터와 달리 3진법, 즉 'on', 'off', 'on-off 중첩'의 3진법으로 구성되어 있어 기존의 비트(bit) 대신 큐비트(qubit)를 사용한다. 3진법을 사용한 그 끝은 어디까지일지 아직 정확하게 모르고 있다. 양자역학을 응용한 차세대컴퓨터는 2^3인 8개의 기억소자를 1큐비트로 처리 가능하므로 기하급수적인 능력을 지닌 컴퓨터로 진화될 가능성이 있다고 한다.

하나 예를 들어보면, 3천 명의 홍길동이란 이름의 동명이인 중 우리가 찾는 특정 홍길동을 사람이 찾는다면 하나하나 일일이 대조하여 찾을 것이다. 1번 자료를 보고, 아니면 2번 자료, 3번……. 계속 찾다가 우리가 찾는 홍길동 자료를 픽업한다. 우리 시대의 컴퓨터 역시 찾는 방법은 마찬가지다. 단지 속도가 무척 빨라 사람이 30분 걸렸다면 컴퓨터는 3초 만에 찾을 것이다. 양자컴퓨터는 무한중첩이 가능하므로 3천 명의 자료를 한 번에 보며 0.3초 만에 찾을 수 있다. 바로 양자 얽힘 상태라 가능하다는 이론이다. 무한중첩이 가능하다면 3천이 아니라 3억 명 아니, 그 이상도 한꺼번에 중첩하여 볼 수 있을까?

기존 컴퓨터와는 차원이 다른 양자컴퓨터가 머지않은 미래에 완성될 수 있다고 한다. 2022년 우리 주변에 바짝 다가온 인공지능(AI) 컴퓨터 성능을 보면 깜짝 놀랄 수준이며 더욱 진화할 것이 예상된다. 바둑으로 데뷔한 AI가 의료진단, 법률상담, 자율주행, 배달서비스 외에 목소리만으로 몽타주를 그리는 등 각 분야에 응용되기 시작하였고 우리의 골프 레전드 박세리 선수를 이긴 골프 AI까지 등장하여 우리를 놀라게 하지 않았던가. 그런데 이런 AI가 도저히 쫓아갈 수 없는 성능을 지닌 괴물 같은 양자컴퓨터가 등장할 날이 다가온다 생각하면 오싹해진다.

월식에 떠오르는 붉은 달

각 나라에서는 양자컴퓨터의 진행 상황은 극비 중 극비로 다루고 있어 현재 진척상황은 아무도 모른다. 만약 어느 한 나라가 양자컴퓨터 개발에 뛰어나게 앞서나가 의미 있는 단계에 간다면 기존의 암호체제를 손쉽게 무너뜨릴 수 있다고 한다. 56비트의 비밀암호를 무작위로 찾

상현반달

아낼 때 기존 컴퓨터는 1,000년이 걸리는 것을 양자컴퓨터의 알고리즘을 이용하면 4분이면 가능하다는 언론 기사를 본 적이 있다. (기존 컴퓨터와 양자컴퓨터와 능력 차이가 크다는 의미이지 1,000년, 4분은 크게 의미 있는 숫자는 아닐 듯하다. 앞서 언급한 30분, 3초, 0.3초 역시 차이를 한눈에 느낄 수 있도록 숫자로 표시한 것일 뿐 의미 있는 숫자가 아니다.)

이 때문에 양자컴퓨터 이론은 차세대 기술 패러다임의 주체가 될 전망이다. 신약개발, 우주개발, 의료분야 등에 적극적으로 적용될 전망이다. 마지막으로 양자역학은 우주의 신비를 푸는 데 없어서는 안 될 분야라고 과학자들은 입을 모은다. 20세기 초 한 시대를 풍미하였던 미시세계를 파헤치는 양자역학이 100년 만에 다시 주목받는 것도, 우주 이론과 병행하여 우주의 신비를 푸는 열쇠가 된다는 것도 흥미로웠다.

전자의 이해할 수 없는 움직임, 또 빛의 이중성에 대한 수수께끼도 언젠가 풀릴 수 있을까?

윌슨산천문대 60인치 반사망원경 앞에서

3

안단테

몸이 결정한다

어느 날 갑자기 러닝을 하는 나를 발견하였다. 목표는 소박하게 10km. 그러나 나에게는 나름 엄청난 도전이었다. 어떤 사람에게는 작은 산일지 모르지만, 나에게는 결코 넘을 수 없어 보였던 큰 산이었다. 기록과 관계없이 어느 날 달리고 싶다는 충동이 일었다. 마라톤 마니아인 친구의 권유도 있었지만 새로운 도전 거리를 물색하던 참이라 솔깃했다.

목표는 없었다. 공식 대회에 나가는 게 목표일 수 있고 아니면 10km를 60분 안에 달리는 것도 목표일 수 있다. 목표 달성 여부는 중요하지 않았지만 우선 공식 대회에 나가 남들과 함께 달리는 꿈을 꾸며 시작하였다.

그런데 3일째 되는 날 '머리'가 말을 걸어왔다.

'야, 몸아! 갑자기 안 하던 짓을 하냐?'

'왜? 뛰는 게 어때서?'

'그래도 그렇지, 나와 상의는 해야 하는 것 아니냐?'

'그건 맞는데 너도 당연히 찬성할 줄 알고 있었지. 그래 일단 시작부터 해본 거야.'

'그래, 기특하네. 네 건강에도 좋고 새로운 활력소가 될 터이니 열심히 해봐, 응원할게.'

자연스럽게 합의가 이루어졌다. 그런데 대부분은 이와는 반대이다. 몸과 합의가 이루어지지 않은 채 일방적으로 머리가 먼저 결정한다.

'아! 이대로는 안 되겠다. 뭔가를 시작해야겠다. 그렇지! 러닝을 해보자.'

시작하기 전 가을 호반을 달리는 꿈을 꾸기도 하고 연습하기 전에 결승 테이프 끊는 상상부터 한다. 3일째 되는 날 러닝머신에서 가쁜 숨을 몰아치며 뛰고 있는데 '몸'이 불평한다.

'아! 머리야, 왜 안 하던 짓을 하는 거야?'

'힘들어? 좀 참아. 네게 좋은 것이라 시작하였어.'

'뭐? 난 싫어. 힘들어 죽겠단 말이야.'

'아니야. 그래도 해야 해. 건강을 생각해야지. 이제 나이도 있는데 날마다 술 먹고 있으면 안 돼.'

'난 몰라, 나하고 상의 한마디 없이 시작하다니. 난 안 뛸 테니까 알아서 해.'

작심삼일이란 말이 있다. 우리의 나약함을 표현한 말이다. 남자들의 대표적인 작심삼일은 금주, 금연이라면 여성분들은 다이어트가 많을 테고 남녀 공통이라면 운동이 아닐까 싶다.

위의 대화는 과장하여 썼지만, 대부분의 작심삼일 원인이 머리가 몸과 상의 없이 독단적인 결정을 내린 탓에 몸이 나중에 반발하는 데 있다. 머리와 몸이 합의를 본다는 것도 쉽지 않지만, 이상적인 경우는 몸이 먼저 실천에 옮기는 경우가 아닐까?

그렇게 하여 나의 10km 러닝은 시작되었다. 나이 60세 넘어 새로운 도전이었다. 혹 모를 중도 포기를 차단하기 위해 아예 온 가족에게 공표하였다. 그랬더니 운동 마니아인 작은며느리가 "아버님, 저도 같이해요" 하고 바로 동참하였다. 이어 작은아들도 합류하였다. 작은아들은 미국 시골 조그만 학교에서 고등학교 4년 내내 크로스컨트리 클럽에 가입하여 숲, 들판, 언덕을 누빈 저력이 있었다. 큰아들은 취미가 조깅으로 이미 수준급의 실력을 갖추고 있어 자연스럽게 합류하였다.

얼떨결에 시작한 나의 10km 러닝은 우리 가족 축제의 장으로 변했다. 봄, 가을로 우리는 대회에 참가 신청하여 호반의 도시 춘천을, 여의도 고수부지를, 때로는 도심 한복판을 달리고 달렸다. 나를 뺀 나머지는 모두 하프-마라톤으로 옮겨갔고 큰아들은 1년에 3~4개 대회에 출전하는 본격적인 마니아로 발전하였다. 그래도 내가 출전하는 10km에는 효도 차원에서 모두 동참해 주었다.

무사히 완주하고 나면 끝나기 무섭게 온 가족이 모여 손주들도 함께 먹자판을 벌렸다. 마치 먹기 위해 대회 출전한 게 아닌가 할 정도로 폭풍 흡입을 하였다. 그날만큼은 평소 찜찜해 하면서 먹었던 기름진 음식을 아무 거리낌 없이 먹었고 맥주를 아무리 마셔도 잔소리가 없으니 생일이 따로 없었다. 한없이 행복하였다.

요즘 유행하는 운동 중 가장 핫한 운동을 꼽으라면 단연 러닝이다. 특히 젊은 친구들이 열광한다. 우리 세대는 상상하기 힘든 광경이다. 우리는 무미건조한 젊은 시절을 보냈다고 할까. 공부도 그럭저럭, 10년 넘게 영어를 배우고도 외국인 만나면 말 한마디 못하고, 특별한 취미나 특기도 없고, 더구나 땀 흘리며 하는 운동은 전문적으로 하겠다는 선수에게나 해당하였지 일반 젊은 사람들에게는 먼 나라 이야기였다.

나는 스포츠로 유명한 연세대학교를 다녔다. 스포츠로 유명하다는 의미는 학교가 정책적으로 지원하고 좋은 선수를 많이 확보하여 늘 좋은 성적을 거둔다는 의미, 그것뿐이다. 넓은 운동장과 운동하기 좋은 시설은 늘 그 선수들 차지이고 우리는 라이벌 학교와 경기 있는 날 응원하며 졌다고 한잔, 이겼다고 한잔 그것으로 끝이다. 이렇게 젊은 시절을 보냈으니 나이 들어 만나도 함께 할 수 있는 운동이라곤 없다. 당구장이 최근 인기를 끄는 이유는 그나마 당구가 그 당시 유일한 스포츠(?) 겸 함께 하는 놀이였기 때문이다.

우리 시대 〈러브 스토리〉라는 유명한 영화가 있었다. 주인공 남자가 명문대인 하버드 대학생이면서 동시에 격렬한 운동인 아이스하키 선수였다. 하버드에 다니면 모두 공부벌레인 줄 알았는데 얼굴이 찢어지는 상처를 아랑곳하지 않고 온몸을 던져 시합하는 것이었다. 물론 전문적인 국가대표를 꿈꾸는 그런 선수가 아닌 지역 리그에 출전하는 학교 대표이지만 저렇게 젊음을 던질 수 있다는 자체가 부러웠다. 또 선진국 선수 중 한 사람이 올림픽에서 메달을 땄을 때 장래 희망을 묻는 기자 질문에 지금 대학에서 저널리즘을 공부하고 있다고 자기소개를 하며 장래 종군기자가 꿈이라고 당당하게 이야기하는 것을 보았다. 순수 아마추어 스포츠가 생소한 나에겐 신선한 충격이었다.

이런 젊은 시절을 보내고 결혼하여 가정 꾸리고, 회사 다니고, 늘 여유 없이 쳇바퀴 도는 삶을 보낸 후 나이 들어 뭔가를 해보고 싶은데 이제는 몸이 말을 잘 듣지 않는다. 젊어서 특별히 배워 둔 운동이 없는 나에게 러닝은 최고의 종목이었다. 우선 특별하게 누구에게 배울 필요 없이 러닝 신발만 준비하면 된다. 게다가 장소도 크게 구애받지 않는다. 요즘 한강 주변뿐만 아니라 전국 중소도시에도 러닝 장소는 얼마든지 있다.

러닝을 시작하면서 얻어들은 유머 하나 소개하면, 러닝을 시작한 당신은 앞으로 돈 쓸 일이 많아짐을 각오해야 한다. 봄에 입었던 옷을 가을에 입으려면 안 맞아 새로 사야 하고, 어쩌다 지인 혼사에 참여하려고 해도 헐렁해진 양복 때문에 고민해야 하기 때문이다. 그만큼 러닝은 전신운동에 좋고 자연스럽게 다이어트를 겸할 수 있다.

시합이 열리는 날이면 미리 모여 몸 풀 겸, 축제 한마당이 벌어진다. 아이돌 가수와 유명 연예인이 나와 흥을 돋우며 긴장감을 풀어준다. 같이 춤추며 경직된 몸을 푸는데 중간에 사회자가 "소리 질러~!" 외치면 3만 명의 참가자가 다 같이 함성을 지른다. 수많은 젊은 사람들 사이에서 나도 함께 함성을 지르는 것이다. 그 자체가 행복하였다. 이 순간만은 나이는 숫자에 불과하다는 자신감이 생긴다. 10km를 뛰면서 인상 깊게 남는 기억은 아무도 기록을 물어보지 않는다는 점이었다. 완주했느냐만 물어볼 뿐이다. 이 또한 신선한 충격이었다. 경쟁 관계가 아닌 동호인으로 한마음이 되는 것 같았다.

10km 단축마라톤. 마라톤이라 부르기는 좀 그렇지만 대회 주최 측에서 공식 명칭을 10km 단축마라톤이라 부르며 한껏 대우해 준다. 10km에 불과하지만 나름대로 작전을 짜야 한다. 누구든지 초반 1km를 달리는 10분이 제일 힘들다고 한다. 생리학적으로 피로를 유발하는 젖산이 쌓이기 때문이라고 하는데 쉽게 말하면 몸이 덜 풀린 상태이기에 힘들다.

내 경우는 초반 1~2km가 늘 문제였다. 남보다 모든 면에서 느린 성격이 러닝에서도 드러난다. 전형적인 슬로우 스타터(slow starter)이다. 초반에 오버 페이스를 하면 아주 힘들어진다는 것을 경험하였기에 초반에는 천천히 뛰고 후반에 힘을 쓰는 작전을 세운다. 그러나 말이 쉽지 초반에 다들 "와~!" 하고 나가는데 처음부터 혼자 뒤처지는 게 잘 안 된다. 분위기가 달아오른 상태이고 처음부터 뒤처지는 게 싫어서 초반에 오버 페이스 하기 일쑤였다. 마음속으로는 '천천히, 천천히' 하면서 자꾸 발이 빨라져 낭패를 보곤 하였다.

JTBC 주관으로 도심을 달리는 대회에 참가한 적이 있다. 아들, 며느리가 도심 한복판을 달리면 낯익은 건물이 보이고 늘 보던 거리라 춘천호반보다 힘이 덜 든다며 권했다. 무엇보다 차를 통제하고 길 한복판을 뛰는 재미가 쏠쏠하다는 것이다. 종합운동장 밖에서 출발하여 잠실대교를 건너갔다 돌아오는 코스였다. 몇 번의 경험을 살려 분위기에 휩쓸리지 않고 초반 페이스를 유지하며 천천히 작전대로 잘 나갔다. 컨디션도 좋고 5월의 따뜻한 날씨, 싱그러운 바람 등 모든 것이 좋았다.

잠실대교를 달리며 언제 내가 대교 한가운데를 달려 보겠나 하며 신이 나 있었다. 그런데 반환점이 보였다. 반환점을 돌면서 시계를 보니 30분이 채 안 걸렸다. 10km 러닝의 기본 목표는 60분인데 한 번도 60분 안에 들어와 본 적이 없다. 컨디션도 좋고 초반 오버 페이스도 무사히 넘겼으니 이번에는 달성하려나?

그런데 좀 이상하였다. 너무 빨리 온 느낌이 들었다. 초반 페이스를 천천히 유지하는 데 성공하였다면 반환점까지 기록은 30분이 넘을 것이 예상되었기 때문이었다. 후반전에 피치를 올려 마(魔)의 60분 벽을 깨는 작전인데 반환점까지 이렇게 빨리 올 리가 없었다. 생각해 보니 반환점이 5km, 즉 반($\frac{1}{2}$)이 아니라는 생각이 들었다. 그러니까 우린 잠실주경기장 밖에서 출발하였고 결승선은 경기장까지 들어가 트랙을 한 바퀴 돌고 골인하는 코스였다. 갑자기 기운이 쭉 빠지며 페이스가 흔들렸다. 혹시나 60분 벽을 깨나 하는 그날의 기대는 역시나로 바뀌며 88 올림픽 때 세계적인 선수가 뛰었던 잠실경기장 트랙을 한 바퀴 돌았다는 데 의의를 두며 끝났다.

달리기에 열광하는 가장 큰 이유는 바로 '러너스 하이(runners high)'를 맛보기 위해서이다. 마니아들은 러너스 하이에 이미 중독되었다고 보면 틀림없다. 나는 시작한 지 몇 년 안 되고 짬은 턱없이 부족하지만 여러 번의 러너스 하이를 맛보았다. 그중 한 번의 경험은 너무나 짜릿하였다.

해마다 봄에 열리는 고교 동문 마라톤 때였다. 약 6km 지점부터 나도 모르게 몸이 솜털처럼 가벼워지며 구름 위를 떠다니는 듯 전혀 힘들지 않고 얼마든지 뛸 것 같은 기분에 휩싸였다. 이 상태를 지속할 수만 있으면 마라톤 풀코스도 문제없을 것 같다. 8km 지점쯤 가서 마치 어떤 충격을 받은 듯 탁하고 깨어나면서 '아! 조금 전 상태가 러너스 하이였구나'하는 것을 알게 되었다. 덕분에 2km는 거저 온 기분이다. 문제는 그다음에 급격한 체력 저하가 온 것이다. 이래서 스포츠 과학이 필요한 것이구나 하며 결승선까지 남은 2km는 죽을힘을 다하여 뛴 기억이 있다.

러너스 하이는 꼭 러닝에서만 느끼는 것은 아니고 모든 스포츠에서 맛보는 중독이 강한 맛이라 한다. 내 경우는 산티아고 까미노에서 여러 번 경험한 바 있다. 그때는 그냥 힘들어서 정신이 오락가락하여 생긴 현상으로 알았다. 그렇지만 힘들다는 것을 잊고 뭔가를 골몰히 생각하며 걸었다. 약간 과장하면 걷고 있는 나를 위에서 내려다본 기억도 있었고 말도 안 되는 단어를 중얼거리기도 하였다. 중요한 것은 그 러너스 하이에 빠져있는 동안만은 힘들다는 생각을 잊고 걷거나 뛰었다는 사실이다.

코로나로 모든 대회가 2년째 열리지 않고 있다. 혼자서라도 열심히 운동하면 그만이지 하였지만 역시 대회의 중요성을 깨닫게 된다. 대회 참가가 목표는 아니더라도 대회 날이 다가오면 스스로 컨디션을 조절하게 된다. 무엇보다 몸무게를 줄인다. 몸무게를 1kg 줄이면 그만큼 힘이 덜 든다는 사실을 알았기 때문이다. 그리고 먹는 것도 조절하고 좋아하는 술도 줄이고 대회 열흘 전부터는 술을 입에도 대지 않는 등 나름 노력을 한다. 역시 대회 자체보다 준비하는 과정의 중요성을 새삼 깨닫게 된다.

나는 왜 몸이 먼저 결정하고 머리가 뒤늦게 따라오는 결정을 하는 사람이 되었을까? 나는 인내를 갖고 뭔가를 꾸준하게 하는 것에 약한 사람이다. 약한 정도가 아니라 아주 못하고 그래서 아예 시도조차 하지 않는다. 대한민국 남자라면 누구나 한번은 도전하는 태권도를 한 번도 배워볼 생각을 하지 않았다. 이유는 간단하다. 내가 꾸준히 계속하면서 어느 정도 수준의 단계로 갈 자신이 없었다. 한두 달하다 때려치울 것이 틀림없다는 것을 알고 있기 때문이다.

수영은 개헤엄 약간 벗어난 정도, 스키는 우거지 폼으로 중급코스 겨우 내려오는 수준, 골프는 백돌이(100타)이다. 거의 독학으로 이루어낸 성적표이다. 좋아하는 스쿠버다이빙도 만년 초보 수준. 전문가의 지도를 받으며 꾸준하게 배우고 훈련을 해야 하건만 대충하고 바로 싫증 내기 때문에 어느 경지에 오른 내세울 만한 특기가 없다. 스포츠뿐만 아니라 공부, 취미 등 모든 분야에 걸쳐 조금씩은 하지만 모두 그만그만한 수준이다.

그러던 내가 산티아고 순례길을 걸으며 바뀌었다. 시도하겠다는 생각을 갖게 된 것이다. 비록 시작하고 바로 때려치우더라도 시도를 하겠다는 것 자체가 나에게는 놀라운 변화이다. 그리고는 인내를 갖고 꾸준하게 전진하는 것이다. 전에 없던 일이다. '천 리 길도 한 걸음부터'라는 유명한 격언이 있다. 나는 그것을 살짝 바꾸어 **'천 리 길도 한걸음, 한걸음 가다 보면 언젠가 도달한다'**를 체험하고 온 것이다. 산티아고가 계기가 되어 다시 책 쓰는 작업에 몰두하여 몇 권의 책을 출판하였고 제주에서 땀 흘리며 사는 맛을 진정으로 느끼게 되었다고 생각한다. 10km 러닝 역시 한

걸음, 한걸음 내딛다 보면 언젠가 골인 지점에 도착할 것 아닌가 하여 그냥 시작하게 되었다.

중요한 것은 몸이 받아들인 것이었다. 몸이 먼저 결정한다는 위에 언급한 이야기는 과장한 상황 설정이고 실제로는 머리가 결정하면 몸은 반대 없이 따라와 준다. 그렇다고 산티아고 까미노를 걸으면서 몸이 먼저 받아들인다는 사실을 깨달은 것은 절대 아니다. 산티아고 까미노를 걸을 때는 아무 생각이 없었다. 하루하루 버티기 급급하여 이런 생각을 할 엄두도 내지 못했다. 그때는 가장 원초적인 질문이 끝없이 나를 괴롭혔다.

'난 여길 왜 왔을까? 난 여길 왜 와서 이 고생을 사서 할까?'

'기왕 왔으니 남들처럼 여기에서 여러 가지 얻어가고 느끼고 싶은데 난 왜 그런 감동도 없을까? 남들은 정말로 뭔가를 느끼고 있는 건가?'

이런 생각을 하면서 걷고 있으니 뭔가를 깨닫는다는 것은 생각조차 하지 못하였고 정말이지 그저 하루하루 버티고 있을 뿐이었다. 가장 고통스러웠던 것은 온몸 여기저기가 아프기 시작한 것이다. 아픈 것과 힘든 것은 다르다. 이 당연한 것을 뼈저리게 느낀 것이다. 산티아고 까미노는 힘들다, 힘든 것을 각오하고 가야 한다는 말을 듣고 참고 인내하면 되겠지 하였다. 그래! 이참에 참고 인내하는 것도 배우자 하고 간 것인데 아플 것은 미처 생각하지 못했다. 힘들어도 꾹 참고 한 걸음씩 전진하면 되는데 아프면 한 걸음조차 떼기 힘들다. 나이 들면 힘든 게 아니라 아픈 것이었구나 하는 것을 알았을 땐 이미 산티아고 까미노를 걷고 있을 때였다. 후회막급이었다. 일단 왔으니 중도 포기를 할 수 없고 적당히 다리라도 접질려 부상을 이유로 명분 있는 눈물의 후퇴를 하고 싶다는 생각까지 했다.

SK 하이닉스 朝鮮日報 asics

chosun.com

함께 뛰고 즐기는 가을날의 수채화

10km
이세영 33479
나는 전설이다

춘천마라톤 2만4000명 질주

2017 CHUNCHEON MARATHON 조선일보 춘천마라톤
제71회 전국마라톤선수권대회

산티아고에 다녀온 지 1년, 2년, 3년이 지나도록 몰랐다. 어느 날 달라져 있는 나를 본 것이다. 나이가 들면서 자연스럽게 인내심이 생겼고 꾸준하게 몰두할 수 있게 변한 것이 상승작용을 하면서 지금의 새로운 내가 되었다고 생각된다. 산티아고 부스러기 중 하나였다.

산티아고 까미노를 걸으며 느끼고 얻은 경험을 나는 ‘산티아고 부스러기’라고 부른다.

산세바스티안, 팜플로나

1. 산세바스티안

우리에게는 잘 알려지지 않은 도시이지만 요리를 업으로 하는 셰프에게는 꿈의 도시이자 미식가에게는 성지 같은 곳이다. 스페인 북부 프랑스 접경에 있는 바다를 낀 아름다운 도시이며 대서양의 풍부한 수산물을 재료로 한 각종 음식 특히 해산물 요리가 발달한 곳이다. 미슐랭 가이드에 소개된 레스토랑이 많아 미슐랭 도시라는 별칭이 붙을 정도이다.

산세바스티안

산티아고 까미노 중 북(north) 코스에 있는 도시이지만 북 코스는 정통 까미노인 프랑스 루트보

산세바스티안

다 인기가 없어 순례자가 많이 찾지는 않는다. 남부에 바르셀로나를 비롯하여 그라나다, 세비야가 있고 북쪽을 여행하더라도 빌바오로 향하게 되기 때문에 스페인 여행 중 특별히 관심이 있지 않고는 일반 여행객은 잘 들르지 않는 곳이 산세바스티안이다.

산티아고 까미노에 동행한 작은아들은 미국 정규 대학 졸업 후, 뜻한 바 있어 쿠킹을 배우고 싶다며 요리학교(CIA, Culinary Institute of America)에 입학하여 과정을 마쳤다. 장래 희망으로 셰프를 꿈꾸고 있기에 우리는 처음부터 산티아고 까미노 완주보다 산세바스티안에 들렀다가 팜플로나-이레나에서 출발하기로 계획하고 있었다.

기대하고 도착한 산세바스티안은 유럽 어디에나 있는 소도시 그 자체였다. 도시가 전체적으로 어두운 느낌이고 건물은 낡고 지저분하였으

토르티야
미국과 라틴아메리카에서는 옥수수를 주원료로 만든 얇은 전병을 뜻하지만 스페인에서는 달걀에 감자를 넣어 넓적하게 부쳐 먹는 음식이름 이다. 피자같이 조각을 내어 먹으며 스페니쉬 오믈렛으로도 부른다.

핀쵸

며 도로도 잘 정비 되어 있지 않았다. 좋게 받아들인다면 역사가 있고 고색창연하지만, 날씨마저 흐리고 간간이 비가 뿌렸던 탓에 첫인상은 실망스러웠다.

아들이 셰프 커넥션으로 알아낸 먹자골목에서 이른 저녁을 주문하고 기다리는데 사람이 아무도 없다. 그런데 각 레스토랑, 바, 카페마다 핀쵸, 타파스 그리고 이름 모를 각종 생선 절인 음식을 산더미처럼 쌓아 놓고 있다. 7시 무렵인데 손님은 없고 저 음식을 어찌하려 하나 괜한 걱정이 앞선다.

내일부터 산티아고 순례길 여행을 시작한다는 생각에 맘이 편치 않아 혼자 일찍 숙소로 들어왔다. 오후에 프랑스 보르도를 떠나 기차로 산 세바스티안 역에서 내려 지도를 보니 예약한 오스탈이 그리 멀지 않았다. 약 5km. 내일을 위해 시동도 걸 겸 걸어서 숙소로 향하는데 1km도

못 가 발바닥이 아프기 시작하고 무릎도 시큰거리며 짊어진 배낭 무게로 어깨가 빠지는 것 같았다. 저절로 한숨이 나온다. 본격적으로 시작하면 매일 25~30km를 가야 하는데 맘이 무거웠다. 왼쪽 어깨에 늘 문제가 있는 것은 알았는데 생각지도 않게 오른쪽 어깨마저 아프고 양쪽이 힘을 못 받는 게 아닌가. 당황스럽고 앞날이 캄캄하다. 무엇보다 걷기 싫었다. 걷기 싫을 뿐 아니라 왜 걸어야 하는지조차 모르겠고 뭔가 잘못 돌아가고 있다는 생각이 들었다.

심란한 마음 달래려 일찍 오스탈에 들어와 침대에 누워 이 생각 저 생각하고 있는데 아들이 들어와 밖에 난리도 아니라며 나와 보라 한다. 날이 어두워지고 밤이 깊어가면서 밖의 풍경은 저녁 먹을 때 보았던 모습과 180도 바뀌어 있었다. 집집마다 사람이 넘쳐 골목까지 간이 테이블을 설치하였고 지나다닐 수 없을 정도로 사람들이 꽉 차 있다. 오늘은 수요일, 주말도 아니고 날씨도 꽤 쌀쌀한데 아랑곳하지 않고 많은 사람이 실외까지 북적이고 있었다. 코로나 직전까지 서울에도 을지로 3가에 '노가리 골목'이라 하여 저녁에는 이면도로 전체에 테이블을 펼쳐놓고 맥주와 노가리를 파는 명소가 있었다. 그런데 산세바스티안은 골목도 훨씬 좁은데 더 많은 사람이 붐비고 있었다.

그 많은 먹거리를 준비한 이유를 알겠다. 얘기 들어보니 새벽 2~3시까지 북적인다고 한다. 스페인 사람들은 직장에서 퇴근하면 맥주와 함께 타파스, 토르티야, 핀쵸 등으로 주로 직장 동료와 1차 하고, 저녁은 집에서 가족과 10시쯤 먹고(당연히 술 한 잔 곁들이고), 그 뒤로 3차로 주로 동네 친구와 독한 술 몇 잔 하고 잠자리에 든다고 하니 도대체 언제 일을 하여 이런 강대국을 건설하였을까? 더구나 시에스타 습관까지 있으니 언제 일할까? 산티아고 까미노에서 알베르게 주인이 시에스타라며 종종 자리를 비워 지친 순례자를 멍하니 기다리게 하곤 한다.

내일 일은 내일 생각하고 오늘 밤은 마음껏 취하며 즐기고 싶었다. 그렇지만 도무지 신이 나지 않는다. 내가 선택한 순례길이지만 시작 전부터 자신이 없고 괜한 짓 하고 있는 거 아닌가 하며 후회가 앞서 이러지도 저러지도 못하는 신세가 되었다. 산세바스티안 역에서 오스탈까지 5km 걷고 완전히 기가 꺾였다.

2. 팜플로나

다음 날 팜플로나로 이동하였다.

'Jesus y Maria'

팜플로나

첫 알베르게(Albergue: 스페인어로 '숙소'라는 뜻으로 산티아고 까미노에서는 순례자 숙소로 통한다. 저렴하고 순례자 여권이 있어야만 숙박할 수 있다.) 이름이다. 순례자 여권을 발급받고 방에 들어가니 드디어 실감이 난다. 아! 이제 시작이구나. 팜플로나는 소몰이 축제인 성 페르민 축제로 잘 알려진 도시이다. 그리고 산티아고 프랑스 까미노 중 가장 아름답다고 꼽는 도시답게 고풍스럽고 다양한 색채가 인상적이다. 어둡다는 느낌이 들었던 산세바스티안과는 달리 팜플로나는 나바로 지방 중심도시답게 밝고 생기가 있어 괜히 맘이 진정되는 듯하다.

팜플로나 첫 알베르게

첫 알베르게는 큰길에서 약간 떨어져 있었고 근처에는 바, 카페가 밀집하여 있었다. 어두운 밤이 되자 어디 있다 나왔나 싶게 좁은 골목이 순식간에 사람으로 꽉 차며 산세바스티안과 같은 광경이 벌어졌다. 벌써 두 번째라 익숙하다. 우리도 자리 잡고 이것저것 주문하여 먹고 마셨다. 산세바스티안이 핀쵸와 해산

타파스

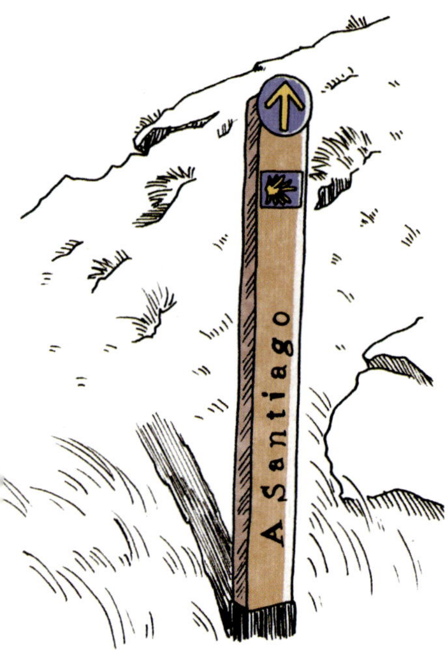

산티아고 까미노

물이 유명하다면 팜플로나는 타파스의 고장이다.

맥주 한잔하려고 했으면 오늘보다 어제가 좋은 날이었다. 어제는 오늘 하루의 여유가 있었던 셈이다. 오늘 일정은 산세바스티안에서 팜플로나까지 버스로 이동 그리고 휴식이니 어제는 좀 무리하여 마셔도 되는 날이었고, 오늘 무리하면 내일 아침 당장 지장 있을 텐데 꼭 이런 날 맥주가 땡긴다. 무슨 조화인지. 그래, 부딪혀 보자! 코끼리 다리 하나 믿고 온 내가 아닌가. 어제 무거웠던 마음이 맥주 몇 잔 들어가자 개운해지며 자신감이 살아났다. 몸은 무리하고 있지만, 반비례하여 투지는 살아나고 있다. 어제와 달리 투지가 살아난 것에 의미를 두고 "한잔 더, 한잔 더!"를 연신 외치고 있었다.

다음 날 푸석푸석한 얼굴로 알베르게를 나섰다. 어젯밤 투지는 온데간데없고 몸은 천근만근 무거웠다. 배낭이 양어깨를 짓누르고 아프지 않던 고관절까지 시큰거리기 시작한다. 역시 무리였구나. 첫날이라 핑계 댈 거리도 없고, 더구나 첫날부터 포기할 수도 없고…… 그저 걸을 수밖에.

한참을 걷고 시외로 빠져나오자 끝없는 평원이 나오며 저 멀리 아득하게 하얀 눈이 살짝 남아있는 산이 보인다. 보였다가 시야에서 사라지고 잠시 후 또 보이기를 반복한다. 설마 저 산을 넘는 건 아니겠지 하며 지레 겁을 먹고 있었다. 불길한 예감은 들어맞는다더니 점점 그 산을 향해 가는 게 아닌가. 언뜻 가이드북에서 본 것이 이제야 기억났다. 용서의 언덕(Alto del Perdon)!

한참 뒤 마침내 언덕을 오르기 시작하였다. 오르막! 한 발 한 발 떼기조차 힘들다. 용서의 언덕 정상까지 가기 전 마치 누구와 잘잘못을 가리기보다 나 자신부터 반성과 참회의 시간을 가지라는 의미인 듯하다. 이런 멋진 생각은 나중에 난 것이고 오르막을 오를 때는 그저 이 오르막이 언제 끝날까 그리고 어제 왜 그리 무리했을까 하며 후회만 하고 있었다. 갈수록 경사는 가팔라졌고 옆에는 윙윙 소리를 내는 풍력발전 날개가 돌아가고 있었다.

드디어 정상에 다다랐다. 사진에서 많이 본 유명한 순례자 형상 조형물

팜플로나 외곽 멀리 용서의 언덕이 보인다.

용서의 언덕

들이 보인다. 왜 용서의 언덕이라 이름 붙인 것일까? 왜 산티아고 까미노 초반부에 있을까? 모든 가슴의 상처와 마음의 짐을 털어놓고 가라는 의미일까? '별들이 바람에 따라 흐르는 길을 지나'란 글이 기념비에 쓰여 있다.

'아! 이런 게 산티아고 순례길이구나.'

첫날, 그것도 첫날 여정이 끝나지도 않았지만 까미노 참맛이 이런 것이겠구나 하는 느낌이 어렴풋이 왔다. 내려다보니 우리가 걸어온 길이 꼬불꼬불 보이고 저 멀리 팜플로나 외곽이 보일 듯 말 듯 했다. 시원한 바람 맞으며 뭔가 해낸 기분이 들었다. 숙취도 사라졌고 기분이 상쾌하다. 역시 오길 잘했다는 생각과 함께 자신감이 살아나며 용서의 언덕 위에서 투지가 충전되고 있었다. 아! 산티아

용서의 언덕 위에서

고 까미노에 내가 왔노라고 소리치고 싶었다.

오르막이 있으면 이제 내리막이다. 당연히 내리막은 힘들지 않겠지 하고 가벼운 마음으로 내려가기 시작하였다. 그런데 만만치 않았다. 경사가 아찔하게 급하고, 크고 작은 돌이 길에 널려있다. 공사 중인가 싶게 길이 편치 않았다. 뜻하지 않은 복병을 만난 것이다. 내리막에서 크고 작은 부상을 입기 쉽다는 말을 떠올리며 오르막이 더 좋았구나 하는 말도 안 되는 생각까지 스쳤다.

게다가 발목 안쪽 복숭아뼈 튀어나온 부위가 신발에 쓸려 아프기 시작했다. 진즉부터 아팠지만 평지를 걸을 때는 버틸 만하였는데 내리막길에서는 그 부위에 힘이 쏠리자 본격적으로 통증이 온다. 잠시 쉬며 신발을 벗어보니 피가 흐르고 처참하게 까여있다. 급한 대로 일회용 반창고를 붙이고 다시 걸었지만 열 발자국도 못가 반창고는 다 벗겨지고 말았다. 앞을 보니 언덕이 끝나려면 아직 멀었다.

조금 전 '잘 왔다'에서 순간적으로 '왜 왔을까'로 변하였다. 그런데 앞으로 순례길을 걸으며 이 두 가지 생각이 무수히 교차할 것 같은 예감이 들었다.

영원히 갈 수 없는 도시 나헤라

아침에 눈을 뜨니 몸의 이상이 느껴진다. 주먹이 쥐어지지 않을 정도로 손발은 부었고 거울을 보니 얼굴이 노랗다. 눈을 크게 뜨고 흰자위를 살펴보니 노란색이 비치는 것 같았다.

'혹 황달?'

정말 하늘이 노랗게 보였다. 힘들고 괴로웠다.

아들이 걱정스러운 눈으로 바라보았다.

"갈 수 있겠어? 오늘은 30km가 넘는 코스인데."

"그렇다고 여기서 쉬기도 그렇고. 일단 가 보자."

로그로뇨 타운은 '라 리오하' 지방 중심도시이긴 하여도 하루 더 묵고 갈만한 매력은 없는 곳이었다. 흔한 유럽 농촌 도시이며 무엇보다 적막하다. 일단 길을 나서보자 하고 걷기 시작하였지만 며칠 동안의 피로가 누적되어 길 나서자마자 후회가 몰려왔다.

자고 나면 그래도 약간은 충전이 되어 생각 없이 걷다가 좀 쉴까 하면 10km는 와 있어야 하는데 오늘은 2~3km부터 걷는 걸 의식하고 있는 나를 발견한 것이다. 다른 생각을 하며 유쾌하게 걸어야 자기도 모르게 몇 km씩 걷게 되는데 몇 걸음 걷지 않고 계속 얼마나 왔을까를 의식하니 지루하고 더 피곤하기만 하였다. 아들도 며칠 동안 하루에 25km 정도를 계속 걸은 후유증으로 발바닥에 온통 물집이 생겨 터지고 까여 절뚝거리며 걷는다.

늘 나보다 빨리 걸으며 앞에서 나를 독려하던 아들이 나보다 뒤처져 있으니 나도 처지고 아들은 더 처지는 최악의 날을 맞이한 것이다. 그동안 시간당 4km는 유지하였는데 오늘은 잘해야 3km 정도이니 막막하다. 그래도 걷고, 또 걸었다. 점심도 간단히 하고 걷고, 또 걷고. 이제는 거의 왔겠지 하는 기대를 하지만 아직 꽤 많은 거리가 남았다는 것을 마음속으로는 알고 있다. 어느새 해는 기울기 시작하였고 3월의 찬 공기가 몰려오고 있었다.

그러던 중 조그만 마을 하나를 지나게 되었다. 드문드문 작은 타운이 있지만 비시즌에는 아무도 없는 적막한 도시로 순례자가 쉴 수 있는 공간이 전혀 없다. 그런 마을인가 보다 생각하고 그냥 지나쳐 약 2~3km를 걷고 도저히 더 버티지 못하고 드넓은 벌판에 있는 헛간에 주저앉고 말았다. 도대체 우리가 오늘 밤 묵을 도시인 나헤라가 얼마나 남았는지도 모르고 걸으니 더 답답하다. 우리는 말없이 주저앉았고 주위를 둘러보며 혹 노숙할 수 있을지 살펴보는데 3월 초라 아직은 노숙하기 어려웠다. 헛간은 굳게 잠겨 있고.

그때 3명의 일본 대학생과 스페인 친구가 저 멀리 보였다. 일본 대학생 모두 물집으로 상태가 좋지 않아 우리보다 뒤처졌고 산티아고 까미노를 2번 걸었다는 스페인 친구는 길에서 일본 친구들을 만나 같이 걷고 있었다. 기다렸다가 스페인 친구에게 물어보았다.

"앞으로 얼마를 가야 나헤라가 나오니?"

"대략 10km는 가야 할걸."

"뭐라고? 나는 한 발자국도 못 움직이겠는데 10km 남았다고?"

한 대 후려칠 기세로 아무 잘못도 없는 스페인 친구를 노려보자 그가 말했다.

"그렇게 힘들면 조금 전에 지나친 타운에서 하루 묵지 그랬어?"

"뭐? 그 타운에 알베르게가 있었단 말이야? 못 보았는데."

"길에서 2블록 남쪽에 있다는 안내판이 보이더라고. 오픈했다던데."

난 되돌아갈 결심을 하였다. 앞으로 10km를 가느니 3~40분 정도만 되돌아가면 쉴 공간이 있다니 기쁘기 그지없었다. 드디어 끝없을 것 같은 오늘 일정을 마무리할 기쁨에 가벼운 흥분까지 느끼면서 지나가는 말로 물었다.

“그런데 너희들은 몸 상태가 안 좋아 보이는데 왜 거기서 쉬지 않고 계속 가니?”

스페인 친구가 답하였다.

“응. 일본 친구들 물집이 심한데 나헤라의 약국에 가려고. 거기 가면 물집 치료에 아주 좋은 약이 있어.”

물어보지 말았어야 할 것을 물어보았다는 불길한 예감이 스쳐 지나갔다. 여긴 딴 것은 몰라도 물집 치료제는 잘 발달하였다. 물집으로 고생하는 아들과 눈이 마주쳤다.

“아버지, 갈 수 있겠어요?”

“난 돌아갔으면 좋겠는데.”

“그래요, 돌아가지요.”

“아니다. 계속 가자.”

“아버지, 무리 아니야? 아직도 안색이 안 좋은데.”

우리는 서로를 위하는 마음으로 옥신각신하였다.

“가자. 가서 물집을 치료해야지. 앞으로 남은 날이 많은데. 좀 쉬었더니 괜찮아졌어.”

우린 다시 걷기 시작하였다. 그 후 2~3km를 걷다 이정표를 보았다. 나헤라 방향을 가리키는 화살 표시와 함께 그 밑에 쓰인 숫자를 보고 나는 경악하였다. 11km! 다리에 힘이 죽 빠지며 털썩 주저앉고 말았다. 머리가 복잡하였다.

'돌아가? 안 되지. 이미 그 타운으로부터 적어도 5km 넘게 지나왔는데. 그럴 바에는 계속 가는 게 낫지.'

그런데 11km를 지금 컨디션으로 간다면 시간당 3km, 지금 3시, 그러면 6시가 넘어야 들어간다. 뭐가 잘못되어 이 지경이 되었는지 혼란스럽다. 울고 싶은 심정이라는 것이 이런 것이구나. 실제로 산티아고 까미노를 걷다 너무 힘들어 우는 사람이 있다는 얘기를 들었는데 내가 그 일보 직전까지 간 것이다. 둘은 아무 말 없이 배낭을 짊어지고 걷기 시작하였다. 지나쳐 온 알베르게가 자꾸 떠올랐다.

'바로 찾았다면 지금쯤 샤워하고 와인을 곁들인 디너를 먹고 있을 텐데…….'

'아까 되돌아갔어도 지금쯤 도착하여 짐 풀고 있을 텐데.'

그러다 보니 내면 깊은 곳에서 분노가 치밀어 올라왔다. 화가 나서 입술을 지그시 깨문 채 거친 숨을 쉬기 시작했다. 그간 느낀 불편한 점 하나를 꼽자면 그날 코스에 알베르게를 오픈한 타운이 있는지 미리 알 수 없다는 것이다. 인터넷이 우리처럼 잘되어 있지도 않고 더구나 시골 한적한 곳이어서 그런 안내를 기대하는 것부터 무리다. 간판이 있었어도 스페인어가 익숙하지 않은 내 눈에 안 띄었던 탓도 있겠지만.

'해마다 몇만 명의 순례자가 오건만 통신이 원활하지 않아 이런 불편을 겪게 하다니. 정부는 뭐 하는 거야?'

'그 알베르게도 그렇지 영어로 안내를 하던가, 네온사인이라도 번쩍번쩍하게 해 놓아야 찾지. 장사해서 돈 벌긴 다 틀렸다.'

조금 전 친절하게 더 가야 할 길 알려준 스페인 친구에게도 원망을 퍼부었다.

'나헤라까지 14~15km 남았는데 10km 남았다고? 그때 14~15km 남았다고 했으면 무조건 되돌아갔을 것 아닌가. 제대로 알지도 못하고.'

1차로 마구잡이로 원망을 퍼부었다. 그래도 좀처럼 분노가 가시지 않았다. 누구라도 말 걸어오면 무조건 싸울 태세였다. 물집 때문에 나헤라까지 가야 한다는 생각에 아들이 원망스럽고, 나에게 산티아고 순례길을 가라고 옆구리 찌른 예쁜 제주댁도 원망스럽고, 심지어 이 순례길을 통해 복음을 전한 야고보 성인까지 원망스럽기 시작하였다.

말도 안 되는 원망을 퍼붓다 문득 사방을 둘러보니 끝없는 초원만 보이고 해는 점점 기울어가고 시시각각 기온은 떨어지기 시작하였다. 우리 시대 최고의 영화로 꼽는 〈스타워즈〉에 이런 대사가 나온다.

'분노의 힘을 느껴봐라. 어둠을 뚫고 나오는 거역할 수 없는 분노의 힘을 온몸으로 느껴 보아라.'

분노의 힘! 좋은 것은 아니지만 분노의 힘 덕분에 힘든 거 잠시 뒤로 하고 1시간 정도는 온 거 같다. 갑자기 찬바람 불면서 깨어나는 느낌이 들며 곧바로 반성의 시간이 밀려왔다.

'그래! 남 탓해 뭐해. 다 내 잘못이지. 환갑 넘어 갈 여행이 따로 있지. 남들 간다고 덜커덕 산티아고 순례길을 택하다니…… 이런 고생, 싸다 싸!'

'너 스스로 생각해봐. 종교적인 갈망이 있어 온 것도 아니고 그렇다고 뭔가를 얻으려고 온 것도 아니고 넌 그냥 산티아고 갔다 왔다고 자랑하려고 온 거 아니냐. 맞지?'

스스로 자책하다 보니 후회가 밀려온다. 정말 그랬던 거 같았다. 남들 가니 나도 한번 가 보자 하는 단순한 결정으로 목표 의식 없이 온 것이었다. 마음 깊은 곳에 숨겨 놓았던 비밀이 드러나는 순간이었다. 부끄럽기도 하고 나 자신이 한심하다는 생각에 몸 둘 바를 모르겠다. 후회와 회한에 젖다 보니 그럭저럭 또 1시간이 흘렀다.

분노를 1단계라 하면 2단계는 후회라 할 수 있고 마지막 단계는 기원

하는 시간이었다. 저절로 하느님을 찾게 되었다. 이 멈추지 않는 고통에서 벗어나게 해 달라는 기도를 드리고 있었다.

'화낸 거 용서해 주시고, 자랑하려고 여기 온 것도 맞으니 제발 이제 끝내게 해주세요. 너무 힘듭니다.'

갑자기 저 멀리 마을이 보이기 시작하였다. 우리가 갈 나헤라는 아니라는 것은 분명한데도 기도를 올리고 있었다.

'제발 저 앞에 보이는 마을이 나헤라 외곽에 있는 집이고 나도 모르는 사이에 가까이 온 거로 해 주셨으면 좋겠습니다. 저기가 나헤라 맞지요?'

그러나 나의 간절한 바람과는 반대로 방향이 살짝 바뀌며 조금 전 보이던 마을 집들은 멀어져 갔다. 그래도 이번엔 누구도 원망하지 않았다. 약간 오르막길이면 언덕 위로 길의 끝이 보인다. 저기까지 가면 멀리나마 나헤라의 외곽이 보이기를 간절히 기도하며 갔다. 그러나 언덕 위에서 본 펼쳐진 모습은 또 끝없이 이어진 길, 길, 길 뿐이다. 이제 주변은 어둑어둑해지며 갈 길 바쁜 순례자를 재촉하기 시작하였다.

문득 스쳐 지나가는 생각!

'나헤라는 꿈의 도시로 현실에는 존재하지 않는 도시가 아닐까? 영원히 갈 수 없는 마을. 그렇지 않고는 이렇게 걷고 또 걷는데 안 나올 수 있단 말인가?'

'결코 도달할 수 없는 상상의 도시 나헤라를 쫓는 한 마리 부나비 같은 신세가 된 것 아닌가?'

' 우리 삶 자체가 평생 이룰 수 없는 꿈을 찾아 부질없이 세월만 보내는 것은 아닌가?'

어쨌거나 지금 내가 할 수 있는 일은 마지막 힘을 짜내어 한 걸음, 한 걸음 내딛는 것뿐이다.

'이렇게 한 걸음 한 걸음 걸으면 언젠가, 언젠가는 도착하겠지.'

나헤라는 꿈의 도시가 아니었다. 어둑어둑해져서 겨우 도착한 나헤라

때로는 마을 지나다 소 떼를 만나 잠시 쉬기도.

는 늘 있던 그 자리에 있었다. 양자역학 과학자들 주장대로 내가 나헤라에 도착하니까 존재하는 도시인지 모르겠지만 아무튼 나헤라는 거기 있었다. 그런데 나헤라에 도착한 것이 너무너무 신기하였다. 한 걸음 한 걸음 걸으면 언젠가 도착하겠지 하며 걸었지만, 결코 나헤라에 도달하지 못한다고 생각하였는데 정말로 온 것이다.

'한 걸음 한 걸음 걸으니까 언젠가 도착하는구나.'

마치 위대한 진리를 깨우친 듯 당연한 얘기를 의미 있게 중얼거렸다.

그런데 갑자기 생각난 한 가지. 아침부터 날 괴롭히던 황달인가 싶던 증상은 온데간데없이 사라진 것이다. 힘든 하루를 보내면서 신경 쓸 틈이 없어 그랬는지 저절로 없어져 버린 것이다. 이럴 수 있는 건가? 분노, 후회, 기도가 뭔지 모르는 불편함을 이겨낸 것일까? 정신 집중하면 바위도 깬다는 얘기가 있지만 지금 생각해도 너무나 신기하다.

짐

짐! 산티아고 여행 짐은 세면도구부터 갈아입을 속옷, 겉옷, 양말, 타올, 산티아고 까미노 필수품 슬리핑백, 간편한 신발, 개인 기호품, 약 등등 꼭 필요한 것들이다. 짐이 없으면 당장 하루하루 생활이 불편할 수밖에 없다. 그런데 '짐'이란 단어는 늘 부정적으로 쓰인다.

친구가 유럽 여행을 갔을 때 발생한 에피소드를 들려주었다. 항공사 실수로 짐이 도착하지 않는 낭패를 당한 것이다. 어이없었지만 뾰족한 방법이 없어 간단한 물품 몇 가지만 마트에서 마련하고 조그만 백 하나 들고 다녔는데 그렇게 편할 수가 없었다는 것이다. 그러다 기다리던 짐이 오는 순간 짐이 짐스러웠다고 한다. 충분히 공감 가는 얘기 아닌가.

'나는 당신의 짐이 되겠습니다.'

이런 말은 들어 본 적이 없다. 이 말은 '나는 당신이 살아가는 데 없어서는 안 될 물건과 같은 소중한 사람이 되겠습니다'라는 의미일 텐데 우리는 이런 말을 쓰지 않는다.

그런데 우리는 늘 '짐'이란 단어를 다음과 같이 사용한다.

'내가 너희들 짐이 되어서는 안 되는데…….'

성경에도 이런 유명한 구절이 있지 않은가?

'수고하고 무거운 짐 진 자들아 다 내게로 오라 내가 너희를 쉬게 하리라.' (마태복음 11장 28절)

산티아고 까미노에서는 짐을 얼마나 줄이느냐가 최대 관건이다. 짐의 무게를 남자는 10kg 내외로, 여자는 8kg 내외로 할 것을 권장한다. 여행하다 보면 여자들 짐이 일반적으로 많은데 남자보다 더 줄여야 한다는 것은 좀 잔인하다는 생각이 들었다.

산티아고 까미노에 다녀온 후 종종 이런 질문을 받는다. 짐은 어떻게 준비하였으면 좋겠냐? 뭘 꼭 갖고 가야 하는지 등이다. 정답은 있을 수 없다. 내 대답은 간단하였다.

"이것저것 갖고 가 보세요. 가서 필요 없으면 버리면 되니까."

개인적인 기호는 제쳐 놓더라도 경험한 계절이 다르고 비수기, 성수기 따라 다르기 때문이다. 예를 들면 누군가 스패츠가 산티아고 까미노에서 꼭 필요하다고 강조하여 준비하였는데 전혀 필요한 것이 아니었다. 그

렇게 말한 사람은 스패츠가 없어 고생하였는지 모르겠지만 본인 경험을 일반화하면 안 된다.

그런데 버리는 재미가 그런대로 쏠쏠하다. 나는 대략 12kg에서 시작하였다. 추운 계절이고, 추위를 타는 나이가 되어 뭔가 버리고 싶은데 도저히 줄지가 않았다. 그러다 빡센 날 된통 당하고 나서 분노가 치밀어 올라오며 버리기 시작한다. 다른 순례자들도 마찬가지로 초기에 아주 힘들었던 날을 경험하고 버리기 시작한다.

내 경험으로는 짐을 버리는 3단계가 있다는 것을 알게 되었다. 첫 단계는 마구 버리는 단계이다. 무조건 개수를 줄이는 방법이다. 혹시 몰라 대여섯 장씩 갖고 온 위아래 속옷을 2~3장만 남기고 다 버린다. 손수건, 양말, 티-셔츠, 타올 등 여러 개 갖고 온 것들을 무조건 개수를 줄여나간다.

또, 아들과 겹치는 물건은 하나만 남기고 버릴 수 있었다. 치약, 로션, 면도기 등 주로 세면도구가 대상이었다. 산티아고 까미노에서는 불문율 같이 통하는 것이 하나 있다면 샴푸 하나로 모든 것을 해결한다. 머리 감는 건 물론, 샤워, 세수, 손빨래 모두 샴푸 하나로 해결한다. 많은 여성 순례자들이 제일 먼저 버리는 것은 화장용품이다.

어느 날 아들은 갑자기 화난 표정을 지으며 팬츠 서너 장을 버리는 게 아닌가. 나에게 어제 한 얘기가 기억났다. 대단한 발견을 한 표정으로,

"갖고 온 짐을 뒤져보니 팬츠를 7개나 갖고 왔지 뭐야. 그래, 생각한 것이 1개를 3일씩 입고 버리면 빨래할 필요 없이 보름 이상 버틸 수 있어. 하하하!"

그러던 아들이 여러 개를 버리며 하는 얘기,

"오늘 다시 생각해 보니 버릴 때까지 이것들을 지니고 다녀야 하잖아."

오늘 어지간히 힘들었던 모양이다. 팬츠 1장 무게는 얼마 되지 않지만, 이것저것 모아 500g만 줄여도 하루 5~6만 보를 계속 걸을 때는 얘기가 달라진다. 배낭 무게가 10kg 정도지만 시시각각 온몸으로 느끼는 무게는 대단하다. 10km를 지나면서는 1km 걸을 때마다 1kg씩 늘어나는 듯 뻐근해진다. 배낭 무게가 천근만근으로 느껴지면서 어깨가 빠져나갈 것 같이 힘들면 별 방법을 다 동원한다. 배낭끈을 양손으로 당겨 어깨 부담을 줄여

도 보고, 팔꿈치로 배낭을 메기도 하고 스틱을 이용하여 어깨 부담을 줄여 보기도 하고 별의별 방법을 다 써보아도 무게는 점점 늘어난다.

배낭 짊어질 때 바른 자세가 있다. 끈을 조여 등에 달라붙게 하여 허리 부담을 주지 않는 자세를 전문가들이 권한다. 반대로 배낭 짊어질 때 잘못된 자세는 배낭끈을 늘어뜨려 무게가 아래로 축 처지게 하여 허리에 부담 주는 자세다. 알면서도 막판에는 이 나쁜 자세로 계속 간다. 잠깐 서서 바로 잡고 가야 할 텐데, 가야 할 텐데 하면서 멈출 수가 없다. 하긴 이때쯤 되면 혼미해져서 무겁다는 느낌도 가물가물해진 상태이긴 하다. 패잔병 자세가 나온다. 오죽하면 총을 버릴까?

초반에는 뭘 버릴 수 있을까만을 종일 생각하며 걸은 적이 있었다. 그러니 뭔가 깨달음을 얻고 간다는 것은 언감생심이었다. 친구 부인이 내 산티아고 얘기 중, 종일 버릴 것 생각하였다는 일화가 가장 인상에 남는다고 하여 같이 웃었던 기억이 있다.

2단계는 뭔가 생각하며 버리는 단계이다. 더 없을 것 같은데 생각하고 고민하니 또 버릴 것이 떠오른다. 사람은 생각하기에 존재한다더니 쥐어짜니 아이디어가 떠오른다. 마구잡이가 아니라 보다 체계적으로 생각하기 시작한 것이다.

'나는 무엇이 꼭 있어야 하는가? 남들은 없어도 그만이지만 나는 꼭 있어야 맘이 편한 게 무엇일까? 반대로, 남들에게는 꼭 필요하지만, 나에게는 있어도 그만 없어도 그만인 물건이 있을까? 있다면 무엇일까?'

뭘 더 버려 조금이나마 고생을 덜 할까 생각하는 과정이 엉뚱하게 삶의 철학을 연구하는 듯 거창해졌다. 산티아고 순례길을 걸으며 뭐 저런 것을 고민했나 싶겠지만 그 당시는 나름 심각하였다. 나는 잠옷이 꼭 필요한 사람이라는 사실을 그때 알았다. 대부분은 잠옷 따로 없이 갖고 온 것 중 적당한 옷을 잠옷으로 입기도 하고, 어제 걸을 때 입었던 옷은 오늘 잠옷으로, 내일은 오늘 잠옷으로 걷고. 이러고 지내는 사람도 보았다. 그러나 나는 잠옷을 꼭 구별하여 입는다. 그러니 잠옷은 절대 못 버린다. 그렇다면 남들과 달리 나에게는 필요 없는 것은 무엇일까?

'아, 맞아! 장갑이다.'

나는 손이 늘 따뜻하다. 겨울에도 주먹만 쥐고 있으면 손은 따뜻했다. 아내는 연애할 때부터 겨울 되면 내 손을 찾곤 하였다. 난 장갑을 거의 끼지 않지만 험한 길 걸으니 혹시나 해서 장갑을 가져왔다. 1개만 갖고 왔으니 1단계에서 버리지 않았다. 손 다음엔 발이다. 발 역시 혈액 순환이 좋아 그런지 늘 따뜻하다. 혹시 몰라 비상용으로 갖고 온 두꺼운 등산용 양말이 떠올랐다.

'약간 두툼한 장갑 1개, 등산용 양말 1켤레면 모두 1kg? 아니야. 그 정도는 아니겠지만 각각 200g씩 합쳐 400g은 안 나가겠는가? 아니야. 500g은 될 거야.'

너무 기뻐 혼자 말을 계속 중얼거렸다. 작은 행복이 이런 건가?

'지금 버릴까? 안 되지. 쓰레기통에 버려야지 아무 데나 버릴 순 없지. 또 더 없을까?'

쉼터 만나면 빨리 버릴 생각에 신이 나서 걸어갔다. 비행기 표 인쇄할 때 뒤에 쓸데없는(?) 약관과 수화물 규정 등 줄줄이 프린트되어 나온다. 앞장 하나만 남기고 쓰레기통으로. 산티아고 까미노 책 중 꼭 필요한 부분만 따로 묶어 갖고 왔지만 지난 일정은 가차 없이 쓰레기통으로. 은근히 버리는 쾌감이 있다.

산티아고 까미노 막바지에는 많은 순례자가 이제는 필요 없을 물건을 버리기 시작한다. 비옷, 땀에 찌든 옷 등 그 중 손톱깎이가 눈길을 끈다. 마지막으로 깎고 미련 없이 버린다. 다음 손발톱을 깎을 때면 집에 도착한 후이므로 미련이 없다. 필요하면 맘대로 갖고 가라는 의미로 눈에 띄는 선반에 놓곤 한다. 대부분 알베르게에는 자유롭게 두기도 하고 가지고 갈 수 있도록 수납공간이 마련되어 있다.

마지막 3단계는 비록 실천하지는 못하였지만, 비상 물품을 제외하고 비 올 때(rainy day)를 대비한 용품은 항상 지니고 다닐 필요 없다는 것을 깨닫게 되었다. 여기서 비 올 때는 넓은 의미로 상황이 나빠지는 경우를 의미한다. 상황이 나빠지면 그때 순발력 있게 알아서 해결할 셈 잡으면 되므로 미리 준비해 갈 필요는 없다는 것이다. 가장 좋은 예는 글자 그대로 비 올 때이다. 워낙 긴 여정이므로 맑은 날, 추운 날, 비 오는 날, 바람 부는 날 모두 겪는다. 비옷을 비롯하여 젖었을 때 갈아입을 옷을 준비해 간다.

그런데 미리 준비할 필요 없이 닥치면 그때 준비하는 편이 더 좋겠다는 것이 경험자의 의견이다. 무릎을 탁 칠만한 지혜라는 생각이 들었다.

비 오는 날이 비 오지 않는 날보다 적을 것이 확실하다면 미리 준비하여 들고 다니는 것은 힘의 낭비이다. 비가 올지, 언제 올지, 며칠이나 올지, 전혀 예측할 수 없는 상황에서 비에 관련한 용품을 항시 갖고 다니는 것은 생각해 볼 일이다.

산티아고 부스러기를 우리 삶의 여정에 반드시 접목할 필요는 없다고 생각한다. 좋지 않은 상황에 대비하는 습관을 갖는 것은 좋다. 그런데 혹 전쟁과 같은 긴박한 사태가 벌어진다면 미리 준비할 필요 없이 닥치면 그 때 준비하는 것이 더 좋다는 생각을 했다. 대단한 깨달음(?)이라 여기며 스스로 만족해하였다.

초반에는 '짐'이라는 주제로 몇 날 며칠을 생각할 시간을 갖게 되었다. 일상생활에서는 절대로 생각할 필요가 없는 일이 거기에서는 중대사가 되었다. 그러다 보니 짐을 버리는 3단계를 생각하게 되었고 덕분에 1kg은 줄일 수 있었다. 이런 특별한 생각을 하려고 산티아고 까미노를 걷는 것인가?

몇 년이 지나 나의 남은 인생 여정 버킷리스트 1호는 산티아고 순례길

을 한 번 더 가는 것이 되었다. 가고 싶은 이유는 딱 한 가지. 혼자 가고 싶기 때문이다. 지난번에는 작은아들이 동행해 주어 너무너무 좋았다. 아들이 늘 옆에 있어 든든하였고, 혼자 왔으면 어떻게 하였을까 하는 생각을 여러 번 하였다. 남편과 사별하고 슬픔을 달래려 유품 들고 스위스에서 온 마리아와 친하게 지냈다. 마리아는 우리만 보면 자기는 딸만 셋인데 아무도 나서지 않아 혼자 왔다며 아들과 같이 있는 모습이 보기 좋다고 부러워하였다.

그런데 절실하게 느낀 점은 산티아고 까미노는 혼자 걷는 길이라는 것이다. 외로움을 동반한 자유를 느끼며 좀 더 자기 자신 속으로 들어갈 수 있을 것 같아서다. 구체적인 계획을 세우고 시기를 조절하며 여러 생각에 잠겼다. 그때 '앗!' 하고 스치는 생각이 있었다.

'짐!!!'

그렇지, 짐이 있었구나. 어쩌면 이럴 수 있을까 할 정도로 짐 생각은 새까맣게 잊어버리고 무작정 가겠다는 의욕만 앞섰다. 한심하였다. 막상 갔다면 첫날부터 내가 여길 왜 또 왔나 하고 후회할 것이 불을 보듯 뻔한 것을. 마치 무드셀라 증후군처럼 나쁜 기억은 사라지고 좋은 기억만 남았기 때문이다.

'춥지 않은 시기를 택하면 옷, 슬리핑백, 신발 등의 무게를 줄일 수 있을 테고, 한 번의 경험을 살려 짐을 더 최소화하면 어떻게 안 될까?'

'잠옷을 꼭 따로 구별하지 않고 아무거나 대충 입고 자는 연습을 미리 해둘까?'

그때부터 대한민국 서울에 앉아서 짐을 어떻게 줄이면 배낭 무게를 9k으로 만들 수 있을까 하는 고민에 빠졌다. 경험상 9kg으로 줄여야 그날 필요한 물, 간식거리 등을 합쳐 9.5kg이 되기 때문이다. 실제로 겨울용과 여름용 슬리핑백 무게 차이를 알아보니 겨울용은 1.5kg 내외였고 여름용은 1kg, 초경량은 0.75kg까지 내려갈 수 있다. 그러면 500g은 확실하고, 옷 무게도 줄일 수 있을 테고. 9kg이면 해볼 만하지 않을까? 안될까?

이런 고민을 한 번에 날려˙보낸 초유의 사태가 벌어졌다. 2020년 초 예고 없이 코로나가 들이닥친 것이다. 상당 기간 외국 여행은 꿈도 못 꾸고 있으니 산티아고 까미노를 다시 걸을 수 있을지 아니면 산티아고 까미노와의 인연은 2014년도로 끝일지 예측조차 할 수 없는 시대가 되고 만 것이다.

가고자 하는 마음이 있다면 언젠가 꿈을 이룰 수 있지 않을까?

작은 행복

산티아고 까미노에 있는 숙박 시설 알베르게는 무척 저렴하다. 공립(municipal)은 5~10유로, 사립은 10~20유로, 가톨릭에서 운영하는 알베르게는 무료로 알아서 기부금을 내는 제도이니 숙박료는 전혀 부담이 없다. 우리나라 젊은 친구들이 산티아고에 많이 가는 이유 중 하나는 여행 경비 부담이 없기 때문이다. 40여 일 유럽을 즐기고 유럽의 목가적인 전원을 걸으며 자신을 돌아보는 기회도 가질 수 있으니 일석 몇 조의 효과가 있다.

산티아고 까미노는 우리나라 사람들이 정말 많이 가는 여행지이다. 은퇴자의 길이란 별칭이 있을 정도로 나이 지긋한 사람도 많이 간다. 젊은 사람도 많이 가는데 특히 남자들은 군대 가기 전후로 많이 택하는 코스이기도 하다. 국가별 통계를 보면 한국이 매년 5위안에 꼭 들어간다.

스페인 그리고 당연히 주변 국가인 프랑스, 영국, 독일에서 많이 오지만 그들은 주로 단기 코스를 택한다. 사리아에서 혹은 레온에서 이렇게 100~300km 정도를 걷기도 하고, 전 코스를 구간별로 나누어 휴가를 얻으면 일부 구간 걷고 또 다음을 기약하곤 한다.

그러나 지리적으로 먼 우리는 갔다 하면 완주 또는 적어도 수 백km를 목표로 정하므로 국가별 순례자가 걸은 총 거리로 순위를 매긴다면 단연 우리가 최고임이 틀림없다. 아시아인으로는 일본 사람은 간혹 만나지만 중국 사람은 한 번도 마주치지 않았고 나머지 나라에서 온 사람은 거의 없었다. (2014년 기준) 한국 사람만 유독 많은 이유를 다들 궁금해한다. 나 역시 궁금하다. 우리 다음을 잇는 일본은 가끔, 아주 가끔 마주치는데 우리만 이렇게 열광하는 이유는 무엇일까? 단지 여행경비 부담 없이 유럽을 즐길 수 있다는 점만으로 설명하기에는 뭔가 부족하다. 까미노에서 만

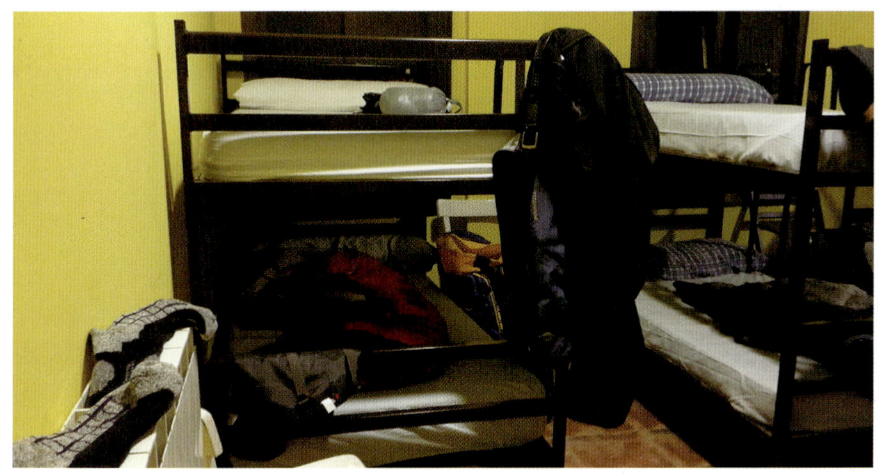

난 사람과 이야기 나누다 코리아에서 왔다고 하자 지금이 한국의 어떤 특별한 롱 홀리데이(long holiday)냐 물어본다. 아마도 한국 사람을 많이 만난 모양이다.

산티아고 까미노는 스스로 고생을 택한 순례길이므로 숙소시설이 좋고 나쁘고를 아무도 신경 쓰지 않는다. 그런데 문제는 모든 시설이 남녀 구별이 없이 공용으로 운영된다는 점이다. 2층 침대를 2개씩 붙여 공간 효율을 높였고 도착한 순서대로 침대를 배정받는데 붙어 있는 옆 침대에 이성이 자는 경우가 왕왕 생긴다. 피곤하여 옆에 누가 자는지 모르는 경우가 대부분이지만 민감한 사람은 신경이 쓰일 수밖에 없다.

더 난감한 것은 화장실과 샤워장이다. 한 줄로 대기하고 있다가 한 사람 나오면 다음 사람이 차례로 들어가는 한줄 서기 시스템이다. 특히 화장실이 문제가 되는데 아침에 붐빌 때는 민망하기도 하고 다음 대기자가 밖에서 기다리고 있다 생각하면 볼일 보기가 편치 않다. "남들 다 하는 일인데 어때?" 하고 무심하게 잘 처리하는 사람도 있지만, 여성분들 특히 우리나라 여성분들이 난감해한다. 아예 걷다가 해결하는 부류도 있다. 아마 사정상 아침에는 기별이 없어 어쩔 수 없이 중간에 적당히 처리하나 보다. 그래서 이런 재미있는 팻말이 눈에 띄기도 한다.

산티아고 알베르게에는 화장실 못지않게 샤워실도 열악하다. 당연히 남녀공용인데 샤워실 안에 옷걸이가 없다. 아니, 있었지만 여러 해 사용

하다 떨어진 후 다시 붙여놓지 않은 것이다. 벗은 속옷, 겉옷을 부스에 걸쳐 둘 수밖에 없다. 한 줄로 서서 멍하니 기다리다 보면 자연 방금 들어간 여성의 속옷을 본의 아니게 보게 된다. 나도 모르게 고개를 돌리지만 이내 다시 쳐다보며 이런 데 올 때는 좀 실용적인 것으로 입어야 하는 것 아닌가 괜한 걱정까지 하며 차례를 기다린다.

드디어 내 차례가 되었다. 물을 틀면 찬물이 쏟아진다. 그때 옆에 있는 초인종같이 생긴 벨을 누르면 더운물이 나온다. 찬물 세기를 적당하게 조절하며 샤워하면 되는데 문제는 더운물 나오는 초인종 꼭지를 계속 누르고 있어야 한다. 초인종같이 생긴 꼭지의 반발 스프링 힘이 너무 세다. 그러니 한 손으로 샴푸 칠을 해야 하는데 조금이라도 집중력을 잃으면 더운물 꼭지가 톡 튀어나와 뜨거운 물이 멈추고 찬물만 쏟아진다. 깜짝 놀라 꼭지를 꽉 누르면 이번엔 뜨거운 물이 왈칵 쏟아진다.

모든 알베르게가 이렇게 운영되고 있지는 않다. 그중에는 남녀 화장실, 샤워실이 따로 마련되어 있기도 하고 샤워실도 우아하게(?) 두 손을 사용할 수 있게 되어있는 곳도 있다. 단지 대다수가 위에 소개한 것처럼 운영하고 있다.

사람이 살면서 가장 중요한 것으로 먹고, 자고, 싸는 일을 빼놓을 수 없다. 기본적인 일이면서 이것들이 원활하지 않으면 무척 고통스럽다. 나는 다행스럽게 3대 은사를 타고 태어나 산티아고에서 큰 고생 없이 잘 지냈다. 부모님께 정말로 감사하다는 생각이 저절로 들었다. 산티아고에 가겠다고 나선 사람들은 적어도 3가지 중 2가지는 잘 해결할 수 있어야 고생을 덜 한다. 먹고, 자고, 싸고 중 자신 있는 일이 하나도 없다면 산티아고 순례길 걷는 것을 다시 생각해야 한다.

3대 은사를 타고 태어났다는 나도 뜻하지 않은 복병을 만났다. 나는 일찍 자고 일찍 일어나는 아침형 인간이다. 종일 걷고 피곤하니 저녁을 먹고 나면 도저히 견딜 수가 없게 잠이 쏟아진다. 자그마한 농촌 마을이라 볼거리가 딱히 있는 건 아니지만 내가 좋아하는 성당에 들러 간단하게 묵상을 하고 마을 구석구석 돌아볼 수 있건만 이 핑계 저 핑계 대고 일찍 잠자리에 들었다. 이 대목이 산티아고를 다녀와서 가장 후회스러운 점이다.

일찍 잠이 드니 자연 밤중에 화장실 가기 위해 한번은 깬다. 매일 알베르게가 바뀌므로 화장실을 찾아 헤맬 때가 있지만 무사히 볼일 마치고 다시 방문을 여는 순간 묘한 냄새가 코로 들어온다. 알베르게 방 구조는 다양하지만, 일반적으로 대형이다. 20~30명이 한꺼번에 자는 방은 작은 편에 속하고 레온에서 묵은 알베르게는 100명 정도가 한꺼번에 한방에서 자는 구조였다. 수십 명의 사람에게서 뿜어져 나오는 냄새는 정말이지 생전 처음 맡아보는 역한 냄새였다. 게다가 3월이라 창문을 열 수 없어 환기하지 않고 있으니 여러 인종 고유 체취, 땀 냄새, 입 냄새, 발 냄새 등이 어우러져 묘한 냄새를 풍긴다. 숨쉬기 거북할 정도로 역한 냄새였다.

'아! 다국적 냄새.'

내가 이 공간에서 잤단 말인가. 게다가 코 고는 소리가 어떻게나 요란한지. 밤새 오토바이 수백 대가 좇아오는 꿈에 시달리다 눈을 떠 보니 코 고는 소리였다는 산티아고 체험 글을 읽은 적이 있다. 나는 어지간한 소음이나 코 고는 소리에는 아랑곳하지 않고 자는데 여긴 상황이 달랐다. 폭풍이 몰아치듯 요란한 코 고는 소리와 어우러진 다국적 냄새는 지금 생각해도 악몽이다.

뽀르또마린 알베르게 레스토랑과 분위기 있는 바가 딸린 프라이빗 알베르게.

산티아고 부스러기 중 빼놓을 수 없는 것이 있다면 작은 일에서 행복감을 찾은 것이다. 산티아고는 워낙 긴 여정이므로 1주일에 한 번은 제대로 된 숙박 시설에서 하룻밤을 지낼 것을 권유한다. 우리도 큰 도시에 들어가면 알베르게를 벗어나 일반 오스탈(hostal)에 묵곤 하였다. 비록 하룻밤이지만 단독 공간이 보장되어 있고 우리만의 화장실이 있다는 사실이 우리를 행복하게 하였다. 게다가 두 손을 맘껏 사용하며 샤워하는 기쁨은 이루 말할 수 없이 크다. 밀린 빨래하고 오늘 저녁은 '순례자 메뉴'에서 벗어나 뭘 먹을까 생각하며 들떠 있었다. 오늘만큼은 그간의 고생을 보상받듯 좋은 레스토랑에서 질 좋은 스테이크와 샐러드에 좋은 와인 곁들여 맘껏 먹었다.

다음 날 짐을 쌀 때도 콧노래가 저절로 나온다. 허리 펴고 머리도 똑바로 들고 짐을 싸고 있기 때문이다. 며칠 전 일이 생각난다. 아침에 눈을 뜨자 앞에 뭔가가 막혀있었다. 어두워서 그게 뭔지 구별할 수 없고 앞이 막혀있어 답답함을 느꼈다. 내가 늘 보던 광경은 아니다. 어두움에 적응되어 어렴풋이 보이기 시작해도 잘 모르겠다. 알고 보니 위 침대 바닥이 나를 짓누르고 있었다. 알베르게 숙박 요금을 생각하면 할 말은 없지만, 나를 짓누르고 있었던 것은 이층침대 바닥이었다. 그날은 유난히 간격이 좁아 보였다. 통로도 유난히 좁다. 짐을 싸서 다음 행선지로 떠나야 하는데 짐 쌀 공간이 없다. 침대에 쭈그리고 앉아 목과 허리를 펴지 못한 채 거의 눕다시피하고 짐을 싸다 보니 욕이 저절로 나왔다.

'아! 짐 좀 허리 펴고 싸 보았으면…….'

오스탈에 묵는 날은 이 작은 소망이 모두 이루어지는 날이다. 살면서 생각하지도, 경험하지 못했던 불편함을 겪다가 그것이 해소되면 작은 행복을 느낀다. 이래서 산티아고 까미노를 걷는 것인가?

산티아고 까미노를 걸으며 자고, 싸는 시설은 열악하지만 그래도 낙이 있다면 먹는 것은 아주 풍족하게 잘 먹을 수 있다는 점이다. 종일 걸었으니 식욕은 왕성하고 식대는 저렴하다. 술 좋아하는 사람들에겐 천국이 따로 없다. 2~3유로밖에 안 되는 값싼 와인이지만 한없이 들어간

츄레통

다. 값이 싸다고 맛이 없거나 질이 떨어지는 것도 아니다. 우리나라 와인 값에 거품이 많다는 얘기는 들었지만, 이 정도의 와인을 우리나라에선 상당한 가격으로 파는 게 아닌가 싶다. 아무튼 맛이 꽤 좋다. 먹고 마시러 왔나 싶게 매일 저녁 잘 먹고 잘 마셨다. 우리는 츄레통(Chuleton)을 즐겨 먹었다. 등심 통고기를 센 불에 겉을 익혀 육즙은 보호하고, 가운데는 핏빛이 그대로 있는 생고기 레어, 중간은 미디엄, 겉은 웰던으로 먹는 스페인 대표 메뉴 중 하나이다.

산티아고 까미노에 있는 작은 타운 레스토랑에는 대부분 '순례자 메뉴'라는 특별 메뉴가 준비되어 있다. 한마디로 싸고 양이 많다. 질은 보통. 그날 셰프가 권하는 메뉴로 가성비가 좋고 와인 한 병은 무료로 제공된다. 모자란 듯하다는 표정을 지으면 와인 한 병을 더 주기도 한다. 하루는 식사 후엔 인심 좋게 생긴 주인이 "쥬삐따?" 하며 말을 건넨다. 우리가 못 알아듣자 한 잔 마시는 손짓을 하며 재차 묻는다. 뭔지 모르겠지만 '한 잔 주랴?' 하는 동작 같아 좋다고 하자 조그만 잔에 한 잔을 따라 권한다. 독한 술에 커피와 우유를 섞은 듯하며 무척 달다. 베일리스(Bailey's) 맛과 비슷하고 식후에 즐겨 마시는 그라땅과도 비슷하다. 우리나라 막걸리 지게미로 만든 모주 같기도 하다. 그런데 은근히 독하다. 하루 피로가 싹 가시고 포만감에 아주 행복하다. 물론 서비스다.

다음 날 저녁 식사 후 혹시나 하고 "쥬삐따?" 하자 씩 웃으며 한 잔 준다. 술 이름이겠거니 멋대로 짐작하고 말하자 어제 같은 술을 준 것이다.

아르스아 집밥

술 이름이라 확신하고 계속 써먹었는데 큰 도시 가니 안 통했다. 쥬삐따 하니까 뭐라고 스페니쉬로 얘기를 하는데 못 알아듣자 술병 몇 개를 가리킨다. 아무거나 손짓으로 주문하고 말았다, 당연히 술값은 받았고.

쥬삐따가 술 이름이 아니라는 사실은 알았는데 아직도 정확한 뜻은 모른다. 아마도 '한잔?' 이런 뜻 같았다. 대도시를 벗어나면 기회 보아 쥬삐따를 외쳤는데 산티아고에 점점 가까워지자 시골스러운 멋은 없어지면서 돈을 받는 곳이 많았다. 어쩌다 공짜로 한잔 얻어 마신 날은 기분이 날아갈 것 같다. 이 또한 작은 행복이었다.

셰프 지망생인 아들은 셰프끼리 통하는 핫한 맛집 정보를 갖고 있었다. 아르스아 타운에서 하룻밤 묵을 때였다. 셰프 커넥션으로 이곳에 유명한 가정식 레스토랑이 있다는 것을 알아냈다. 물어물어 찾아갔더니 평

범한 가정집을 약간 리모델링한 레스토랑으로 메뉴도 가격도 없다. 인자하게 생기신 할머니께서 서빙을 하는데 푸근한 집밥을 먹은 느낌이었다. 오랜만에 순례자 메뉴에서 벗어나 하우스와인에 집밥을 먹으니 이 또한 작은 행복이었다. 레스토랑 들어올 때 갑자기 검은 구름이 몰려오며 소나기를 퍼부었는데 식사 후 밖에 나가보니 어느새 맑게 갠 하늘에 무지개가 떠 있었다. 마치 며칠 남지 않은 까미노 여정을 무사히 끝내라는 메시지 같았다.

나는 여행을 많이 다녔지만 한 번 갔던 여행지에 다시 가고 싶은 마음은 별로 없다. 산티아고도 마찬가지였다. 다시 올 데가 못 된다고 생각했는데 돌아와선 왠지 자꾸 생각이 나곤 하였다. 다시 간다면 성수기에 여유 있는 일정을 잡아 작은 마을에 들러 여기저기 둘러보고 성당에서 잠깐이라도 묵상하는 시간을 가져야겠다고 굳게 맘먹고 있다.

나는 왜 산티아고에 한 번 더 가고 싶어지는 걸까? 산티아고 까미노를 통하여 얻은 부스러기를 다시 찾아 간직하고 싶은 게 아닐까? 작은 행복을 다시 찾고 싶은 마음도 그중 하나일 것이다. 산티아고에서 얻은 작은 행복은 한국행 비행기에 오르면서 다 버리고 돌아왔지만, 아직도 내 마음 어느 구석에 남아 있기에 그리운가 보다.

철의 십자가 산티아고 프랑스 까미노 중 가장 고도가 높은 곳이다.

라르고

사람 걸음이 얼마나 느린지는 걸어보면 실감할 수 있다. 일상생활을 우리 걸음 기준으로 살아야 하는데 자동차 속도에 맞추어 허덕거리며 바쁘게 사는 게 아닌가 싶다.

쭉 뻗은 도로 옆을 걷고 있을 때였다. 허허벌판 평원에 간간이 차가 지나가고 길옆에는 어디에나 있는 올리브밭이 있다. 직선으로 뻗은 길 끝에 '뭔가'가 아득하게 보이는데 처음엔 점으로 보였는데 조금 가까워지자 뭔지 울긋불긋하다. 그런데 아무리 걸어도 까마득하게 보이기만 할 뿐 뭔지 파악이 안 된다. 그때 옆으로 차 한 대가 휙 지나가더니 얼마 지나지 않아 차는 어느새 내가 궁금해하는 '뭔가'가 있는 옆을 지나간다.

'저렇게 빠를 수가…… 문명의 이기가 좋긴 좋구나.'

몇 시간 뒤 그 울긋불긋한 뭔가가 별거 아닌 도로 옆에 세운 대형 광고판에 불과하다는 것을 알게 되었다.

라 리오하 지방을 지나갈 때였다. 양쪽에 끝없이 펼쳐진 와이너리를 보고 감탄한 적이 있다. 4~5일 내내 와이너리를 지나면서 문득 산티아고 여행 직전에 들렀던 프랑스 보르도 지방 와이너리가 생각났다. 차로 몇 시간을 달려도 끝이 안 보이게 광활한 지역에 와이너리가 형성되어 있었다. 역시 와인은 프랑스이구나. 그런데 이곳 스페인의 라 리오하 와이너리 규모도 보르도 지방 못지않다고 생각하였다.

그러나 이건 착각이었다. 차로 2시간 달리면 어림잡아도 100km이지만, 내가 4~5일 걸었어도 거리는 고작 100km에 불과하였다는 것을 알고 웃음이 나왔다. 4~5일 내내 와이너리만 보고 걸었기에 무척 광활할 것이라 착각한 것이다. 물론 라 리오하 지방과 나바라 지역의 와이너리 전체 규모는 알지 못한다. 까미노는 내륙으로 뻗어있어 와이너리와는 점점 멀어져 갔기 때문이다.

나바라를 걷다 보면 산티아고 까미노 명소 중 하나인 보데가스 이라체(Bodegas Irache)를 만난다. 보데가스 이라체는 이라체수도원에서 운영하는 와이너리로 목마른 순례자에게 와인과 물을 제공한다. 수도꼭지가 2개 있는데 하나에서는 물이, 또 하나에서는 와인이 나온다. 순례자들이 하나둘 모여 서로 부엔 까미노(Buen Camino)로 인사 나누고 나면 때아닌 와인 파티가 열린다. 비수기라 알베르게 오픈 타운이 한정되어 있어 아침에 들를 수밖에 없음을 아쉬워하며 각자 준비한 물통에 가득 담아간다. 이라체 와인을 마셔야 무사히 산티아고 까미노를 마칠 수 있다고 하니 실컷 마시고 길을 떠났다. 옛날부터 지고는 못가도 마시고는 간다고 하지

이라체수도원

않았든가. 예정에 없던 음주 걷기로 아침을 시작하였다.

이런 안단테 여행에서 라르고 친구들을 만났다. 스페인 대학생 4명으로 해마다 봄 방학을 이용해 조금씩 코스를 정해 걸어왔다고 한다. 이번엔 아스토르가 타운에서 출발하여 몇 년 이어온 릴레이를 끝내고 드디어 산티아고 콤포스텔라로 들어간다고 들떠 있던 친구들이다. 이 4명은 아주 느긋하다. 밤늦게까지 술 마시며 놀고, 다음 날 오전 내내 늦잠을 즐긴다. 몇 번인가 룸을 같이 쓴 적이 있지만 늘 맨 마지막에 도착하여 늦게까지 놀다가 내가 이미 잠든 후에야 들어왔고 다음 날 우리가 떠날 땐 자고 있었기 때문에 얼굴만 스치고 지나갔을 뿐 얘기할 기회가 없었다.

한 번은 우리가 작은 타운 알베르게 도착하니 매니저가 묻는다.
"너희들 뒤에 오는 순례자가 있냐?"
우리가 되물었다.

"스페인 젊은 친구 4명 도착했냐?"

먼저 온 여러 명이 대답했다.

"아직 안 왔어. 늘 맨 마지막에 들어오는데 아직 안 왔으니 뒤에 도착할 순례자가 적어도 4명 이상일 거야."

현재 일정이 비슷한 순례자 중 스페인 친구들이 늘 마지막 주자라는 것이 이미 알려진 것이다. 알베르게 매니저는 난방 문제로 방을 하나 더 오픈하느냐를 결정하기 위해 물어보았던 것이었다. 어쨌든 그 느긋함은 부러웠다. 한 번은 짬 내어 물어보았다. 대답은 간단하였다.

"다음 타운 들어가 할 일 있는 것도 아닌데 왜 그렇게 서두르니? 아침에 복잡하고 서로 부대끼는데. 조금 늦게 일어나면 다 떠난 다음이라서 얼마나 좋은데."

맞는 얘기다. 알면서도 우린 안 된다. 일정을 남들과 조금 엇갈리게 조정하면 한 줄서기 샤워, 화장실도 피할 수 있는데 왜 아침에 서두를까? 우린 목표가 정해지면 옆도 뒤도 보지 않고 목표를 향해 갈 뿐이다. 과정은 무시하기 일쑤다. 수능, 대입, 좋은 직장, 출세를 향한 끝도 없는 길을 그냥 갈 뿐이다. 좋은 대학, 좋은 직장은 인생의 한 여정에 불과할 뿐 결코 젊은 날의 꿈은 될 수가 없는데도 말이다.

하루는 스페인 친구들이 느닷없이 아침부터 서둘러 길을 나섰다. 오늘 점심때 들릴 타운에 유명한 뽈뽀(문어) 잘하는 맛집이 있어 길을 서두르는 중이라고 했다. 점심때 우리도 그 타운에 도착하였다. 워낙 작은 타운이라 그 친구들이 바로 눈에 띄었다. 우리보다 일찍 도착하여 이미 한

뽈뽀(문어)

상 크게 벌려놓고 맥주, 와인에 벌써 눈이 풀려 있었다. 앞으로 약 15km는 더 가야 하는 일정을 앞둔 우리는 뽈뽀만 먹고 서둘러 길을 나서는데 스치는 생각,

'목적지에 도착해서 딱히 할 일이 있는 것도 아닌데 우리는 왜 저런 여유가 없을까?'

스페인 친구들을 보면서 안단테 산티아고 까미노에서 '라르고'(매우 느리게)를 만난 느낌이다. 우린 안단테에서 알레그로(빠르게)로 건너뛰고 싶은 마음이 무의식 속에 있었다. 알레그로로 가고 싶다고 뛰어갈 수는 없으니까 대신 쉬는 시간을 줄이는 것이다. 점심 먹으러 작은 마음에 들려 빨리 점심 때우고 길을 재촉한다. 잠깐이나마 그 타운을 둘러볼 수 있건만 왜 그 여유가 없을까? 그날 예정한 목적지에 도착해서야 비로소 마음이 안정되며 약간의 여유를 갖게 된다.

또 하나 알게 된 나의 무의식적인 행동은 조금이라도 짧은 길을 택하는 것이다. 마음의 여유를 갖지 못하고 목적지에 빨리 가려는 행동과 비슷하지만 약간 성격은 다르다. 조금이라도 덜 걷고 싶은 것이다. 걸으며 생각하는 시간을 갖겠다고 와서는 덜 걸으려는 모순된 행동을 하고 있다.

레온에서 오스피탈로 갈 때였다. 지도를 보니 차가 다니는 도로 옆 직선 도로와 산길로 돌아가는 우회 코스 둘 중 하나를 택해야 했다. 거리 차이가 약 5km이며 직선이 짧았다. 우린 망설임 없이 직선 코스를 택하였다. 다들 우리처럼 직선 코스를 택했을 거로 생각했다. 그런데 우리가 택한 직선 코스에는 앞으로도 뒤로도 아무리 둘러보아도 순례자가 보이지 않았다.

대형 트럭이 굉음을 내며 먼지 피우고 지나갈 땐 약간 후회도 하였다. 거의 종일 멋대가리 없는 찻길 옆을 걷고 오스피탈 알베르게에 도착하니 아는 순례자는커녕 순례자 자체가 별로 없었다. 대개 스케줄이 비슷하여 어제 만난 순례자를 오늘 또 만나게 되고 혹은 그다음 날은 만나는데 그 알베르게에는 낯익은 사람이 없었다.

다른 순례자들은 우회 코스로 간 것이다. 우회가 아니라 그 길이 원 순례길인데 우린 망설이지도 않고 짧은 길을 택했다. 짧은 길은 31km인데 우회 코스를 택한 순례자들은 산길로 돌아 5km를 더 걸어야 한다. 그게 너무 힘드니까 그들은 모두 산속에 있는 작은 타운에 머문 것이다. 우리만 소외된 느낌이고 산속의 조그만 알베르게는 얼마나 예뻤을까 하며 속으로 끌탕하였다.

한번 경험하고도 또 같은 행동을 하였다. 우연히 한국 사람을 만났는데 산티아고 까미노를 7번 완주하였다고 자랑한다. 7번? 좀 과하지 않나 싶었지만, 내색하지 않고 대단하시다고 하자 말이 많다. 산티아고 까미노의 모든 코스를 줄줄 꿰며 짐을 줄이는 요령부터 장황하게 알려준다. 조금 지나면 새로 단장된 주택가가 나오는데 직진하여 주택가를 가로지르는 게 까미노를 다시 만나는 지름길이니 왼쪽 길로 돌아가지 말라는 조언도 해주었다.

조금 지나자 그가 가르쳐 준 대로 왼쪽으로는 산길이, 앞에는 새로 단장한 주택 단지가 보였다. 그때 왼쪽 길로 막 들어선 노부부가 보였다. 우리는 헬로, 알로를 외치며 이쪽으로 오라 손짓을 하였다. 노부부는 우리를 쳐다보곤 가던 길을 다시 가는 것이 아닌가. 잘 못 알아들었나 하고 한 번 더 앞을 가리키며 숏 컷(short cut)을 외쳤다. 그러자 그들 특유 동작으로 양손을 벌리고 어깨를 으쓱하며 가던 길을 재촉했다.

'아! 라르고.'

걸으며 뭔가를 얻겠다고 산티아고 까미노까지 와서 계속 어떻게 하면 덜 걸을까, 어떻게 하면 조금 더 편하게 지낼까 생각한 것이다. 얼굴이 화끈거리고 순간 온몸이 얼어붙었다. 민망하니까 공연히 우리에게 과잉 친절을 베푼, 7번 왔다는 사람이 떠오르며 '그 양반, 까미노에서 헛배웠네' 하고 원망하였다. 이 대목은 산티아고 경험 중 두고두고 생각나는 장면이다. 곱씹을 때마다 자책하게 되고 부끄럽다 못해 창피한 생각까지 든다.

그 일을 계기로 처음으로 진지하게 나 자신을 돌이켜 보게 되었다. 나에게 두 가지 문제가 있음을 알게 되었다.

하나는 목적지에 도착하기 전에는 마음의 여유가 없다는 것이고 다른 하나는 목적지에 빨리 가려는 조급함에 지름길을 찾고 조금이라도 덜 걸으려고 한다는 것이다.

'뭔가를 얻겠다며 고생을 자처하고 여기까지 왔는데…….'

그런데 라르고 흉내 내다 낭패 본 적이 있다. 뜨리라까스테야에서 사리아로 갈 때였다. 그 길에 유럽에서 가장 오래된 사모스수도원이 있었다. 오늘 여정은 20km로 힘들지는 않은 코스인데 수도원에 들르자면 5km를 우회하게 되므로 총 25km가 된다.

약 3km 지점에 갈림길이 나오자 망설였다. 아들과 가자, 말자 하다가 그때는 길 떠난 지 1시간이 채 넘지 않은 시간이라 들렀다 가도 될 듯해

사모스수도원

사모스수도원

결국 우린 수도원 길을 택했다. 라르고도 실천할 겸. 숲속 길을 걷다 보니 5세기에 세워졌다는 건물답게 세월의 때가 묻은 고색창연한 수도원이 보인다. 규모가 꽤 크다. 그런데 너무 이른 아침이라 문이 닫혀 있는 것이 아닌가.

그 앞에 있는 자그마한 카페에서 커피 한 잔 시키고 예정에 없던 휴식을 즐기고 있었다. 카페에서 물어보니 수도원 문은 10시에 여는데 꼭 그런 것만도 아니라고 하였다. 지금 9시. 여기까지 와서 수도원에 들어가 보지 못하는 게 너무 섭섭하지만, 그냥 밖에서 보는 걸로 만족할 수밖에 없었다. 커피 한잔하고 사진 몇 컷 찍고 떠나려고 하는데 반대편에서 수도사 복장을 한 분이 왔다. 어딜 가는가 하고 쳐다보니 그 수도원으로 들어

간다. 우린 반가워 그에게 안에 들어갈 수 있는지 물어보자 넉넉하게 생긴 수도사는 만면에 미소와 함께 웰컴 제스처를 한다.

그리고는 앞장서서 수도원 안내를 시작했다. 문제는 영어가 아니라 스페인어로만 설명한다는 점이다. 아들이 스페인어를 아주 조금 할 줄 안다. 아들이 몇 마디 스페인어로 거들자 신이 나서 설명을 하는데 도저히 중간에 끊을 수가 없었다. 너무나 천진난만한 얼굴로 또 너무나 진지하게 여기저기 구석구석 안내를 하니 그만하자는 얘기가 나오지 않았다. 그 넓은 수도원을 한 바퀴 다 돌았다. 나는 시계를 몰래 보며 드디어 이제 끝났구나 하는데 2층 계단을 가리키며 올라간다.

우리가 망설이자 뭐라고 하는데 기도하는 곳이 있다는 의미 같기도 하였고 아무튼 앞장서서 올라가니 미적미적 따라갈 수밖에 없었다. 아담한 성전이 있었고 오늘 밤 여기서 미사가 있으니 같이 참례하지 않겠냐고 권유까지 했다. 아마도 겨우내 방문객 거의 없어 무료하던 차에 우리를 만나 수도사님이 매우 신난 듯하였다. 1층과 달리 2층은 각종 벽화와 전시물이 있는 박물관이었다. 언제 이런 진귀한 전시물을 만져볼 수 있겠나 하며 우리도 모르게 빠져들고 말았다.

부러울 정도로 진귀한 전시물이 많았다. 산속에 이런 대규모 수도원이 있다는 것도 놀라웠다, 그것도 5세기부터. 또 이렇게 많은 역사가 숨쉬는 물건을 소장하고 있다는 사실이 부러웠다. 빌바오 들렀을 때도 짐이 늘어날까 봐 걱정되어 사지 않은 작은 기념품까지 사고 그러다 보니 이럭

아스트로가에 있는 가우디가 설계한 성당

저력 시간은 흘러 수도원 문을 나설 때는 거의 11시였다.

아차! 오늘 25km 여정 중 겨우 5km 왔을 뿐인데 벌써 11시. 점심도 아직 못했고. 앞으로 갈 길이 20km, 6시간은 잡아야 하고…….

그날 어두워져서야 사리아에 도착하였다.

'라르고! 아무나 하는 게 아니구나.'

어떤 체험

아침부터 아들이 지도를 펴 놓고 뭔가를 생각 중이었다.

"아버지, 우리도 영국 팀 따라가면 안 될까?"

그간 친하게 지냈던 영국 팀과 어제 작별 인사를 하였다. 내가 별자리 설명을 해준 적이 있어 나를 미스터 오스트로너머(Mr. Austronomer)라 부르며 친하게 지낸 사이였는데 어제 느닷없이 작별인사를 했다. 자기들은 휴가 일정상 앞으로 남은 코스를 조금씩 당겨 가겠다고 했다. 그간 일정이 비슷하여 자주 보며 친하게 지냈는데 아쉽지만 작별하였다. 아들은 영국 팀 젊은 친구들과 종착지인 산티아고 콤포스텔라에서 함께 시간을 보내고 싶은 것이다. 게다가 라르고 스페인 대학생 4명도 보이지 않아 물어보니 하루라도 일찍 들어가 산티아고 콤포스텔라에서 놀겠다고 걸음을 재촉하였다고 한다.

나이가 비슷한 젊은 사람끼리라 금방 친해져 서로 말벗이 되어 잘 지냈으니 다시 만나고 싶은 모양이다. 우린 그 팀보다 이미 뒤처져 있으니 같은 날 산티아고 콤포스텔라에 들어가려면 일정을 무리하게 짜야 한다. 1주일 남짓이면 산티아고 콤포스텔라에 들어갈 수 있으니 하루 쉬면서 여유를 갖고 가자고 제안하려던 차에 오히려 하루를 댕기자 하니 난감하다. 누적된 피로로 몸과 마음이 지친 상태였다. 나이는 못 속인다고 목적지에 가까이 갈수록 피로 회복이 잘 안 된다는 것을 느낀다. 마치 충전해도 오래가지 않는 낡은 배터리 같다.

그간 재미없는 애비와 지내주어 고마운데 그 정도 못 해주랴 싶어 무리해서라도 가야겠다는 결심을 하였다. 아들과 지도를 보며 작전을 짜기 시작하였다. 그런데 신기하게도 지도가 입체로 보이기 시작했다. 책에 평면 지도가 있고 그 밑에는 등고선이 그려져 있다. 그동안은 평면지도만 보고 오늘 갈 거리와 타운만 기억하곤 하였는데 집중하고 봐서 그런가? 갑자기 두 개가 합쳐지며 앞으로 우리가 갈 길이 눈앞에 쫙 전개되는 게 아닌가. 그것도 입체로.

2~3일을 30km 내외로 가고, 여기서 1박, 다음은 여기. 지도에 우리가 숙박할 타운을 짚어가며 작전을 세웠다. 주위에서 종착지로 갈수록 짧게 걷는 일정을 잡으라고 조언을 하므로 남은 거리 중 초반에 많이 가는 작전을 세웠다. 특히 마지막 날은 긴장이 풀어지므로 짧은 거리를 남겨야 한다. 산티아고 콤포스텔라는 대도시이므로 외곽에도 상점이 있고, 차가

복잡하게 다니므로 다 온 듯하여 긴장이 풀어지는데 목표지점인 산티아고 콤포스텔라 대성당이 있는 시내 중심까지는 아직 상당한 거리가 남아 있기 때문이다.

충분히 일리 있는 조언이다. 내 경우에도 다 왔다고 착각해서 긴장이 풀어져 낭패 본 일이 생각난다. 뽀르또마린에 도착했을 때였다. 힘든 언덕길을 오르자 뽀르또마린 타운이 한눈에 들어왔다. 그때의 반가움이란 이루 말할 수 없다. 드디어 왔구나. 바로 눈앞에 있으니 한숨에 달려갈 것 같다. 그런데 타운이 너무나 밝고 깨끗한 것이다. 여태 머물렀던 타운은 하나 같이 어둡고 칙칙한 오래된 타운들이었는데 타운 전체가 하얀색이고 신도시 느낌이다. 빨리 도착해 짐 풀고 맥주 한잔할 생각에 들떠 있는데 갑자기 내리막길이 나오는 게 아닌가. 평지로 이어진 길을 따라 뽀르또마린에 들어가리라 생각했는데 그게 아니었다.

1960년대 댐을 건설하여 구(舊) 타운은 수몰되고 강 건너 언덕 위에 신도시를 조성해 이주한 타운이었다. 그러니까 뽀르또마린을 코앞에 두고 V자형의 가파른 내리막과 다리를 건너면 아찔한 오르막이 기다리고 있었다. 다 왔다고 생각하고 긴장이 풀어졌다가 다시 마음 다잡고 걸으려니 정말이지 죽을 맛이었다. 계속 내려가면서 걱정이 앞선다. 내려간 만큼 올라가야 할 터인데 한없이 내려간다. 오르막은 계단인데 가파르기도 하고 한 계단의 단이 꽤 높다. 마지막엔 네 계단 올라가고 쉬고 또 네 계단. 4박자를 맞추며 갔다. 하나, 둘, 셋, 넷, 군대 제식 훈련하듯 하나, 둘,

셋, 넷을 끝없이 맘속으로 헤아리며 올라갔다. 생각지도 않은 곳에서 쌩으로 고생한 경험이 있다.

그날 저녁 호날두가 간판인 레알 마드리드와 메시가 이끄는 바르셀로나의 엘 클라시코 경기가 있었다. 대형 스크린이 마련된 바에서 까미노 친구들이 모두 모여 열띤 응원과 함께 축구경기를 보았다. 비록 운동장에서 보는 것은 아니지만 스페인 땅에서 경기를 보니 그런대로 실감 났다. 아까 계단 오를 때 한 고생은 까맣게 잊어버리고 연신 맥주를 들이켜며 이런 뜻하지 않은 즐거움도 산티아고 까미노의 매력 중 하나구나 싶었다. 그날 엘 클라시코 경기는 역전과 재역전을 거듭하며 후반 막판까지 경기 결과를 예측할 수 없는 역대 최고의 명승부였다. 결국 메시의 바르셀로나 팀이 4:3으로 이겼다.

산티아고 콤포스텔라에 여유 있게 들어가려면 남은 일정 중 초반에 많이 가는 수밖에 없다. 오늘 작전도 구체적으로 세웠다. 전쟁에 나가는 전사처럼 전의를 불태우고 있었다.

"오늘은 초반부는 평탄한데 10km부터는 약간 고바우길이고 여기만 이 악물고 지나면 점심 후는 비교적 평탄하니까 조금 무리해서 갈 수 있는 데까지 가 보지요."

"오케이, 파이팅!"

비수기와 성수기에는 장단점이 각각 있다. 성수기에는 거의 모든 타운이 오픈되어 있으나 순례자가 많아 타운에 있는 모든 알베르게가 꽉 차는 수가 있다. 그 경우 3~4km를 더 걸어 다음 타운으로 가는 수밖에 없다. 힘들게 왔는데 알베르게에 빈 침대가 없어 또 걸어가야 하는 상황에 주저앉아 우는 순례자가 있다는 얘기를 들었다. 아! 생각만 해도 끔찍하다.

반면 비수기는 중간, 중간 자그마한 타운은 닫은 상태이므로 오늘 열린 게 확실한 타운까지 꼭 가야 한다. 3월은 비수기라 오늘은 어디까지 가야 오픈한 알베르게가 있다는 것을 미리 알고 출발한다. 다시 말하면 걸어야 할 거리를 미리 알고 가는 것이다. 중간에 힘들다고 하루 쉬었다 갈 수 있는 타운이 없어 예기치 않은 상황이 벌어지면 어떻게 하나 하는 스트레스를 받는다. 좋은 점은 일단 도착하면 숙소는 늘 여유가 있다는 점이다.

비수기이지만 산티아고 콤포스텔라에 가까워질수록 순례자가 많아진다. 특히 100km가 살짝 넘는 사리아부터는 부쩍 많아진다. 나중에 안 사실이지만 순례자임을 인정받으려면 적어도 100km 이상을 걸어야 하므로 사리아에서 출발하는 사람이 많다. 또 각자 형편 되는대로 1주일, 10일만 걷는 순례자도 있고 여러 코스에서 오는 순례자들이 합류하기 때문에 산티아고 콤포스텔라에 가까워질수록 알베르게마다 북적대기 시작한다. 중간, 중간 작은 타운도 비수기임에도 운영을 한다.

일단 숙박을 어디서 하느냐에 대한 결정의 유연성은 걱정하지 않아도 되었다. 안 그래도 산티아고 콤포스텔라가 속한 갈리시아 지방에 들어가는 길목이라 긴장이 풀어졌었는데 다시 신발 끈 단단히 매야 하는 상황이 발생한 것이다. 나는 환갑을 갓 넘었어도 타고난 튼실한 하체 덕분에 걷는 것은 내심 자신이 있었다. 아내가 늘 코끼리 다리라고 놀리는 하체 하나 믿고 별 준비 없이 온 것이다.

그렇지만 나이에 장사 없다고 지구력이 떨어지는 것은 어쩔 수 없다. 하루 이틀이 아니고 매일 걸으며 누적되는 피로는 젊은 사람과 달리 회복이 느리다. 회복이 느릴 뿐 아니라 20km까지는 그럭저럭 아들 못지않게 따라가는데 20km 넘으면 툭툭 떨어지는 체력을 온몸으로 느낄 수 있다. 25km 넘으면 약간 혼미해진다. 소위 말하는 젖 먹던 힘까지 다 쏟아부으며 허덕이다 목적지에 도착하곤 하였다.

그러다 30km에 달하면 환상이 보이고 내가 지금 무엇을 하고 있는지 모르는 상태를 몇 번 경험하였다. 마치 머리와 몸뿐만 아니라 각 기관이 따로따로 노는 것 같은 느낌이다. 다리는 계속 걷고, 머리는 아무 생각 없고, 귀는 새 소리 바람 소리 듣고도 머리에 전달하지 않고, 입은 무의미한 단어를 중얼거린다.

'주차금지, 주차금지, 주차금지. 왜 세우지 말라는 거야. 주차금지. 주차하면 안 되나? 주차금지.'

'When in Rome, do as Romans do. 맞지. 서울에 오면? When in Seoul, do as Seoul do. 맞나? 그냥 Seoul 아니면 Seouls? 서울 사람이란 용어가 있나?'

실제로 내가 멘붕 상태에서 중얼거린 말들이다.

또 아는 사자성어, 고사성어 총동원하여 4박자를 맞추기도 하다가 마치 꿈처럼 '앗!' 하고 깨어난 후에는 기억이 잘 나지 않는다. 한번은 이런 일이 있었다. 소변보고 싶은데 도무지 다리가 멈추어지지 않는 것이었다. 머리가 통제 능력을 상실하였다고 할까. 머리가 다리에게 볼일 봐야 하니 좀 서라 해도 다리가 말을 듣지 않고 기계적으로 계속 움직이고 있다. 다리는 무작정 걷는 기계가 된 것 같았다. 말도 안 되는 상황이 벌어지고 앞뒤 말이 연결도 되지 않는 무의미한 말을 중얼거리다 '앗!' 하고 깨어난 경험이 몇 번 있었다.

1. 2014년 3월 25일(화)

그러다 잊을 수 없는 날이 왔다.

2014년 3월 25일 화요일, 신비한 체험을 한 것이다. 그날의 체험이 단순한 '깜빡'인지 '어떤 특별한 체험'인지 알 길은 없다. 25일은 마지막 고비였던 날이었다. 오늘만 대략 30km 소화하면 40km 정도 남으니 내일, 모레는 20km씩만 걸으면 드디어 산티아고 콤포스텔라 입성이었다. 몸은 지칠 대로 지쳤고 내가 지금 뭐 하고 있는지 모르는 상태였다. 점심 간단히 때우고 길을 재촉하였다.

나 홀로 관목 숲을 걸으며 나도 모르게 깊은 내면의 세계로 들어간 것이다. 한참을 무슨 생각을 하기는 했는데 전혀 기억나지는 않고 하여간 뭔가를 생각하며 소위 멘붕 상태로 헤매는데 어디선가 경쾌한 휘파람 소리가 들려왔다. 지금도 생생하게 기억날 정도로 바로 옆에서 부는 듯 휘파람 소리가 들려온 것이다. 처음엔 새 소리인가 하였지만 새 소리가 저렇게 크지는 않을 텐데…….

'누군지 휘파람 진짜 잘 분다.'

'아주 프로급이네.'

'이 노래 내가 아는 곡 같은데 뭐지?'

'우리나라 노래인가 아니면 외국곡인가?'

'앗!' 하면서 정신이 들었다. 휘파람 소리는 온데간데없고 숲 사이 바람 소리만 들려왔다. 너무나 또렷하게 들렸기에 앞뒤를 둘러보았다. 앞에도 뒤에도 아무도 없었다.

'드디어 환청이 들리네.'

쓴웃음을 지으며 또 한참을 걸어갔다. 다시 뭔가를 깊이 생각하고 있었던 것 같다. 그러다 또 휘파람 소리가 들려왔다.

'누군지 휘파람 진짜 잘 분다.'

'아주 프로급이네.'

'이 노래 내가 아는 곡 같은데 뭐지?'

'우리나라 노래인가 아니면 외국곡인가?'

'아! 그런데 이건 조금 전에 들었던 곡 아닌가?'

다시 '앗!' 하고 정신이 돌아왔다. 조금 전에 들었다는 사실을 잊어먹고 조금 전과 똑같은 생각을 하였다. 단지 한 단계 더 나가 조금 전에 들은 적 있다는 것까지 생각하고 깨어난 것이었다. 이번엔 누가 있나 살펴보려고 일부러 잠깐 쉬면서 주위를 둘러보았다. 수풀 사이 바람 소리만 들려올 뿐 앞에도 뒤에도 아무도 없었다.

이것이 내가 체험한 처음과 끝이다.

기억나는 건 생생한 휘파람 소리와 관목 숲 사이 맑은 햇살과 바람 소리뿐이다. 멜로디는 외국 동요 비슷했는데 머릿속에서 맴맴 돌뿐 그 당시도, 지금도 기억이 나지 않는다. 아직도 이것이 단순 깜빡인지 소위 어떠한 체험인지 판단이 서지 않는다.

기다리고 있던 아들을 만나자마자 물었다.

"휘파람 불 줄 아니?"

"아니. 난 못 불어."

아들은 후후하며 바람 새는 소리를 냈다.

순례길을 걸었다는 증명서와 여권

2. 2014년 3월 27일(목)

2014년 3월 27일(목) 드디어 산티아고 콤포스텔라에 도착하였다. 감격 그 자체였다. 도착 후 인증 샷 찍고 사무실에 들러 산티아고 까미노를 걸었다는 증명서를 받았다. 졸업장 받는 기분이다. 졸업을 뜻하는 말로 graduation 외에 시작

산티아고 콤포스텔라 대성당

을 의미하는 commencement라는 또 다른 영어 단어가 있듯 까미노 졸업과 동시에 내 안단테 인생이 시작되었던 것이었다. 물론 그때는 몰랐다.

산티아고 콤포스텔라 대성당 저녁 미사에 참례하였다. 그리고 대성당 미사에만 있는 특별한 의식인 보따푸메이로(Botafumeiro)를 감상하였다. 대성당 전체 구조가 십자가 형상을 하고 있는데 정 가운데 매달려 있는 향로를 좌우로 흔드는 의식이다. 높이가 적어도 50m 높이로부터 매달린 향로를 8명의 띠라볼라이(tiraboleiro)라는 수도사 복장을 한 사람들이 줄을 잡아당긴다. 향로가 거의 천정에 닿을락 말락 하게 십자가 날개 부분을 좌우로 흔드는 모습은 소문대로 장관이었다. 이 의식에는 향로에 숯을 넣고 불을 붙여 연기를 뿜으며 나쁜 기운, 불결함을 '던진다, 내쫓는다'라는 의미가 있다고 한다. 어쨌든 우리 성취를 축하해 주는

듯해 뿌듯하였다.

본격적인 축제는 2차라고 했던가. 시끌벅적한 바에 삼삼오오 모여 앉아 저마다의 목소리로 얘기를 나누며 맥주잔을 기울이고 있다. 여러 언어가 섞여 들려온다. 우리도 그 감격과 흥분을 느끼고 있었다. 내가 전 세계 어디서 이렇게 재미있게 술을 마신 적이 있었을까? 이 골목에도 아는 얼굴이 있고 저 바에 들어가도 낯익은 얼굴이 있다. 이런 경험은 심지어 우리나라에서도 한 적이 없다. 까미노에서 이렇게 많은 사람을 만났었나 하고 놀랄 정도로 많은 사람과 접촉이 있었다. 국적, 인종, 성별, 나이 등 모든 것을 뒤로하고 오로지 순례길을 같이 걸었다는 공감대가 우리를 하나로 묶어주었다.

아는 얼굴 마주치면 누가 먼저라 할 거 없이 하이파이브를 곁들여 포옹하며 서로를 축하해 준다. 좀 가까운 사이였다면 '한잔' 하는 제스처를 하며 자연스럽게 어깨동무를 하고 카페로 들어간다. 들어가면 이미 자리 잡고 있던 무리 중, 아는 얼굴이 눈에 들어온다. 카페에서 나올 때는 같이 들어간 친구는 보이지 않고 또 다른 친구와 어깨동무하며 옆 카페로 이동하고 있었다.

천국이 이런 모습이 아닐까? 산티아고 콤포스텔라에서 밤을 지낸 감상은 천국 모습을 미리 보는 느낌이었다. 일생을 걸어오며 마주친 수많은 사람과 천국에서 재회하는 장면을 미리 보고 있는 듯하였다. 한때 가깝게 지냈다가 잊은 얼굴이 있는가 하면, 늘 그리워하던 사람도 만나고. 각자 까미노 여정은 달랐으나 지금, 이 순간은 산티아고 콤포스텔라에 모인 것처럼 천국에서 다시 만날 수 있지 않을까?

보따푸메이로(Botafumeiro)

산티아고 콤포스텔라에서 만나 어깨동무하며 맥주잔 기울일 때 종종 한 번 더 올 거냐 하는 이야기를 주고받는다. 딱히 할 이야기가 없기도 하지만 궁금하기도 해서 물어본다,

"난 다시는 안 걸어."

"이젠 차 타고 여행하고 싶어."

"산티아고 까미노는 책으로만 볼래."

나도 누가 물으면 다신 안 온다며 고개를 절레절레 흔들었지만, 가슴 깊은 곳에서는 한 번 더 오고 싶다는 마음이 든다. 말도 안 되지 하면서도 아쉬움이 남는다고 할까 어느덧 산티아고 까미노에 정이 들었나 보다. 나 자신을 돌아보았다. 주위에 자랑하기 위해서 왔건, 아무런 목적의식 없이 왔건, 뭔가 건질 것이 있겠지 하고 막연히 왔건 지금, 이 순간은 중요하지 않았다. 그저 끝났다는 느낌과 한 번 더 오고 싶다는 느낌뿐이다.

'다시는 오기 싫은데 아마 내가 불행한 일을 당하면 올 거 같아. 미리 막을 수 없는 불행한 일은 누구에게나 벌어지는 일이지.'

혼잣말로 읊조렸다.

'이번 여행은 불행한 일을 당했을 때 **위로받을 수 있는 따뜻한 장소**를 발견하였다는 데 의미가 있다고 생각해.'

까미노를 걷는 도중 수시로 쉼터를 발견할 수 있다. 순례자들의 지친 몸을 쉬었다 가라는 의미도 있지만, 가톨릭 상징인 십자가, 예수님상, 성모님상 등 성물이 놓여있다. 성물 주위는 각자 사연이 있는 자그마한 물건, 사랑하는 사람과 이별의 사연을 담은 편지, 손수건, 사진, 장갑, 묵주, 책 등 다양한 물건들이 세월에 빛바랜 채 있다.

생각해 보니 얼떨결에 읊조린 말이지만, 내가 사랑하는 사람과 뜻하지 않게 이별을 한다면 내가 위로받을 수 있는 안식처를 발견한 것이다. 그것만으로도 큰 위안이 되었다. 그전에는 생각도 하지 못했는데 그런 슬픈 일이 닥치면 내 마음을 보듬어 줄 소중한 공간이 나에게 생긴 것이다. 어차피 그런 이별은 하느님이 관장하시는 영역이니 나로서는 어쩔 수 없는 것 아닌가. 이것만으로도 이번 산티아고 여행은 큰 의미가 있었다. 마음이 포근하였다.

아들은 젊은 친구들과 마음껏 젊음을 발산하고 있겠지…….

산티아고 콤포스텔라의 밤은 깊어갔다.

쉼터

나가며

클래식 음악을 듣다 보면 안단테인 2악장은 일반적으로 지루하다는 느낌을 받을 때가 종종 있다. 1악장은 빠르게(allegro)로 연주하는 것이 보통이라 스피디하게 전개되기 때문에 지루하지 않다. 그런데 클래식 음악을 오래 듣다 보면 현악 4중주의 매력에 빠져들기 시작하고 바로크 음악에 필(feel) 꽂히고…… 이런 시기가 온다. 이때 안단테 곡이 서서히 들려오기 시작한다.

실제로 안단테 중 유명한 곡이 꽤 많다. 내가 좋아하는 안단테 그리고 넓은 의미로 빠르지 않은 곡을 생각나는 대로 열거하면,

- 슈베르트 피아노 트리오 2번 2악장
- 슈베르트 현악 4중주 14번 '죽음과 소녀' 2악장

- 브람스 교향곡 3번 3악장
- 드보르작 교향곡 9번 '신세계' 2악장
- 베토벤 교향곡 7번 2악장
- 베토벤 교향곡 6번 '전원' 2악장
- 라흐마니노프 피아노 협주곡 2번 2악장
- 라벨 피아노 협주곡 g major 2악장
- 슈베르트 피아노 소나타 20번 2악장
- 쇼팽 피아노 협주곡 1번 2악장 '로망스'
- 쇼팽 피아노 협주곡 2번 2악장
- 모차르트 피아노 협주곡 21번 2악장 '엘비라 마디간'
- 모차르트 피아노 협주곡 23번 2악장

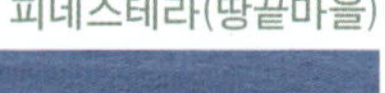

- 모차르트 심포니아 콘체르탄테 (바이올린과 비올라를 위한 협주곡) 2악장

- 그리그 페르퀸트 조곡 '아침'

- 차이코프스키 현을 위한 세레나데 2악장 '왈츠'

- 리스트 순례의 해 이탈리아 중 페트라르카 소네트

- 쇼팽 폴란드 민요에 의한 환상곡

- 림스키-코르사코프 세헤라자드 제3곡 젊은 왕자와 공주

- 드비시 달빛

- 차이코프스키 사계 중 6월 '뱃노래'

내가 즐겨 듣는 곡들이다. 이외에도 매력적인 안단테 음악 너무나 많이 있다. 베토벤, 쇼팽 피아노곡, 바흐, 헨델을 비롯하여 그 이전으로 올라가면 수많은 바로크 음악과 종교음악 등등 누구나가 좋아하고 즐겨듣는 곡들이다.

안단테 곡을 이해하게 되면서 더 깊은 음악 세계로 들어가듯 인생길도 '안단테'를 이해하면서 진정한 삶의 무게를 느끼게 되는 것 같다.

흙 별 안 단 데

초판 1쇄 펴낸날 | 2022년 4월 14일

지 은 이 | 이세영
펴 낸 이 | 신효철
펴 낸 곳 | 도서출판 계명사
03182 서울시 종로구 새문안로 91
전화 02-733-2087
팩스 02-737-4764
출판등록 300-1964-5호
기획·편집 | 유희인, 김자경
사 진 | 이세영
천문사진 | 염범석
일러스트 | 김미희
디 자 인 | ADND 아는디자이너 윤나희
인 쇄 | 부광프린팅(주)

ISBN 978-89-7256-707-3 03810
값 18,000원